金税四期管控下
企业纳税筹划实务指南

王长余　李娟　黎春华　雷迎春◎编著

人民邮电出版社

北京

图书在版编目（ＣＩＰ）数据

金税四期管控下企业纳税筹划实务指南 / 王长余等
编著. -- 北京 ：人民邮电出版社，2022.6
ISBN 978-7-115-59187-6

Ⅰ. ①金… Ⅱ. ①王… Ⅲ. ①企业管理－税收筹划－
中国－指南 Ⅳ. ①F810.423-62

中国版本图书馆CIP数据核字(2022)第068934号

内 容 提 要

布局决定结局，税务筹划能力影响企业的综合实力。随着我国税制的进一步完善和国家税收征
管与监管力度的不断加大，进一步优化纳税环境、深化税收制度改革、规范企业税务活动和减轻税
负更加重要和必要。在实务工作中企业除需合规纳税外，更需要做税务筹划，以及制定税务风险的
有效防范制度。

本书结合大量实操案例，全面深入地介绍了税务筹划的方法、税务筹划技巧、税务风险管理等
内容，并且提供了大量行之有效的案例分析，有利于帮助企业管控税收成本，减轻税负，规范税务
处理，提升税务筹划技能。

本书既可作为企业税务筹划与风险管理的指导手册，也可以作为税务筹划落地的实操手册。

◆ 编　著　王长余　李　娟　黎春华　雷迎春
　　责任编辑　李士振
　　责任印制　周昇亮

◆ 人民邮电出版社出版发行　　北京市丰台区成寿寺路 11 号
　　邮编　100164　电子邮件　315@ptpress.com.cn
　　网址　https://www.ptpress.com.cn
　　北京天宇星印刷厂印刷

◆ 开本：700×1000　1/16
　　印张：18　　　　　　　　　2022 年 6 月第 1 版
　　字数：358 千字　　　　　　2025 年 5 月北京第 16 次印刷

定价：89.80 元

读者服务热线：(010)81055296　印装质量热线：(010)81055316
反盗版热线：(010)81055315

前言
PREFACE

"凡事预则立，不预则废。"税务筹划作为一项与企业经济活动息息相关的经济决策，具有极强的目的性、筹划性。它主要建立在对现行税收政策的把握及对未来税收政策合理预期的基础上，不仅需要综合考虑企业的组织形式、资本运作模式以及新项目的行业、地区选择等经济决策因素，还需要考虑固定资产折旧方法、费用摊销方法、存货计价方法等细节，是一项极其严谨细致的决策。

税务筹划是在不违反国家税收法规和国际公认规则的前提下，为实现纳税人财务目标而进行的旨在减轻、减缓税收负担的一种税务谋划、对策或安排。税务筹划人员采用合理合规的方法，设计出多种可能的路线，从中选择最适合企业的整体方案。税务筹划有利于确保合规风控下效益的实现。

本书的指导思想

"财税问题无小事"，企业要实现自己的财务目标，不仅要致力于财务活动本身，还要进行税务筹划。税务筹划是合法的税务行为。根据现代企业制度的权利义务观，税务筹划是纳税人的一项基本权利。税务筹划是在依法治税（依法征收、依法监管）环境下企业的必然选择，是纳税人的文明行为，是法律范畴而非道德范畴的问题。

本书的指导思想，首先是树立税法观念，培养依法纳税意识，只有做到有法可依、有法必依，才能有效地进行税务筹划；其次是合理合规进行税务筹划，让读者掌握税务筹划的基本理论、基本方法、基本规律和技能，培养专业型、应用型、综合型税务筹划人才。

本书尽可能地体现理论与实务的紧密结合，分税种、分业务阐述税务筹划方法，突出实用性、实操性的特点，使得读者学习税务筹划理论的同时提升税务筹划实践的能力。本书可作为广大读者的业务学习用书。

本书内容与意义

本书从企业税务筹划的角度出发，重点讲解税务筹划的概念和思维、基本方案，生产经营环节税务筹划、投融资税务筹划、常见税种筹划、税务稽查，以及虚开发票风险及防范、企业接受税务稽查相关内容等，引用的案例充分、针对性强，且具有较强的实践性。

本书全面讲解投融资财务管理、税务管理、税务筹划等方面的内容，有利于读者巩固提升投融资财务管理的能力，巩固提升投融资税务管理与税务筹划的能力，提高处理实际问题的水平，锻炼和提升用理论知识做出实际决策的能力，激发和提升财税思维能力。

本书价值分析

本书编者之一王长余导师在带领团队帮助企业实施税务筹划方案时，多采用结局思考方式，逆向推演，完成布局，最后按照以终为始的顺序执行，对中间的人、事、物留一定空间，使一切都在掌控之中。

税务筹划思维不仅打通了业务和财务的信息通道，还让管理者具备了对财务的思维敏锐度。本书用生动且深入浅出的方式，通过丰富的案例分析与讨论将一元财务思维，变成浅显易懂、便于掌握的多元财税思维，更有利于读者掌握。

本书核心价值体现在以下四个方面。

价值1：解决企业存在的账实不符、偷税漏税、虚开发票等问题，降低企业经营风险。

价值2：帮助读者利用合法合理的技术节税，如顶层设计、架构调整、改变交易方式、业务分拆、税收洼地、证据链设计、价值链设计、税种设计、社保基数设计等。

价值3：建立大财务系统，以方便管控、方便融资、提高利润、降低风险，保证企业财务安全。

价值4：解决管理者的个性化问题，如账上未分配利润如何处理。

通过阅读本书，读者可系统掌握规范化的财务与税务处理技巧，提升税务筹划技能，提高工作效率，让企业经营更规范、价值倍增、健康发展。

在本书编写过程中，编者参考了相关资料及相关专家的观点，并加以借鉴，在此谨向这些文献的作者致以诚挚的谢意。由于编者水平有限，书中难免存在疏漏之处，恳请大家批评指正。

以此为序！

编者

2022.4

目录
CONTENTS

税务筹划是指纳税人为达到减轻税收负担和实现税收零风险的目的，在不违反现行税法的前提下，通过精心的投资安排、盈利模式安排、业务流程安排、财务核算安排、管理制度安排、税务管理配合安排等来获得六类税收利益，并运用十大税务筹划思维进行筹划的"财务管理＋法律操作＋风险管控"的创造税务价值的管理活动。税务筹划存在于项目科研、商业计划、投融资、采购、生产（加工）、营销、联营、担保、并购重组、清算及盈余分配各环节，涵盖了纳税人涉税经济活动的各方面。

1.1　如何理解税务筹划

税务筹划行为，本质是一种经济行为。对一部分国有企业、集体企业、个体经营者所做的调查表明，绝大多数企业有到经济特区、开发区或税收优惠地区从事生产经营活动的愿望和要求，其主要原因是税负轻、纳税额较少。

税务筹划行为也是企业的一种价值管理活动，利润等于收入减去成本、费用（不包括税收）再减去相关税费等，在收入不变的情况下，减少企业或个人的成本、费用及税费支出，可以获取更大的经济收益。

税务筹划的指导思想是"远离法规"或"靠近法规"。其是指在对业务流程闭环进行逐一审查时，可以对照法规的规定，靠近有利的法规规定，而远离不利的法规规定，从而实现整体节税。

1.1.1　企业目标和企业责任是什么

企业目标包括要创造利润、成本要减少、税负要合理、财富要安全四个方面。

企业责任指的是合法经营、照章纳税。

我们需要正确理解税负管控与财富安全的关系：只有认识到风险，才能管控好风险；只有管控好风险，才能避免税收异常；只有避免税收异常，才能确保财富安全；只有确保财富安全，才能合法存续。

1.1.2　为什么要进行税务筹划

企业进行税务筹划，主要有四个原因。

（1）减轻税收负担，降低税务风险，实现财富安全

减轻税收负担，即通过税务筹划使企业减少绝对税收负担、相对降低税收比例、延缓纳税时间，从而达到企业经济利益最大化；降低税务风险，是指企业税务筹划是在税法所允许的范围内进行的，这样能有效地降低税务风险，有利于实现税收零风险的目的。

（2）落实国家税收优惠政策

税务筹划对完善国家税收法律法规来说存在一定必要性，有利于让国家的各项税收优惠政策落到实处。

（3）控制税收成本

控制税收成本是企业控制总成本的重要方面。税收成本与非税成本的管控方式见图1-1。

图1-1　税收成本与非税成本的管控方式

（4）有利于增强企业竞争力

科学合理的税务筹划有助于提高企业的收入水平。如果企业能够充分认识税收优惠政策，合理运用税收优惠政策，则可在很大程度上减轻企业税负，从而增

加企业利润。

进行税务筹划，有利于提高企业经营管理水平，因为进行税务筹划时需要对经济活动的各方面内容进行事先科学安排。

1.1.3　税务筹划的主要特征

税务筹划的主要特征体现在以下五个方面。

（1）合法性

合法性，是指税务筹划只能在法律许可的范围内进行，违反法律规定、逃避税收负担，应承担相应的法律责任。纳税人为规避和减轻税负而违反法律的偷逃税行为应受到处罚，这是无可非议的。但当纳税人进行经营或投资活动，面临两个或两个以上的纳税方案时，纳税人可以为实现最少合理纳税而进行设计和筹划，选择低税负方案。这也正是税收政策引导经济、调节纳税人经营行为的重要作用之一。

（2）超前性

超前性，表示事先规划、设计、安排。纳税行为相对于经济行为而言，具有滞后性的特点。企业交易行为发生之后，才有缴纳增值税或消费税的义务；收益实现或分配之后，才计缴所得税；财产取得之后，才缴纳财产税。纳税行为的滞后性在客观上为纳税人提供了在纳税前做出筹划或安排的机会。

（3）目的性

目的性，是指纳税人进行税务筹划的目的在于减少纳税，谋求最大的税收利益。谋求税收利益有两层含义：一是实现低税负，低税负意味着低的税收成本，低的税收成本意味着高的资本回收率；二是滞延纳税时间（非拖欠税款行为），纳税时间的滞延，相当于企业在滞延期内得到一笔与滞延税款相等的政府无息贷款。另外，在通货膨胀环境中，纳税时间的滞延，还可以减少企业的实际纳税支出。

（4）综合性

综合性，是指税务筹划应着眼于纳税人资本总收益的长期稳定的增长，而不是着眼于个别税种税负的轻重或纳税人整体税负的轻重。这是因为，一种税少交了，另一种税有可能要多交，整体税负不一定减轻。另外，纳税支出最小化方案不一定是资本收益最大化方案。进行投资、经营决策时，除了考虑税收因素外，还必须考虑其他多种因素，综合决策，以达到总体收益最大化的目的。

（5）风险性

风险性，是税务筹划活动因各种原因失败而付出的代价的可能性。税务筹划过程中的操作风险是客观存在的，主要包括：一是日常的纳税核算从表面或局部的角度看是按税法规定操作的，但对有关税收政策的精神把握不准，造成事实上的偷税，由于未依法纳税而面临税务处罚的风险；二是对有关税收优惠政策的运用和执行不到位，面临税务处罚的风险；三是在系统性税务筹划过程中对税收政策的整体性把握不够形成的风险；四是对企业的情况没有全面比较和分析，导致筹划成本大于筹划成果，或者筹划方向与企业的总体目标方向不一致，表面上看有成果，而实际上企业并未从中得到实惠。

1.1.4　税务筹划是每一个纳税人所享有的合法权利

税务筹划的本质是业务筹划。征收流转税针对的是交易，征收所得税针对的是资本。

在商业模式税务筹划设计中，考虑的是如何保护企业的利润，做好利润和资本化的平衡。在税务筹划的过程中，利益相关者的交易结构影响企业税负。企业要想有合理、有效的税务筹划策略，在设计商业模式时，必须对投资、盈利模式、业务流程、财务核算、管理制度、税务管理配合等六方面进行合理安排。纳税人合法纳税的六大安排如下。

（1）投资安排

投资安排包括投资协议（税务条款）安排、投资地点（税收优惠地区）安排、投资方式（实物、现金、无形资产）安排、投资人安排、投资结构安排、投资行业安排、并购重组模式安排。

（2）盈利模式安排

盈利模式安排包括关联交易税务安排、销售折扣与折让安排、有限公司或个体户安排、个人独资企业的选择安排、销售与服务模式安排、采购模式安排。

（3）业务流程安排

合同决定业务流程，业务流程产生税收。纳税人应将业务流程与现行的税收政策结合起来。在发生业务的全过程中，纳税人自始至终必须了解会涉及哪些税种，与之相关的税收政策、法律、法规是怎样规定的，税率各是多少，采取何种征收方式，有哪些优惠政策。

（4）财务核算安排

纳税人应将税务筹划方法与相应的会计处理技巧相结合。不同的税收要用不同的会计处理方式来解决，否则会产生税务风险。

（5）管理制度安排

管理制度安排包括设置税收管理机构、设置税务管理岗位、培养税务人才、规范税务管理职责、规范税务管理流程、严格税务管理考核。

（6）税务管理配合安排

税务管理配合安排包括税务制度管理、税务风险管理、发票管理、合同管理、开展纳税自查；税务稽查论证；协调纳税争议；税收法律救济；组织税务培训；集中税务咨询；指导纳税申报；税务审批；税务备案；税务备查事项；定期收集、整理、更新、解读、传递税法；税收统计分析；关注税制改革；税务登记管理；税务资格登记管理；税务发票管理；税务档案管理；其他涉税工作。

创造税务价值的两大手段：风险控制与税务筹划。

风险控制与税务筹划是相辅相成的。成功的税务管理应该既能够确保遵守税法，控制税务风险，又能够为业务提供良好的税务筹划，降低纳税成本，创造税务价值。而纳税成本又分为税款成本、办税成本、风险成本。纳税人应正确认识纳税风险与税务筹划。

创造税务价值，一般包括两项内容：创造有形价值及创造无形价值。有形价值主要指在合乎法律的前提下合理节税，帮助企业降低成本、创造价值，比如进行税务筹划。无形价值则主要是指良好的税务管理可以帮助企业形成良好的声誉，树立良好的企业社会形象，有助于企业吸收人才、获得政府相关部门的大力支持，提升资本市场的表现力等。

税务筹划人员不但要懂得税务筹划的基本思路、税务筹划的原理，还要把业务搞懂、把政策搞透、把问题搞清、把架构搞好、把安全搞定。

税务筹划的基本思路见图1-2。

税务筹划的基本思路

税务筹划＝法律规定＋业务流程＋税收政策＋筹划方法＋会计处理＋专业团队

法律规定	行政法律制度、民商法律制度、刑事监察法律制度
业务流程	税收产生于业务流程，合同决定业务流程，业务流程产生税收
税收政策	税收法律、税收法规、税收规章、税收规范性文件、税收协定
筹划方法	综合运用十大税务筹划方法
会计处理	存货计价、资产折旧、费用处理、分别核算、证据链设计
专业团队	税务人才、财务人才、法律人才、行业人才

图 1-2　税务筹划的基本思路

税务筹划的基本原理如表 1-1 所示。

表 1-1　税务筹划的基本原理

设计	内容
税收优惠政策	利用免税，利用减税，利用税率差异，利用分劈技术，利用税收扣除，利用退税
价值链设计	企业价值链全流程纳税方案设计，采购、生产、销售、投资、融资等各个环节系统设计，将供应商、销售、产品、研发等业务部分切分成主体公司，可以给税务筹划创造很多空间
转换设计（税收洼地）	通过转变业务关系或者改变商业模式和对象等合理合法方式将部分收入或利润导入低税率洼地；将股东分红、员工劳动收益转化为个人独资企业服务费收入，从而使实际综合税负大幅下降。寻找一个企业所得税税率极低的税收洼地，将所有业务转移到新的税收洼地
业务模式设计（商业模式调整）	通过关联方借款安排，在所得税前抵扣利息；通过租赁安排（包括经营租赁与融资租赁），调整集团整体税负；以非货币性资产投资替代货币投资，推迟承担纳税义务；通过改变业务模式、部门设置、流程切割，减少增值税或消费税成本；利用委托代销或分期收款约定，推迟纳税义务发生时间
纳税人身份选择（纳税方式选择）	合理利用一般纳税人与小规模纳税人身份，核定征收与查账征收
组织形式设计	通过设立个人独资企业（个人工作室）进行税务优化

1.1.5　开展税务筹划应具备的三个意识

纳税人开展税务筹划应具备以下三个意识。

（1）全局意识

税务筹划是指纳税人通过对经营、投资、理财活动的事先筹划和安排，自觉地运用税收、会计、法律、财务等综合知识，采取合法合理的手段，以期降低税收成本，服务于企业价值最大化的经济行为。

要做好税务筹划，必须让每个业务部门的领导具备税务筹划的意识，并将这些观念和知识贯彻到每一名员工的头脑中，这样才能提高企业整体的税务筹划水平，增强企业的竞争力。要根据企业特点建立一套纳税控制体系，全员参与，使每名员工把自己的工作和行为都看成是实现企业税务筹划目标的一个组成部分，自觉地避免与实现企业目标不一致的行为。由原来的事后补救变为事前和事中的控制，有效规避风险，加强财务管理，帮助企业实现税收利益最大化。

（2）专家意识

所谓专家意识，包括以下四个方面。

第一，及时地、系统地学习税收政策，准确理解和把握税收政策的内涵。

第二，精通企业会计制度，熟练掌握账务处理技巧，并将相关会计制度、账务处理技巧与有关税收政策规定有机结合，做好纳税项目预算及纳税评估。这是企业财务人员参与并做好税务筹划的基本技能要求。

第三，深度理解业务流程，将业务、财务、法务、税务融为一体，实现闭环管理。

第四，具备良好的沟通能力，包括上下沟通能力，即获得领导支持的能力；左右协调能力，即各部门合作和配合的能力；较高的处理人际关系的能力，既要有与税务部门、财经管理等部门沟通的能力，又要有与其他企业密切交流、获取信息经验的能力。

（3）超前意识

各国的税收政策因为政治、经济、文化等多方面的差异而存在差别，即使在同一个国家的不同区域也可能存在税收政策的不同。即使在同一个区域，由于企业组织机构和形式设置的不同，其适用的税收政策也不同。所以纳税地点以及对经营方向、机构建设的选择对企业的税收负担有很大的影响。

而且，企业大部分税务筹划业务发生在财务部门以外的业务部门，可以说税务筹划的重点在业务操作环节。要开展税务筹划，必须准确把握从事的这项业务都有哪些业务流程和业务环节，涉及我国现行的哪些税种，有哪些税收优惠，所涉及的税收法律、法规中存在哪些可以利用的立法空间等。掌握以上情况后，纳税人既可以利用税收优惠政策达到节税目的，也可以利用税收立法空间达到节税目的。

1.2　税务筹划应实现的结合

当前，税务筹划在我国越来越普遍，企业要做好税务筹划，关键是要把握好以下三个结合。

1.2.1　单项筹划与综合筹划结合

税务筹划并不僵硬，它具有较强的适应性和强大的生命力。从计税依据到纳税地点的选择，从某一税种到企业应纳的所有税种，从税务筹划点到筹划技术的运用，从纳税人应承担的业务到享有的权利，从国内税收到涉外税收等许多领域，都可以进行税务筹划，其涉及方方面面。税务筹划要考虑企业整体税负的下降，不能只考虑一个或几个税种，应综合权衡，趋利避害。

1.2.2　微观筹划与宏观筹划结合

客观上讲，税收差别政策为税务筹划提供了可能，税收政策的可选择性为税务筹划提供了空间。宏观筹划，可以根据国家产业发展导向，参考同区域、同行业、同规模企业的税负情况、整体纳税情况，认真分析税负差异，查找原因，研究对策，确定筹划重点，制定切实可行的筹划方案。而微观筹划，则可以从某一个税种的某一个环节入手，采取局部技术革新和改进，达到局部节税的目的。总之，微观筹划是基础，宏观筹划是方向。税务筹划人员要通过微观筹划积累经验，探索方法，逐步完善推广，再运用宏观筹划，来实现整体节税。

1.2.3　项目筹划与经营筹划结合

税务筹划方案是在一定法律环境下，以一定企业经营活动为背景制定的，有着明显的针对性。国家则通过制定税法，将产业政策、生产布局、外贸政策等体现在税法的具体条款上。因此，企业应把税务筹划作为项目建设可行性研究的重要内容。

在企业具体经营活动中，财税顾问有责任和义务帮助纳税人了解企业从事的业务涉及哪些税种，与之相适应的税收政策、法律和法规是怎样规定的，税率各是多少，采取何种方式征收，以及业务发生的每个环节都有哪些税收优惠政策等。

1.3　企业开展税务筹划应如何入手

企业开展税务筹划，本质是开展一项涉税理财活动，是企业财务管理必须履行的重要职责。一个企业如果做不好税务筹划，就不能有效地安排税务事项，也就谈不上实施有效的财务管理，更无法达到理想的企业理财目标。对于追求价值最大化的企业来说，如何在税法许可下，实现税负最低或最适宜，是企业税务筹划的重心。

那么，企业税务筹划应从哪些方面入手呢？

1.3.1　了解税务机关的工作程序

税法具有强制性的特点，这决定了税务机关在企业税务筹划有效性中具有关键作用。适合税务筹划的税种，其纳税范围的界定往往留有余地。有些税法未明确的行为，税务机关有权根据自身的判断认定是否为应税行为。这也给企业进行税务筹划增加了难度。

因此，在日常税务筹划中，税务筹划人员首先应与税务机关保持密切的联系与沟通，对某些模糊或新生事物的处理，得到税务机关的认可后再进行具体的筹划行为是至关重要的。

其次，通过密切的联系与沟通，尽早获取国家对相关税收政策的调整或新政策出台的信息，及时调整税务筹划方案，降低损失或增加收益。

最后，通过对税务机关工作程序的了解，在整个税务筹划中做到有的放矢，分清轻重缓急，避免或减少无谓的损失。

1.3.2　让领导了解税务筹划

税务筹划是指在开展业务活动时，以考虑税收成本和税务风险为前提的活动。开展税务筹划，管理层树立节税意识是关键。企业在市场经济条件下最显著的特征就是它的营利性，它追求的是税后收益的最大化，因此应进行税务筹划。

税务筹划的特点见图 1-3。

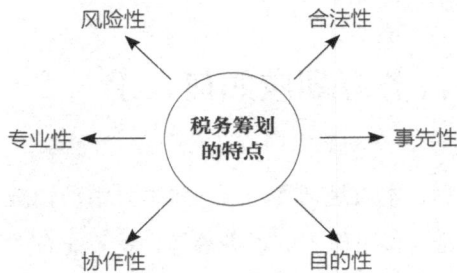

图 1-3　税务筹划的特点

但是，在现实的法人治理结构中，经营管理者往往不是企业的所有者，在这种现状下，经营管理者基于各种因素，考虑的大都是企业利润总额的最大化，而利润总额的最大化与税后收益的最大化又经常相互矛盾。

税务筹划作为一项严密细致的规划性工作，必须依靠自上而下的紧密配合，税务筹划离开了决策者的支持，就毫无意义可言。

1.3.3　具备高素质的管理人员

税务筹划实质是一种高层次、高智力的财务管理活动，是事先的规划。经营活动一旦发生，通常无法事后补救。因此，税务筹划人员必须要具有较高的综合素质，需要具备税收、会计、财务等专业知识，并全面了解、熟悉企业整个投资、经营、筹资活动，从而制定不同的纳税方案，进行比较、优化选择，进而做出最有利的决策。

在既定的税务筹划方案的规划与指导下，各级管理、业务、会计人员都应该严格照章办事，规范操作，朝着目标行动。

企业税务部门的构架如下。

（1）传统型的税务部门构架

传统型的税务部门构架见图 1-4。

图 1-4　传统型的税务部门构架

（2）发展型的税务部门构架

发展型的税务部门构架见图 1-5。

图 1-5　发展型的税务部门构架

（3）现代型的税务部门构架

现代型的税务部门构架见图1-6。

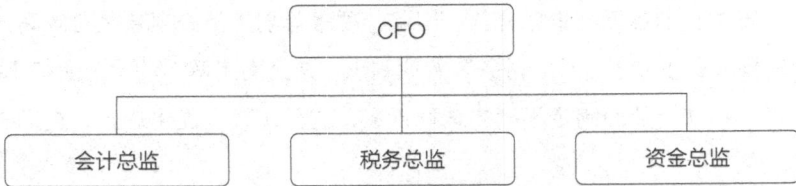

图1-6　现代型的税务部门构架

（4）未来企业可能的税务部门构架

未来企业可能的税务部门构架见图1-7。

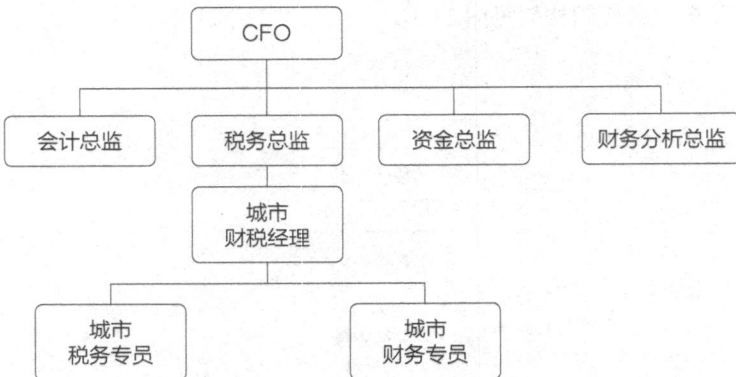

图1-7　未来企业可能的税务部门构架

税务筹划人员的综合素质要求如下。

①熟悉税法的基本法规及最新政策。

②掌握会计准则及会计准则和税法的差异。

③了解市场及行业的最新动态。

④具备沟通、协调、谈判、团队合作的能力。

⑤思维模式多样化。

⑥数据处理的精准性。

⑦能使营运支持和财务监控保持平衡（在合规的前提下保持企业利润最大化）。

1.3.4 具体问题具体分析

在税务筹划过程中，应把握具体问题具体分析的原则，选择最合适的税务筹划方案，不能生搬硬套。此外，要用长远的眼光来选择税务筹划方案。

但是税务筹划存在以下两个问题。

第一，必须花费一定的人力成本，按照税法要求核算固定资产折旧与存货成本，无法确定这种成本的代价是否低于资金所节约的利息。

第二，税务筹划时间跨度较大，具有无法估计的外部政策变动与内部人员变动的风险，确保持续贯彻实施较难。

1.4 税务风险管理与防范策略

企业税务风险管理是企业风险管理的分支，企业的各项活动均会产生相应的会计核算，而会计核算的方法直接影响企业税务核算，因此，税务风险管理，也就是企业内部控制中对税务方面的管理。

企业税务风险管理由董事会负责督导并参与决策。董事会和管理层应将防范和控制税务风险作为企业经营的一项重要内容，传播遵纪守法、诚信纳税的税务风险管理理念，增强员工的税务风险管理意识。

1.4.1 企业税务风险的类别及产生原因

企业税务风险的类别如下。

第一类，不同来源的税务风险：来自税务部门等执法部门显示企业少缴税、晚缴税的风险；来自企业自身的多缴税、早缴税的风险。

第二类，不同性质的税务风险：偷漏税等税收违法违规的风险；多缴税等不违法违规的风险。

第三类，不同内容的税务风险：具体税种的风险，如增值税风险、企业所得税风险等；日常管理的风险，如因违反纳税申报、税务登记、内部控制、发票管理规定等产生的风险等。

案例：M公司是一家芯片设计企业，于2020年6月提出科创板注册上市申请，2021年1月底撤回发行上市申请。值得关注的是，从M公司在问询函回复中披露的内容来看，M公司的一家子公司未按照规定期限办理纳税申报手续和报送纳税申报资料，主管税务机关按照规定给予其罚款处罚。

对此，上海证券交易所要求M公司说明其行政处罚是否属于重大违法违规行为，是否已经整改到位，相关内部控制制度是否健全且是否得到有效执行。

税务内部控制不健全，很容易导致一些"意外"情况的发生。

案例：位于厦门市的H公司主要从事机动车燃油零售。2020年4月，H公司因保管不善，丢失企业冠名机打卷式发票34 000多份。税务人员接到企业报告后立即核实情况。由于H公司丢失发票行为属于特别严重情节，税务机关依法对其处以20 000元的罚款，并将该处罚信息予以公示并报送信用部门，同时对该公司2020年度纳税信用按照纳税信用评价指标扣减3分。H公司丢失发票，表明其税务内部控制存在漏洞。

对企业来说，内部控制制度是否得以有效执行，关乎其能否健康发展。尤其是拟上市公司，一旦存在内部控制缺陷，上市后很有可能发生重大涉税违法违规行为，对投资者、资本市场产生不利影响。因此，拟上市公司在日常工作中就应当关注自身内部控制制度的执行情况，确保其健全、有效，切勿忽视纳税申报、注销登记等常规性事务的处理，以免这些事情成为日后上市的阻碍。

企业产生税务风险的原因如下：用企业管理代替税务管理；用情理观念代替税法规定；观念更新落后于税收征管的进步；制度建设缺失；机构人员不到位；税收规定较繁琐，政策变化更新速度快，企业财务人员往往难以准确把握相关规定，造成信息滞后的风险；某些生产经营流程导致潜在的税务风险；对于销售确认、混合销售和销售时点等问题，往往不能很好把握；决策者在决策时对税务风险研究不够，造成无意识地少缴或多缴税款。

1.4.2　如何加强税收征收管理

企业必须从以下三个方面加强税收征收管理。

（1）加强重点管理，确保工作到位

重点税源单位管理的要求比较高，基层税源单位及其上级单位经常采集重点税源单位的各项相关数据，如果税务部门税收管理员的素质不够高，那么这些数据的准确性将会受到影响，进而影响到各项管理的准确性，甚至可能造成管理政策不到位。

重点税源单位的经营范围通常较大，存在多种经营项目并存的情况，而且经营中经常发生一些异常的涉税业务。比如发生处理固定资产的业务，或者工业企业发生的出租等业务，或者请相关人员对员工进行培训等业务，此时，企业的财务人员可能会因为对税收政策的把握不准而向税收管理员咨询，这就要求税收管理员能够及时准确地回答相关业务问题，而不至于造成不好的后果和影响。

（2）严格税收制度，明晰岗位职责

税收管理员制度是规范税收管理员行为的制度，是加强税源管理、确保税收收入的有效措施。企业必须严格要求税收管理员做到管户与管事相结合，对从纳税人的户籍管理到纳税申报、税款征收、巡查巡管、发票管理、账簿管理、纳税评估、税源分析等业务进行掌握、分析、落实，且全部记载于税收管理员工作手册上，并做到真实、准确、全面、完整，所有资料数据要与计算机上的数据相符。

要在税收管理员工作手册中建立纳税人基本情况，重点税源单位的基本情况，更要根据它们的具体情况充实完善信息。比如，对火电发电企业要在税收管理员工作手册上记载标煤电耗和上网电价等基本生产内容。

同时，建议在税收管理员工作手册上建立重点税源单位相关重点税源每月实现、入库税款的对比记录，以便查看税源情况，并实现相关情况与税款实现、入库情况的结合比对，从而便于发现问题，解决问题。

（3）加强全程管理，搞好动态分析

对待重点税源单位，税务部门应该全程关注其税款的申报缴纳情况，实现管理与纳税服务的有机结合。如果可能，应该由税收管理员在纳税人进行纳税申报之前审核纳税人的相关纳税申报资料。

因为税收管理员对其税源情况和其他相关基本情况最为了解，在纳税人申报之前审核纳税申报表，查看纳税人是否按照税法规定的程序、手续和时限履行纳税申报义务，各项纳税申报附送的各类抵扣、列支凭证是否合法、真实、完整，纳税申报表、附送报表及项目、数据之间的逻辑关系是否正确，适用的税目、税率及各项数字计算是否准确，有利于及时发现问题，有利于保证重点大额税款的及时足额入库，有利于避免纳税人一时疏忽造成被罚的后果。这既服务了纳税人，又宣传了税法。

1.4.3 企业税务风险管理的基本方法

企业税务风险管理的基本方法如下。

①强调服务，注重改进服务方式和方法，提高服务质量和水平，建立和谐税收征纳关系。

②管理环节前移，变事后管理为事前管理和事中监督，提前发现和预防税务风险。

③提高企业自我遵从度，正确引导企业利用自身力量实现自我管理，只有着力于企业自我遵从，才能从根本上解决大企业税务管理对象复杂、管理资源短缺等突出矛盾。

④实行个性化管理，针对企业各自面临的税务风险制定差异化管理措施和手段。

⑤将控制重大税务风险摆在首位，着重关注企业重大经营决策、重要经营活动和重点业务流程中的制度性和决策性风险，有针对性地关注账务处理和会计核算等操作层面的风险。

⑥加强对子公司的税务风险管理：提高税务风险防范意识，从被动管理向主动管理转变；建立税务风险管理体系，从事后管理向事前管理转变；提高税务风险管理层面，从防风险为主向创效益为主转变；建立税务信息管理系统，为税务风险管理提供信息基础和技术保障。

⑦负责税务的人员应及时整理最新税收政策，深入研究，发现对企业的影响点，进行相应的会计处理。

⑧从业务处理流程上入手，从根本上控制税务风险。

⑨决策时应十分谨慎，并进行必要的税务咨询。

1.4.4 "营改增"后，集团资金池管理中的税务风险及管控策略

资金池也称现金总库。最早的资金池是由跨国公司的财务公司与国际银行联手开发的资金管理模式，以统一调拨集团的全球资金，最大限度地降低集团持有

的净头寸。

资金池业务主要包括的事项有成员单位账户余额上划，成员企业日间透支，主动拨付与收款，成员企业之间委托借贷，以及成员企业向集团总部的上存、下借分别计息等。

在资金池框架内，集团公司和其子公司是委托借款人和借款人。子公司在池里透支是贷款，要付息；相反，在池里存款是放款，要收取利息。所以，资金池使集团与商业银行形成了紧密的战略联盟关系，具有独特的管理功效。即使通过结算中心或财务公司来进行资金管理的集团，也应该导入资金池模式，使集团资金管理制度和流程更具效率。

资金池通常用在集资投资、房地产，或保险领域。保险公司有一个庞大的资金池，使赔付的资金流出和新保单的资金流入保持平衡。银行也有一个庞大的资金池，贷款和存款的资金流入流出，使这个资金池基本保持稳定。基金也是一个资金池，申购和赎回的资金流入流出使基金中可以用于投资的资金处于一个相对稳定的状态。

"营改增"后，集团资金池管理中的税务风险及管控策略如下。

（1）集团资金池管理中的税务风险分析

①资金池成员企业收到的资金池存款利息是否缴纳增值税？

第一，结算中心管理的资金池。结算中心资金池模式下，子公司收取资金池存款利息必须缴纳增值税。

贷款是指将资金贷与他人使用而取得利息收入的业务活动。各种占用、拆借资金取得的收入，包括金融商品持有期间（含到期）利息（保本收益、报酬、资金占用费、补偿金等）收入、信用卡透支利息收入、买入返售金融商品利息收入、融资融券收取的利息收入，以及融资性售后回租、押汇、罚息、票据贴现、转贷等业务取得的利息及利息性质的收入，按照贷款服务缴纳增值税。基于此规定，结算中心资金池模式下，子公司从集团公司结算中心收取的存款利息，属于资金占用收到的收入，必须缴纳增值税。

第二，财务公司管理的资金池。财务公司属于金融机构，资金池成员企业从财务公司取得的存款利息和在银行取得存款利息一样，不需要缴纳增值税。

②集团资金池收取借款利息是否缴纳增值税？

无论是结算中心资金池模式，还是财务公司资金池模式，只要是成员企业从资金池借入资金，都属于企业拆借行为，因此，集团母公司向成员企业收取的资金池借（贷）款利息应缴纳增值税。

各级行政部门和企事业单位、供销合作社等合作经济组织、农村合作基金会和其他基金会，不得经营存贷款等金融业务。企业之间不得违反国家规定办理借贷或者变相借贷融资业务。结算中心资金池模式下，集团母公司向成员企业放贷违反贷款通则，存在较大的金融违法风险；财务公司由于具有独立法人地位和经营金融业务的资格，向成员企业放贷符合贷款通则，不存在风险。

③集团资金池收取借款利息能否在成员企业税前扣除？

第一，资金池的性质对扣除的影响。根据有关规定，非金融企业向金融企业借款的利息支出、金融企业的各项存款利息支出和同业拆借利息支出、企业经批准发行债券的利息支出准予扣除。对于非金融企业向非金融企业借款的利息支出，不超过按照金融企业同期同类贷款利率计算的部分准予扣除。

基于此规定，由于财务公司属于非银行金融机构，成员企业支付给它的利息支出可全额扣除。而采用结算中心资金池模式的，成员企业的利息支出则只能在不超过按照金融企业同期同类贷款利率计算的金额内准予扣除。

第二，关联关系对扣除的影响。无论是财务公司还是结算中心管理的资金池，集团母公司与成员企业都会形成关联关系。为了实现企业集团利益最大化，为了减轻集团整体的税收负担，企业集团往往借助关联企业相互之间的存贷款，通过资金池设定不同的存贷利率水平调节企业利润。为防止关联企业通过转移定价的方法转移利润，操纵整个集团所属企业的税负水平，《企业所得税法》规定，企业与关联方的业务往来不符合独立交易原则而减少企业或其关联方应纳税所得额的，税务机关可以按照符合独立交易原则的定价原则和方法进行调整。

第三，利息单据对扣除的影响。从目前所接触的企业来看，无论是财务公司资金池模式，还是结算中心资金池模式，资金池取得利息收入均未使用国家税务总局监制的发票。财务公司一般使用自制的经银保监会备案的票据，结算中心则使用收据作为结算凭证。

实务中，税务机关对财务公司开具的经银保监会备案的票据通常予以认可，各子公司可以凭此票据做税前扣除；而对结算中心开具的收据，税务机关通常认定为不合规票据，不允许在所得税税前列支。此时企业可到税务机关代开利息发票，但代开利息发票时，税务机关则要求收取利息的企业缴纳增值税及附加，收取利息为个人的，还要缴纳股息、红利个人所得税。

④集团与资金池成员企业签订的借款合同是否缴纳印花税？

因为财务公司属于金融机构，所以它和子公司签订的借款合同应缴纳印花税；而结算中心不是金融机构，它与项目公司签订的借款合同不用缴纳印花税。

（2）集团资金池管理中税务风险的管控策略

①尽量采用财务公司资金池模式。

从前文的分析来看，采用结算中心资金池模式，不仅存在违法放贷的金融风险，还存在子公司存款利息缴纳增值税等纳税风险，支付的利息还要受到关联债资比例的约束，存在的风险较大，而采用财务公司资金池模式则可以绕开这些问题，所以对于资金池的管理运作，最好采用财务公司资金池模式。

当然，成立审批财务公司比成立审批结算中心的要求更严格、程序更复杂，但从规避金融和税务风险的角度看，还是采用财务公司资金池模式较好。

②利息税前扣除尽量不受关联债资比例的约束。

企业集团的财务部门或内设税务部门应就能证明相关交易活动符合独立交易原则和支付利息企业的实际税负不高于境内关联方的资料与主管税务机关进行充分的沟通，并在规定时间内上报这些资料，尽量确保企业支付的利息能全额得到税前扣除。

③结算中心资金池模式下尽量套用统借统还的税收政策。

根据规定，统借统还业务中，企业集团或企业集团中的核心企业以及集团所属财务公司按不高于支付给金融机构的借款利率水平或者支付的债券票面利率水平，向企业集团或者集团的下属单位收取的利息，不缴纳增值税。统借方向资金使用企业收取的利息，高于支付给金融机构借款利率水平或者支付的债券票面利率水平的，应全额缴纳增值税。

1.4.5　资本交易类型及风险防范措施

所谓资本交易，是指企业将自己所拥有的有形和无形的存量资本通过流动、组合、投资等各种方式进行有效运营，以最大限度地实现增值的活动。简言之，就是利用资本市场，通过买卖企业和资产而赚钱的经营活动。比较典型的资本交易事项主要包括从事实业投资、上市融资、企业内部业务重组，从事收购兼并、持股联盟以及对外风险投资和金融投资等。资本交易的类型如图 1-8 所示。

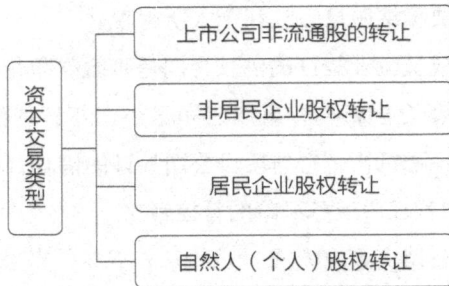

图 1-8 资本交易的类型

非居民企业、居民企业、个人股权转让的区别见表 1-2。

表 1-2 非居民企业、居民企业、个人股权转让的区别

区别	非居民企业	居民企业	个人
纳税时间	合同或协议生效且完成股权变更手续时，确认收入实现	转让协议生效且完成股权变更手续时，确认收入实现	股权转让合同履行完毕、股权已做变更登记，且所得已经实现
纳税地点	非居民企业机构场所所在地、扣缴义务人所在地、被转股权的我国居民企业所在地	居民企业登记注册地或实际管理机构所在地	发生股权变更企业所在地
纳税主体	非居民企业，也可能是代理人或扣缴义务人	居民企业	自行申报纳税或所得企业代扣代缴
税种、税率及缴纳方式	企业所得税；10%；季度预缴，年终汇算清缴，多退少补	企业所得税；25%；季度预缴，年终汇算清缴，多退少补	个人所得税；20%；纳税人、扣缴义务人应在次月15日内向主管税务机关申报纳税

资本交易项目中的税务风险防范措施如下。

第一，切实重视资本交易税务风险，组建专业的税务管理团队。

第二，在每一个资本交易项目发生前做好税收预测分析工作。

第三，积极主动地与主管税务部门取得联系并保持有效的沟通和交流，争取资本交易项目在实施前就能获得税务机关对企业税务处理的认可和支持。

第四，企业必须重视每一份资本交易合同的签订。

第 2 章
税务筹划十大思维

税收和税收法律界将税务筹划称为"皇冠上的明珠"。税务筹划按"税务筹划思维 + 工具运用 + 税种实战演练 + 风险管控"进行系统设计，为企业打造完整的价值链税务筹划思维体系，从公司发展战略、管控模式、税务风险、内部控制四个维度来运用税务筹划思维。

尽管税务筹划的个性化特点非常强，不同的税种、不同的行业有各自的特殊性，但还是有很多普遍的规律性的内容。笔者基于长期的实践与研究，总结出系统的十大税务筹划思维。

2.1 顶层设计：企业最优税务架构搭建应该进行顶层设计

成功的企业大都有较好的顶层设计，企业最优税务架构搭建应该进行顶层设计。企业纳税多少，税负率高低，离不开企业决策者的税务筹划，因为企业决策者决定企业业务流程、决定企业的顶层设计、决定税务风险，甚至是经营风险、法律风险。

2.1.1 股东形式决定税负率

以下六种形式的股东取得分红的税负完全不一样。

（1）境内法人股东

甲公司是乙公司 100% 直接控股股东，2020 年取得从乙公司的分红 1 000 万元，这种股东取得的分红免征企业所得税。

（2）境外自然人股东

自然人甲属于新加坡国籍人士，也是外资企业乙公司的股东，2020 年取得从乙公司的分红 1 000 万元，这种股东取得的分红暂免征个人所得税。

（3）境内新三板挂牌公司自然人股东

自然人甲是某挂牌公司乙公司（新三板挂牌公司）的股东，持股期限超过 1 年，2020 年取得从乙公司的分红 1 000 万元，这种股东取得的分红免征个人所得税。

（4）境内自然人股东

王某目前属于中国国籍，担任某企业股东，2020 年度分红 1 亿元，这种股东取得的分红暂按 20% 的税率缴纳个人所得税。

（5）个人独资企业或合伙企业股东

个人独资企业或合伙企业股东对外投资分回的利息或者股息、红利，不并入企业的收入，而应单独作为投资者个人取得的利息、股息、红利所得，按"利息、股息、红利所得"应税项目计算缴纳个人所得税。

（6）境外公司股东

境外公司给股东分配的股息和红利是要代扣代缴 20% 企业所得税的，优惠税率为 10%，有双边税收协定的适用协定税率。

2.1.2 现代企业组织形式决定税负率

现代企业组织形式按照财产的组织形式和所承担的法律责任划分，可以分为个体工商户、个人独资企业、合伙企业和公司制企业，这几种不同的组织形式会使纳税人税负不同，主要体现在所得税税负上。

根据税法相关规定，个体工商户和个人独资企业缴纳个人所得税；合伙企业生产经营所得和其他所得采取"先分后税"的原则，合伙企业以每一个合伙人为纳税人。合伙企业合伙人是自然人的，比照《个人所得税法》的"经营所得"应税项目，适用 5%～35% 的五级超额累进税率，计算征收个人所得税，合伙人是法人或其他组织的，缴纳企业所得税；公司制企业按照 25% 的税率缴纳企业所得税，其中非居民企业在中国境内未设立机构、场所的，或者虽设立机构、场所但取得的所得与其所设机构、场所没有实际联系的，其来源于中国境内的所得适用 10% 的税率。另外，子公司属于法人企业，缴纳企业所得税，分公司为非法人机构，与总公司合并缴纳企业所得税，长期亏损的分公司可与总公司亏盈互补。

不同组织形式的现代企业的税负区别见图 2-1。

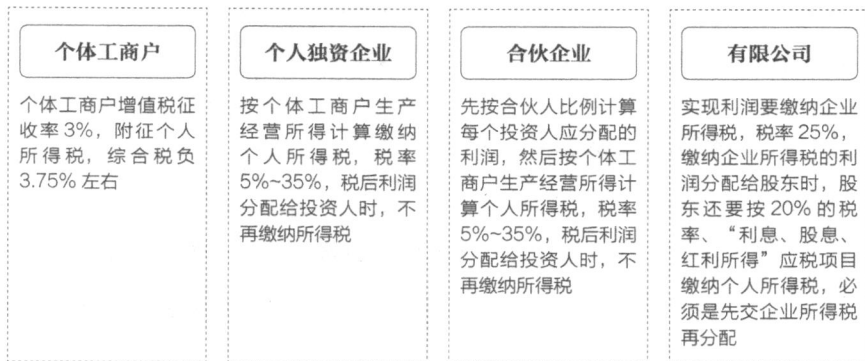

个体工商户	个人独资企业	合伙企业	有限公司
个体工商户增值税征收率 3%，附征个人所得税，综合税负 3.75% 左右	按个体工商户生产经营所得计算缴纳个人所得税，税率 5%~35%，税后利润分配给投资人时，不再缴纳所得税	先按合伙人比例计算每个投资人应分配的利润，然后按个体工商户生产经营所得计算个人所得税，税率 5%~35%，税后利润分配给投资人时，不再缴纳所得税	实现利润要缴纳企业所得税，税率 25%，缴纳企业所得税的利润分配给股东时，股东还要按 20% 的税率、"利息、股息、红利所得"应税项目缴纳个人所得税，必须是先交企业所得税再分配

图 2-1　不同组织形式的现代企业的税负区别

2.1.3　行业选择和商业模式决定税负率

税收种类不同，税率不同。行业选择决定税种、税目和税率。而商业模式也决定企业税负率。比如，无票支出是造成企业利润虚高的直接原因之一，即公司花了钱，却没有取得相对应的成本发票，按照"以票控税"的模式监管，只要没有取得发票，一律视为没有产生支出（发工资、缴税等除外）。

企业缺票，该怎么办呢？面对这一情况，有的企业选择全额缴纳税款，此外还有很多方法。

但是有一种做法是不可行的——通过不正当的手段来减轻税负，如买卖发票。这种行为虽然能一时解决企业税负重的问题，但是要负刑事责任的违法行为。

最有效的方法，就是改变商业模式减轻税负。

对于经常遇见的大额的薪资、费用支出没有发票的问题，可以换个思路解决——把雇佣关系的经营模式转变为承包经营的商业模式。

企业不再雇佣设计人员、营销人员，而是成立相关业务工作中心，将相关业务外包给设计中心、运营中心。

案例：某设计公司因成本大多为人工工资，导致企业所得税税负高，于是该公司在园区成立一家个人独资企业，将部分项目外包给该企业，该企业代开专票给设计公司，这不仅减少了公司的成本，还可以抵扣增值税。

总之，一个税种涉及的主要因素有征税对象、纳税人、税目、税率、纳税环节、纳税期限、缴纳方法、减税、免税及违章处理等。征税对象和纳税人是一个税种区别于另一个税种的主要标志，也往往是税种名称的由来。同时，每个税种都有其特定的功能和作用，其存在依赖于一定的客观经济条件。

2.1.4　地址选择决定税负率（税收洼地）

现阶段，对企业主来说，可以通过选择地址来进行税务筹划，也就是找寻税收洼地。为了更好地推动地区社会经济发展，我国颁布了一系列税收优惠帮扶政策，也规划了税收洼地。比如新疆霍尔果斯地区，许多人挑选在这注册公司，以实现节税、提升本身收益的目的。

地域税收优惠三大核心政策见图 2-2。

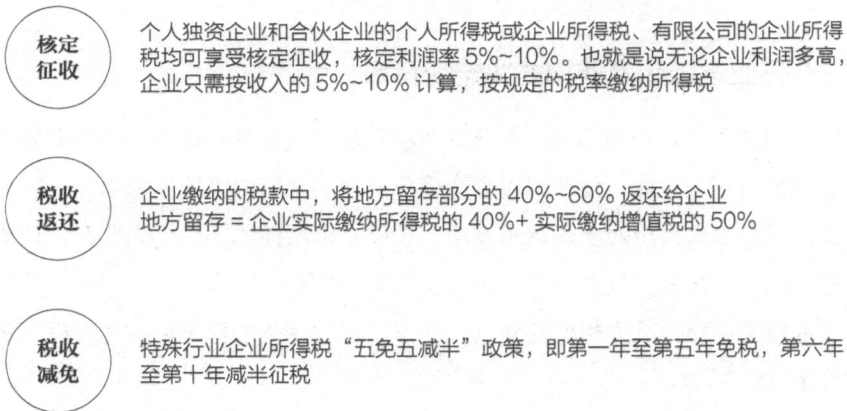

核定征收　个人独资企业和合伙企业的个人所得税或企业所得税、有限公司的企业所得税均可享受核定征收，核定利润率 5%~10%。也就是说无论企业利润多高，企业只需按收入的 5%~10% 计算，按规定的税率缴纳所得税

税收返还　企业缴纳的税款中，将地方留存部分的 40%~60% 返还给企业
地方留存 = 企业实际缴纳所得税的 40%+ 实际缴纳增值税的 50%

税收减免　特殊行业企业所得税"五免五减半"政策，即第一年至第五年免税，第六年至第十年减半征税

图 2-2　地域税收优惠三大核心政策

2.1.5　股东分红方式选择决定税负率

很多公司股东认为投资后，就可以稳得收益，其实并非如此。很多公司股东

不懂税务筹划，在获取分红的时候，个人所得税税率高达 20%。如何减轻股东分红税负呢？

股东持股获取的分红通常有以下几种情况。

（1）股东直接持股获取的分红

直接分红给个人，个人所得税适用税率 20%。

（2）投资有限合伙企业获取的分红

投资有限合伙企业，不会涉及企业所得税。有限合伙企业很多时候被作为持股平台。倘若此平台设立在税收优惠地区，那么可以将综合税率降得比较低。这样的平台可以做多层嵌套设计，用以引进优秀的核心骨干人员。

（3）投资有限公司获取的分红

投资有限公司，很多时候股东不是为了实际分得资金，而是为了做进一步投资。如果股东将取得的分红用于投资，则可直接用公司投资的形式，这样可以避免重复征税。

2.1.6　规模决定税负率

公司规模不同，税负也不同。

税负率是指增值税纳税人当期应纳增值税占当期应税销售收入的比例。

比如，一般纳税人与小规模纳税人，对小规模纳税人来说，税负率就是征收率，即 5% 或 3%；而对一般纳税人来说，由于可以抵扣进项税额，最高税负率就不是 13%。

2.1.7　创新能力决定税负率

公司创新能力决定税负率。比如，科技创新企业享受企业所得税研发费用加计扣除的优惠政策；重点软件企业与芯片生产企业，以及符合国家标准的环境保护技术享受国家税收优惠政策等。

2.1.8　组织控制方式决定税负率

企业组织控制方式包括控股集团公司、总公司、子公司、分公司、合伙企业等。总公司利用好子公司和分公司进行税务筹划，有利于减轻税负。

企业可以通过设立分、子公司来进行税务筹划，在设立分支机构时有三个因素应当综合考虑。

（1）分支机构盈亏情况

当总公司实现盈利，新设置的分支机构可能出现亏损时，应当选择总分公司模式。分公司是非独立纳税人，其亏损可以由总公司的利润弥补；如果设立子公司，子公司是独立纳税人，其亏损只能由以后年度实现的利润弥补，且总公司不能弥补子公司的亏损，也不得冲减对子公司投资的投资成本。

当总机构亏损，新设置的分支机构可能实现盈利时，应当选择母子公司模式。子公司不需要承担母公司的亏损，可以自我积累资金求得发展，总公司可以把其效益好的资产转移给子公司，把不良资产处理掉。

总公司利用好子公司和分公司进行税务筹划，可大大减轻税负。

（2）享受税收优惠的情况

按照税法规定，当总机构享受税收优惠而分支机构不享受优惠时，可以选择总分公司模式，使分支机构也享受税收优惠待遇。如果分公司所在地有税收优惠政策，则当分公司开始实现盈利后，可以变更注册为子公司，享受当地的税收优惠政策，这样会收到较好的纳税效果。比如，某集团公司的分公司注册在重庆正阳工业园，不管是采用分公司的形式还是子公司的形式，都可以享受税收优惠政策。

（3）分支机构的利润分配形式及风险责任问题

分公司由于不具有独立法人资格，所以不利于进行独立的利润分配。同时，分公司如果有风险及相关法律责任，可能会牵连总公司，而子公司则没有这种风险。

综上所述，当企业设立分支机构时，由于设立初期分支机构面临高昂的成本、费用支出，所以亏损的概率较大，通常采用分公司的形式较为合适，可以享受和总公司收益亏盈互抵的好处。当分公司开始转亏为盈时，再把分公司变更注册为子公司，这样可以减小分支机构对总机构的影响。

2.1.9 内控系统设计决定税负率

内控系统设计，包括：上游公司和下游公司及组织责任形式选择；集团内部各部门组织税务风险内控制度；流程管理、发票管理、税收核算管理。

2.1.10　税收征管方式决定税负率

企业税收征管方式包括查账征收、核定征收。而核定征收又分为核定应税所得率和核定应纳所得税额两种方式。采取何种税收征管方式，对企业所得税税负有一定影响。

纳税人只有规范财务核算和会计处理，达到税务机关的要求，才能申请采用查账征收方式，否则，纳税人即使真的亏损或获利很少，也不能适用查账征收方式。

2.1.11　筹资方式决定税负率

企业筹资方式主要有以下几种：向银行借款、向非金融机构借款、向企业借款、企业内部集资、企业资本积累、向社会发行债券和股票等。虽然这些筹资方式基本可以满足企业生产、经营的资金需求，但不同的筹资渠道，其所承担的税负也不一样。

具体分析如下。

企业资本积累由企业税后利润形成企业所需资金，积累速度慢，不适应企业规模的迅速扩大，而且存在双重征税问题。虽然这种筹资方式使业主权益增大，资金所有权与经营权合二为一，但税负最重。

借款筹资方式主要是指向金融机构（如银行）或非金融机构、企业借款进行筹资，其成本主要是利息负债。向银行借款的利息一般可以在税前冲减企业利润，从而减少企业所得税。向非金融机构及企业借款的操作余地很大，方式灵活，但由于透明度相对较低，有一定风险，国家对此有限额控制。若从税务筹划角度而言，向企业借款的效果最佳。

向社会发行债券和股票属于直接筹资，避开了向中间商借款的利息支出。由于债券利息可以作为财务费用，即作为企业成本的一部分在税前冲抵利润，减少所得税税基，而股息的分配在企业完税后进行，股利支付不可冲减，这相对增加了纳税成本。所以一般情况下，企业以发行普通股股票方式筹资所承受的税负重于借款筹资所承受的税负，而借款筹资所承担的税负又重于向社会发行债券所承担的税负。

采用企业内部集资筹资方式获取的资金不用缴纳个人所得税。从一般意义上讲，企业资本积累方式所承受的税负重于向金融机构或非金融机构借款所承担的税负，而向金融机构或非金融机构借款所承受的税负又重于向企业借款所承受的税负，向企业借款所承担的税负又重于企业内部集资所承担的税负。

从上述分析看，企业内部集资和向企业借款产生的效果最好，向金融机构或非金融机构贷款次之，企业资本积累效果最差。在实际的企业管理操作中，往往要充分结合实际情况进行分析。

案例　企业借款和发行债券筹划

企业常用向银行借款的筹资方式，其成本主要是支付的利息。对企业来说，在产品市场有充分保证的前提下，可充分利用财务杠杆作用，利用借款费用具有的抵税作用，利用税前付息还贷等方式减轻税负，合理节税。

例如：某企业取得 3 年期的长期借款 8 000 000 元，年利率为 6.2%，筹资费用率为 0.4%，那么该企业可以少交的所得税的计算如下。

[（8 000 000×3×6.2%+8 000 000×0.4%）×25%]=380 000（元）

有些具备发行债券条件的企业，也可以采取发行债券的方式进行筹资筹划。

例如，某企业发行总面额为 8 000 000 元 3 年期债券，票面年利率为 7%，发行费用率为 5%，则该企业可节税的计算如下。

[（8 000 000×3×7%+8 000 000×5%）×25%]=520 000（元）

在筹资渠道的筹划过程中必须充分考虑企业自身的特点及风险承受能力。在实际操作中，多种筹资渠道的结合运用往往能解决多重经济问题，降低经营风险。

2.2　合理税负：合理税负是运营能力强的重要体现

税负是指企业在某个时期内的税收负担的大小。税负影响纳税人的盈利能力，也影响其负担能力，对企业而言，及时分析企业税负变化情况，有利于了解企业经营情况、提高管理水平，提高决策水平。保持合理税负水平是运营能力强的重要体现。影响微观税负的因素有税率、税基、税收待遇、管理水平。

2.2.1　企业税负的四个构成部分

税负是企业实缴税金与当期不含税销售收入的比例。一直以来，税务局为衡量企业是否正常纳税，都会制定预警税负值作为标准，系统会自动设置预警参数，纳税申报表通过网络传输提交，系统自动进行分析，如果纳税申报表中的税负值低于预警税负值，税务局很可能会进行实地考察，核查造成企业低税负的原因。

企业税负大致由四部分构成。

①基本税负或刚性税负。

②选择性税负，政策上可规避或减免的税负。

③弹性税负，技术上可依法规避的税负。

④超额税负或违规受罚的额外税负。

总税负 = ① + ② + ③ + ④。

可能节省的税负 = ② + ③ + ④。

2.2.2　不同税负的不同处理方法

不同税负的不同处理方法如下。

①基本税负：必须承担，属最低义务。

②选择性税负：靠决策选择减轻，靠利用政策减免。

③弹性税负：靠节税技巧、业务操作思路来规避。

④超额税负：靠规范管理、强化管理避免。

2.2.3　税负指标及运用

税负指标如下。

（1）收入税负率

对主要税种而言，纳税人有收入，才会缴税。因此，税额与收入的比例，可以作为税负指标，表明收入中有多少被用来缴税。

①总收入税负率。

把有关税额加总，然后除以收入总额，得出总收入税负率。

总收入税负率 = 纳税总额 ÷ 收入总额 ×100%

②税种收入税负率。

把某个税种缴纳的税额，除以该税种应税收入，得出税种收入税负率。

企业所得税收入税负率 = 企业所得税实纳税额 ÷ 全部企业所得税应税收入 ×100%

增值税收入税负率 = 增值税实纳税额 ÷ 全部增值税应税收入 ×100%

（2）利润税负率

利润税负率，也是衡量税负轻重的一个指标。利润税负率，可以分为总的利润税负率和分税种的利润税负率，表明经营成果中，有多少用来缴税，有多少留给企业。

总利润税负率 = 纳税总额 ÷ 税后利润总额 ×100%

企业所得税利润税负率 = 企业所得税实纳税额 ÷ 税后利润总额 ×100%

增值税利润税负率 = 增值税实纳税额 ÷ 税后利润总额 ×100%

（3）税种税负率

税种税负率，用实纳税额与法定计税依据计算得出，表明某个税种实际的负担水平，以及实际负担水平与法定税率之间的差额。

税种税负率 = 实纳税额 ÷ 法定计税依据 ×100%

那么，税负指标如何运用呢？

各项税负指标，要实际运用才有意义。企业可通过税负率的计算、比较和分析，来判断企业的税负是否存在异常，识别企业税务活动当中的风险，从而更好地促进企业有效运营。如何比较税负呢？

第一，与历史数据进行比较。通过比较，可以发现税负变化的影响和分析税负变化的原因，及时采取措施应对。

第二，与国家税务总局公布的行业数据比较。建立增值税税负预警指标，通过分析企业的实际税负与行业平均税负水平的差异，及时采取税务筹划，调整税负水平，防止出现零申报、负申报的情况，避免税负偏低现象发生而引发税务机关的稽查。

很多民营企业在实际经营过程中，为取得专用发票，往往额外支付了

6%～10% 的费用，其实不一定划算，实际决策中需考量利润，平衡税负、风险。

合理税负是指企业可接受同时又不引起过高税务风险的税收负担。

税负率 = 当期应纳增值税 ÷ 当期应税销售收入 ×100%

长期看：毛利率越高，税负率越高。

当期／短期看：受销售额集中开票、进项税发票集中取得及抵扣的影响，税负率产生波动。

税负测算如图 2-3 所示。

> 增值税税收负担率 =（本期应纳税额 ÷ 本期应税收入）×100%

> 企业所得税税收负担率 =（应纳所得税税额 ÷ 利润总额）×100%

实际值

行业预警值　　历史同期数据

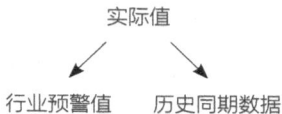

图 2-3　税负测算

保持合理的增值税税负并不是企业的最终目的，改善企业现金流、增加企业净利润，才应该是企业不变的追求。因此，在设计增值税税负优化方案的时候，一定要有全局观，全面考虑不同税种对企业的影响，做好整体税负的测算，切忌产生"按下葫芦浮起瓢"的结果。

随着金四（金税四期）大数据不断升级，近年来因税负问题被稽查的企业越来越多，企业税负率过低，低于合理范围，就会被税务稽查。

案例：乳山市国税局稽查局税务人员利用征管系统进行涉税信息分析时发现，某印染公司增值税税负为 0.24%，与同行业平均税负 3.8% 相比差距较大。结合税负率畸低和成本列支异常两个疑点，税务人员认为，该企业多列成本的嫌疑很大。

检查后发现，该企业购进煤炭并从第三方取得增值税专用发票列支成本 61.8 万元，抵扣税款 10.5 万元。

税务机关最后下达了税务处理处罚决定书：要求该企业补征税款 46.79 万元，缴纳滞纳金 2.6 万元，并处罚款 23.3 万元。

2.3 合同控税：签订合同是决定企业税负的关键

企业的税收源于业务流程，企业税务风险常隐藏在企业的业务环节中，而合同决定业务流程，业务流程会产生税收。税收是因企业经济业务产生的，是财务部门核算、缴纳的，不是财务部门做账做出来的。税收贯穿于企业整个业务流程，不同的业务流程和业务模式，会带来不同的税收，也就是说业务决定税务，大部分业务产生于合同，因此合同也会影响税务。

2.3.1 合同要素涉及的税务风险

①合同主体条款。其涉及主体的纳税信用等级、合作对方是一般纳税人还是小规模纳税人，发票谁开、款项谁来付等。

②价格支付条款。其涉及价格是否含税、是否包括赠品、有没有价外费用、有没有约定付款时间、是否约定结算方式、如何解决延期支付利息问题、是否委托支付给第三方、 收款账号是否与合同约定一致等。

③运输包装条款。其涉及是送货上门还是自行提货、有没有委托发货、包装物是否收费、运输损耗谁承担等。

④发票风险条款。其涉及发票错误责任界定、发票日后涉税风险界定、发票取得时间界定、发票内容界定、发票税率界定、发票种类界定、发票备注是否正确及完善、开具红字发票的情形等。

⑤税金承担条款。其涉及税金承担主体界定、合同业务涉及税种界定。

⑥进项抵扣条款。合同中应当明确"四流合一"的相关事项，避免不能抵扣进项税的情况发生。

⑦违约责任条款。其涉及违约责任的实现方式（实物补偿或现金补偿）、违约金的开票问题。

2.3.2 合同控税应遵循的四个新理念

合同控税的情况下，应该遵循以下四个新理念。

（1）合同与账务处理相匹配

合同与账务处理相匹配的内涵是指企业在进行会计核算时，必须关注合同中的有些条款，例如货款结算时间和结算方式，货物移交时间等。也就是说，合同决定账务处理，企业对业务进行成本和收入核算的重要依据是经济交易合同。

如果企业的账务处理与合同的约定不匹配，则要么出现错账，要么出现假账。企业做错账和做假账都会面临税务稽查的风险。

（2）合同与发票开具相匹配

合同与发票开具相匹配有两层含义：一是发票记载标的物的金额、数量、单价、品种必须与合同中约定的金额、数量、单价、品种相一致；二是发票上的开票人和收票人必须与合同上的收款人和付款人、销售方和采购方或者劳务提供方和劳务接受方相一致。

合同决定发票的开具，开具的发票与合同不匹配，则涉嫌虚开发票，不可以抵扣进项税额和企业所得税税前可扣除成本，将增加企业税负。

（3）合同与税务处理相匹配

基于合同决定业务流程，业务流程决定税收的逻辑。合同与税务处理相匹配的内涵是指企业交多少税是由合同决定的，如果企业的税务处理与合同的约定不匹配，则企业要么多缴税，要么少缴税。因此，企业可通过签订合同达到税务筹划目的。

（4）合同与业务实质相匹配

合同本身就是证据，企业应基于税前扣除凭证的要求对企业合同进行管理。合同影响流程，合同影响业务，合同影响税收。合同签订要与企业的人员、资产、业务实质等匹配，确保业务交易的真实性。

2.3.3　合同、业务流程与税收的关系

合同、业务流程与税收的关系如图 2-4 所示。

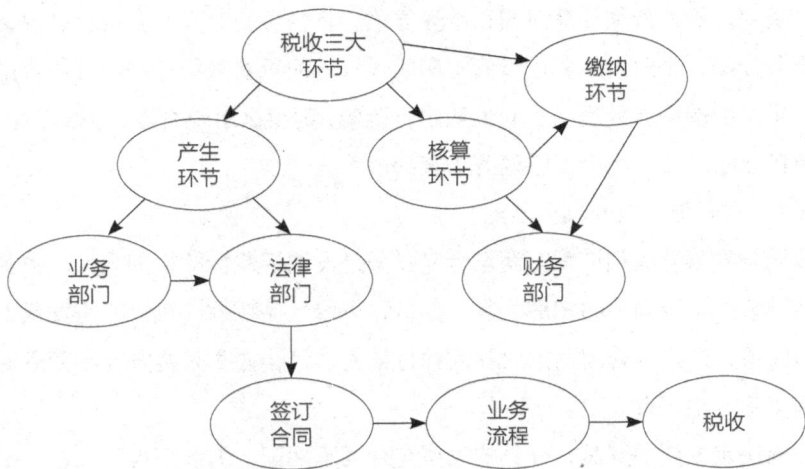

图 2-4 合同、业务流程与税收的关系

合同、业务流程与税收的关系概括如下：企业的税收不是财务部门做账做出来的，而是业务部门在做业务时做出来的；合同决定业务流程，业务流程决定税收；要想控制和降低税收成本，必须正确签订合同。所以，业务部门产生税收，财务部门反映和缴纳税收。

2.3.4 利用经济合同降低税负的策略

合同是税务风险的主要载体，是合理节税的主要工具。改变合同的当事人，税负可能产生变化；改变合同签订时间，税负可能产生变化；改变合同的标的物，税负也可能产生变化。通过改变合同当事人、标的物、时间、地点、价款，以及合同的附件等各种合同要件，都可能实现节税的效果。

企业管理团队应从经济活动盈利模式选择，合同主体选择，合同形式选择，合同效力安排，涉税条款设计，合同变更、解除、终止安排，合同转让技巧等方面运用合同工具支持和达成筹划目标。

案例：A 房地产公司将其中一栋厂房出租给 B 公司，该厂房财务核算的资产原值为 1 500 万元（含土地），有两种合同签订方式。

第一种合同签订方式：2018 年免租金、2019 年租金 100 万元、2020 年租金 100 万元，合同三年签订一次。

第二种合同签订方式：2018 年至 2020 年租金共 200 万元，合同三年签订一次。

　　根据相关政策，对于出租土地或房屋等不动产，如果协议中约定有免租期的，免租期间无须视同销售，也就是说免租期间无须视同销售缴纳增值税。

　　两种不同的合同签订方式，对房产税的缴纳将产生较大的影响。

　　第一种合同签订方式应缴纳房产税如下。

　　2018 年应缴纳房产税：1 500×（1-20%）×1.2%=14.4（万元）（假设当地房产税按房产原值减除比例为 20%）。

　　2019 年应缴纳房产税：100×12%=12（万元）。

　　2020 年应缴纳房产税：100×12%=12（万元）。

　　2018—2020 年应缴纳房产税：14.4＋12＋12=38.4（万元）。

　　第二种合同签订方式应缴纳房产税。

　　2018—2020 年应缴纳房产税：200×12%=24（万元）。

　　增值税节约：100×9%=9（万元）。

　　增值税附加税节约：9×12%=1.08（万元）。

　　合同税务筹划策略。

　　①事前：进行不同交易税负测算（税负测算）。

　　②事中：对合同条款进行涉税审核与会签（合同条款审核、税负条款设计）。

　　③事后：对合同履行中的细节问题、发票进行把控（发票控制）。

　　④全程：聘请专业的顾问或机构。

2.3.5　企业日常经营中合同涉税风险分析及税务筹划

　　企业签订经济合同时，往往未听取财税人员的意见与建议，一般由采购部门、销售部门、投资部门、行政部门、法律顾问等部门决定，加上纳税申报人员对合同涉税条款关注也很少，有时会导致税务机关认定纳税人采取欺骗、隐瞒手段进行虚假纳税申报或不申报，具有偷逃纳税的行为。

　　（1）规范采购合同，明确规定提供发票的义务

　　供应商是企业税务风险的源头之一。防范采购的税务风险，一方面是选择纳税信用等级高的供应商，消除税务隐患；另一方面是规范采购合同，避免税务风险。

　　企业向供应商采购货物或服务时，必须在采购合同中明确供应商按规定提供

发票的义务。企业选择供应商时应考虑发票因素，应选择能提供合规发票的供应商。

（2）供应商提供发票的时间

购买、销售货物，提供服务时，有不同的结算方式，企业在采购时，必须结合自身的情况，在合同中明确结算方式，并明确供应商提供发票的时间。在合同中明确，供应商开具发票时必须通知企业，企业在验证发票符合规定后付款。

合同中常见的结算方式如下。

①赊销和分期收款方式：甲方应支付乙方货款____元整。甲方必须在____年___月___日支付货款___（___%），在___年___月___日前付清余款。

②预收款方式：甲方应支付乙方货款____元整，甲方在合同签订后____日内支付___（___%），剩余货款于货物发出时支付。

③现款现货方式：甲方应支付乙方全部货款____元整，甲方在合同签订后___日内支付全部货款，乙方凭发票发货。

如果仅是约定了发票开具的时间，没有约定何时交付，作为有发票开具义务的一方是有权进行抗辩的，因为合同仅要求其开具并没有要求其开具了必须交付给权利方。

（3）供应商提供发票的类型的要求

不同税种间存在税率差别，而同一税种可能存在多种税目，各税目的税率差别可能更大。由于有些合同中涉及的货物不含税，有些合同涉及的货物含税，为避免分歧，最好约定清晰。

（4）明确发票不符合规定导致的赔偿责任

为了避免发票问题所导致的损失，企业在采购合同中应明确供应商对发票问题的赔偿责任。供应商提供的发票出现税务问题时，供应商应承担赔偿责任，包括但不限于税款、滞纳金、罚款及其相关的损失。

案例：S科技公司在申请挂牌新三板过程中，因接受他人开具与实际经营业务情况不符的发票，被广州市税务局罚款5万元。

此外，可同时在采购合同中明确以下问题。

①供应商与企业的业务涉及税务调查时，供应商有通知义务；企业与供应商业务涉及税务调查时，供应商有义务配合。

②双方财务部门及时沟通，供应商有义务提供当地的税务法规。

③供应商对返利、折让开具红字专用发票的义务。

④只能由销售方提供合规发票，不得由第三方提供，否则购买方拒收，造成损失由销售方赔偿。

⑤若不能按期提供合规发票，赔偿购买方损失（对应的税款）。

案例　某车间租赁合同税务筹划

A 公司把车间连同部分设备一起租赁给别人，若收取租金 100 万元，就要支付 12 万元的房产税，这是一般情况下公司间的交易。

是否有更合适的方法，合理减轻税负呢？

可以把车间和设备分开出租，车间租金为 60 万元，车间中的设备租金为 40 万元，因为设备不交房产税，所以，房产税只交 7.2 万元，节约了 4.8 万元。

租赁服务，是指在约定的时间内将场地、房屋、物品、设备或设施等转让他人使用的业务活动；仓储服务，是指利用仓库、货场或者其他场所代客贮放、保管货物的业务活动。仓储服务与不动产租赁服务均需利用固定的场地、场所，两者具有一定的相似性。

"营改增"后，仓储服务适用"物流辅助服务"税目，适用 6% 的增值税税率，对于小规模纳税人，则适用 3% 的征收率。

案例　土地出售合同税务筹划

甲公司有一块土地价值 5 000 万元，准备出售给乙公司，然后从乙公司购买其另一块土地，价值 5 000 万元。契税税率 3%，甲乙双方签订土地销售合同、土地购买合同，约定价格都为 5 000 万元，如何进行税务筹划？

①筹划前。

甲公司应缴纳契税 =5 000×3%=150（万元）

乙公司应缴纳契税 =5 000×3%=150（万元）

两家公司共缴纳契税 300 万元。

②筹划后。

合同约定：甲公司与乙公司签订土地使用权交换合同，合同约定以 5 000 万元等价交换。

根据相关规定，土地使用权交换、房屋交换，交换价格不相等的，由多交付货币、实物、无形资产或者其他经济利益的一方缴纳契税。交换价格相等的，免征契税。两家公司共节约契税 300 万元。

2.4　全证据链：打造全证据链，维护自己的合法权益

证据对当事人进行诉讼活动、维护自己的合法权益，对法院查明案件事实、依法正确裁判都具有十分重要的意义。证据在法律上的可采纳性通常都由真实性、合法性和关联性来决定。证据问题是诉讼的核心问题，在任何一起案件的审判过程中，都需要通过证据和证据形成的证据链还原事实。

证据链是指在证据与被证事实之间建立连接关系，相互间依次传递相关的联系的若干证据的组合。第一，证据链的概念只能在多个证据存在的条件下使用；第二，适用单独证据不能直接证明被证事实的情况；第三，每个证据至少要与其他证据具有联系；第四，组成证据链的各个证据不拘泥于形式；第五，证据链的集合证明力为各单独证据的总和。

企业应打造全证据链，维护自己的合法权益。

2.4.1　证据链的六项基本要求

证据链的六项基本要求如下。

（1）账务规范

账务处理符合税法和会计法的要求；有完整的财务管理制度和规范流程。在实际工作中有很多不规范的事情，财务人员有责任将其变规范。财务风险、税务风险、账务风险、财产风险都必须在可控范围内，规范化的操作就是保证。

（2）附件规范

企业必须严格按照会计法要求具备所有附件；所有附件必须遵循"四流合一"的规定完善；所有附件必须真实有效；所有附件必须为企业上市和做好账务

服务。

（3）制度规范

建立财务制度一是为了降低税务风险，二是为了控制费用，所以制度必须要规范化。制度的规范对企业提升管理效能相当重要。

（4）流程规范

第一，审批流程必须规范。经手人签字—部门经理审批—财务审核—总经理审批—财务经理签字—出纳付款。

第二，仓库管理流程应严格规范。

第三，采购流程、生产流程等都必须规范。

（5）核算规范

所有部门及配合厂商必须及时配合财务部，按期提供资料，及时对账，否则核算无法做到规范；所有核算的分配和摊销必须合理、准确，否则会得出错误的结论，导致企业走入歧路；所有财务建议必须及时，做到事前预测、事中控制、事后总结。

（6）内控规范

内控规范，首先是财务部内部的规范：内部稽核、内部牵制、内部控制。

其次是财务部对外部的规范：对仓库的监管、对车间统计的监管、对采购的监管、对生产的监管、对销售的监管。

2.4.2　证据链设计，税务筹划的核心

证据链的设计，是税务筹划的核心。在实践中，很多税务筹划失败的重要原因，就是没有构建起完善的税务证据链。税务筹划，既涉及企业税务事项的处理，又与商业安排、合同签署、成本管理、人力资源、运输物流、财务处理、企业内部管理、相关凭证材料管理等密不可分。税务筹划人员需要系统考虑税务与合同、财务与业务等环节的有机衔接，构建合同文本、财务资料、资金支付、运输物流等在内的完整的材料证据链。

（1）证据链的维度——七流

证据链的"七流"见图 2-5。

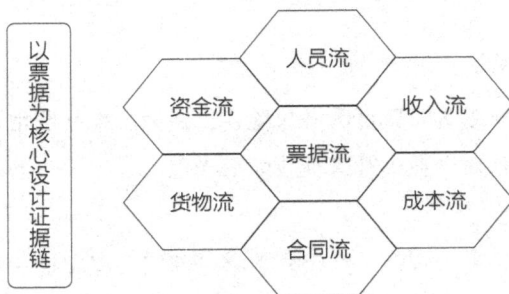

图 2-5 证据链的"七流"

其中"四流"一致:"四流"是指合同流、资金流、货物流、票据流。

货物流监控见图 2-6。

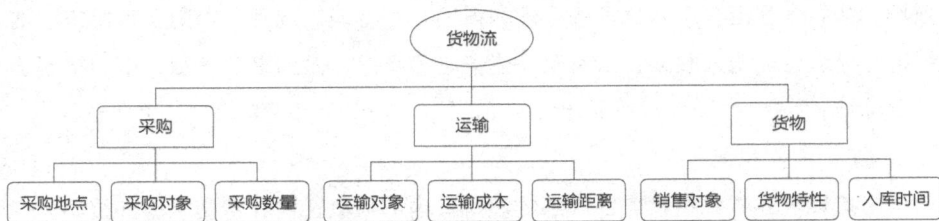

图 2-6 货物流监控

票据流监控见图 2-7。

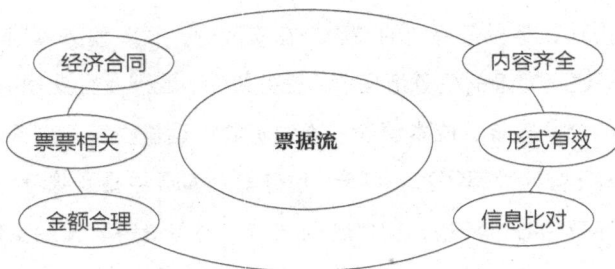

图 2-7 票据流监控

资金流监控见图 2-8。

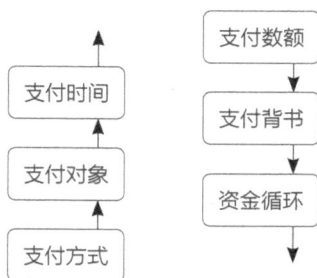

图 2-8　资金流监控

（2）证据链的视角——两大视角

税筹视角：业务流程就是证据链，也就是原始凭证。证据链不清晰或不完整，意味着业务轨迹不清晰或内控缺失，业务轨迹不清晰或内控缺失，意味着流程不清晰或失控，税务风险大。

源头视角：原始凭证的产生是基于企业制度的，重视业务模式的解释和内控体系的建设，降低对证据链的要求。财务是对业务的反映，不同的业务带来不同的税务结果。故业务部门是税收产生的源头之一，在开展业务活动时首先应考虑税务筹划。

（3）证据链的类别——全证据链，形式合规，实质更要合规

全证据链的特性及相关资料见图 2-9。

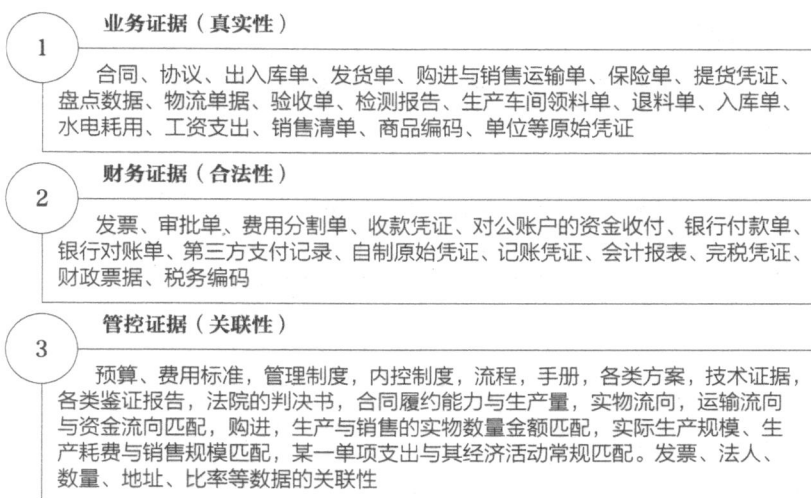

①　业务证据（真实性）

合同、协议、出入库单、发货单、购进与销售运输单、保险单、提货凭证、盘点数据、物流单据、验收单、检测报告、生产车间领料单、退料单、入库单、水电耗用、工资支出、销售清单、商品编码、单位等原始凭证

②　财务证据（合法性）

发票、审批单、费用分割单、收款凭证、对公账户的资金收付、银行付款单、银行对账单、第三方支付记录、自制原始凭证、记账凭证、会计报表、完税凭证、财政票据、税务编码

③　管控证据（关联性）

预算、费用标准，管理制度，内控制度，流程，手册，各类方案，技术证据，各类鉴证报告，法院的判决书，合同履约能力与生产量，实物流向，运输流向与资金流向匹配，购进，生产与销售的实物数量金额匹配，实际生产规模、生产耗费与销售规模匹配，某一单项支出与其经济活动常规匹配。发票、法人、数量、地址、比率等数据的关联性

图 2-9　全证据链的特性及相关资料

服务活动证据链见图 2-10。

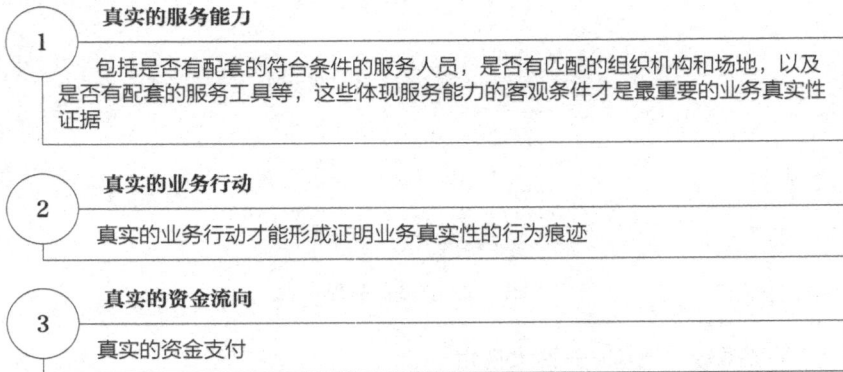

① 真实的服务能力

包括是否有配套的符合条件的服务人员，是否有匹配的组织机构和场地，以及是否有配套的服务工具等，这些体现服务能力的客观条件才是最重要的业务真实性证据

② 真实的业务行动

真实的业务行动才能形成证明业务真实性的行为痕迹

③ 真实的资金流向

真实的资金支付

图 2-10　服务活动证据链

（4）证据链的关系——四层关系

证据链的四层关系见图 2-11。

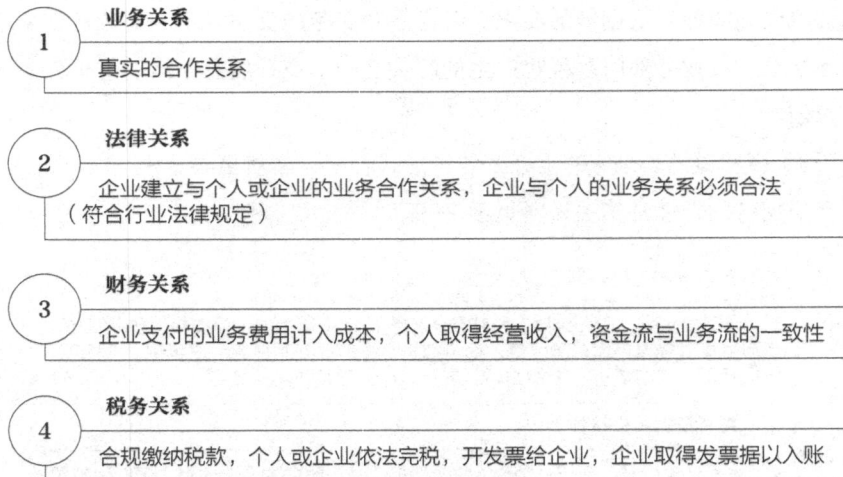

① 业务关系

真实的合作关系

② 法律关系

企业建立与个人或企业的业务合作关系，企业与个人的业务关系必须合法（符合行业法律规定）

③ 财务关系

企业支付的业务费用计入成本，个人取得经营收入，资金流与业务流的一致性

④ 税务关系

合规缴纳税款，个人或企业依法完税，开发票给企业，企业取得发票据以入账

图 2-11　证据链的四层关系

2.5　全价值链：经营过程，就是价值流的变化过程

经营企业的过程就是一个投资、生产产品、做贸易、营销的资金流、实物流、人员流、信息流的变化过程，其实质是价值流的变化。在这个价值流的变化过程中，有一部分价值将以税收的形式上交给国家。

从这个意义上来说，价值链＝业务链（产业链）＝税收链。

2.5.1　价值链税务筹划

纳税主体单一、业务单一对税务筹划来说空间是很狭小的。从价值链上看，正常情况下，一家企业至少会涉及供应商、销售、生产、研发、人力、物流等业务环节。将这些业务环节变为主体企业，可以给税务筹划创造很大空间，而且会大幅降低企业的税收成本，其原理如下。

①生产相同产品的企业，由于经营方式不同，税负率会有比较大的差异。

②对于集团企业，内部价值链各部分可能是分开的，因此，第一家企业的增值税税负比较低。

③一家企业的价值链越短，相应的税负越低，企业可以把研发设计、采购、人力资源、设备租赁、生产等分离出来成立纳税主体。

价值链上游、中游、下游见图 2-12。

价值链上游，是指企业的主要供应商，包括物料、设备、服务、物业、资金、投资、融资等供应商

价值链中游，是指企业自己，包括生产、研发、人力、客户、配送、财务等部门

价值链下游，是指企业的客户，包括直接消费者、顾客和中间的代理商、经销商、商业机构

图 2-12　价值链上游、中游、下游

常见的价值链税务筹划模型：A 公司负责销售，B 公司负责服务；A 公司负责甲类产品；B 公司负责乙类产品；A 公司负责个人客户，B 公司负责企业客户；A 公司负责一个地方的客户，B 公司负责其他地方的客户；A 公司负责研发，B 公司负责生产，C 公司负责物流；A 公司负责生产，B 公司代理销售，C 公司负

责物流，D 公司负责人力外包。

全价值链管理思维见图 2-13。

业财融合——财务在价值链中的地位

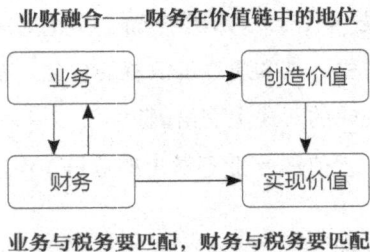

业务与税务要匹配，财务与税务要匹配

图 2-13　全价值链管理思维

税务筹划人员应将税务筹划的知识融会贯通，自然而然地使用税务筹划的思维进行经营管理，树立企业全价值链管理思维。

2.5.2　价值链的分类和核心思想

价值链可以分为：企业内部价值链和行业价值链。价值链的核心思想：企业的价值体现在一个价值链的末端，其又是另一个价值链的开始。

2.5.3　不同企业的价值链税务筹划思路

按发票管理是否规范划分的企业类型见图 2-14。

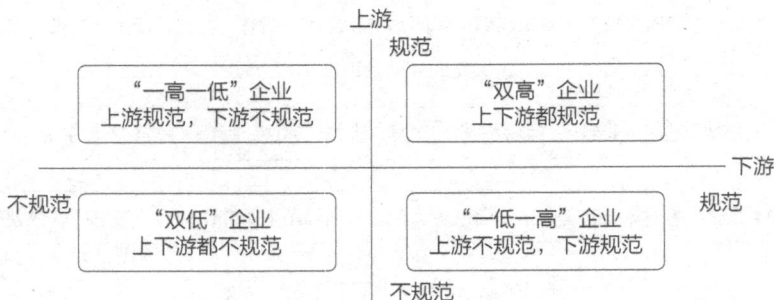

图 2-14　按发票管理是否规范划分的企业类型

（1）"双高"企业的税务筹划思路

企业的供应商和客户税务都是规范的，供应商基本上都能够提供合规的税务发票，客户基本上都需要开具发票。这种企业税务风险相对较低，可能会导致税收成本比较高。

税务筹划策略主要包括：充分享受财税优惠政策；考虑利用低税率的地区税收优惠政策；将业务中的产品和服务分拆。

（2）"一高一低"企业的税务筹划思路

上游供应商，基本上都能够提供税务发票，下游客户往往并不需要发票，或者无所谓有没有发票。

税务筹划策略主要包括：将销售业务相关公司注册在低税负的地区；重新规划销售渠道；建立销售平台模式；合理分拆价值链，将低税率的服务收入分离出来。

（3）"双低"企业的税务筹划思路

上游供应商不能提供合规的发票，或者提供发票的税收成本很高，下游的客户也同样并不需要发票。

税务筹划策略主要包括：选对合适的经营主体和征税模式；选择交易平台模式；分离核心业务和非核心业务，分别采用不同模式经营。

（4）"一低一高"企业的税务筹划思路

上游不规范，下游规范，供应商不能全部提供发票，下游客户往往都需要发票。

税务筹划策略主要包括：选对合适的经营主体和征税模式；合理拆分价值链，将低税率的服务收入分离出来。

2.5.4　价值链税务筹划运用：无票支出（塑造业务价值链）

所谓无票支出，就是钱花出去了，但是没有拿到发票。在税务局"以票控税"的监管模式下，发票问题是每个企业都无法绕过的问题，尤其对财务人员来说。在日常业务中，难免会遇到无票的情况，如何处理呢？

可以通过价值链税务筹划来塑造业务价值链。

（1）设置合理的费用

对事务所、中心、经营部、工作室等类型的企业设置合理的费用见图 2-15。

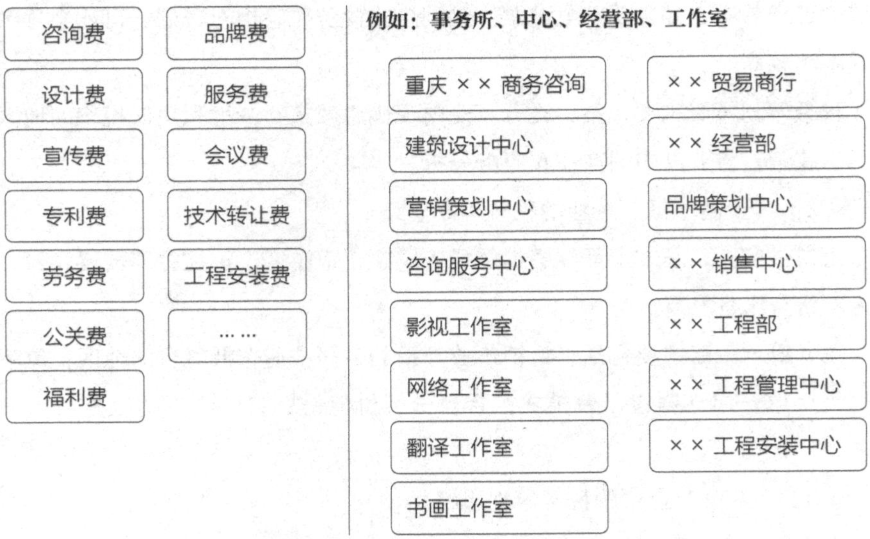
咨询费
品牌费
设计费
服务费
宣传费
会议费
专利费
技术转让费
劳务费
工程安装费
公关费
……
福利费
例如：事务所、中心、经营部、工作室
重庆××商务咨询
××贸易商行
建筑设计中心
××经营部
营销策划中心
品牌策划中心
咨询服务中心
××销售中心
影视工作室
××工程部
网络工作室
××工程管理中心
翻译工作室
××工程安装中心
书画工作室

图 2-15　设置合理的费用

（2）无票支出的公司类型

无票支出的公司类型见图 2-16。

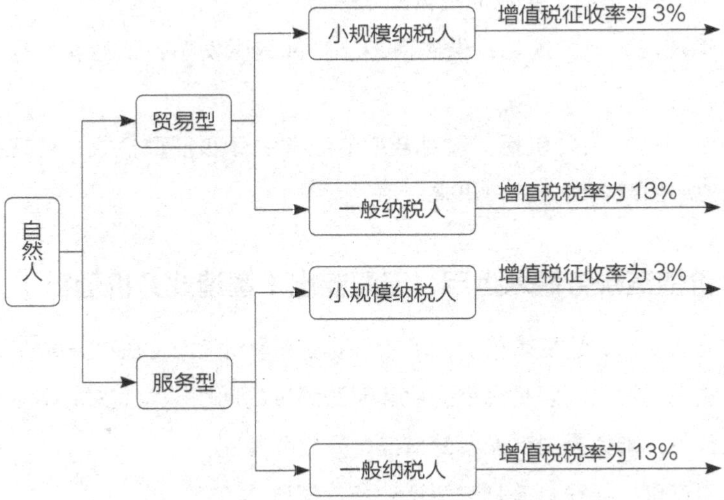
自然人
贸易型
小规模纳税人
增值税征收率为 3%
一般纳税人
增值税税率为 13%
服务型
小规模纳税人
增值税征收率为 3%
一般纳税人
增值税税率为 13%

图 2-16　无票支出的公司类型

（3）节税测算

节税测算举例见图 2-17。

贸易（原地）
利润 1 亿元
企业所得税：
10 000×25%=2 500（万元）
个人所得税：
（10 000-2 500）×20%=1 500（万元）
合计：4 000 万元

贸易（税收洼地）
利润 1 亿元
企业所得税：0
个人所得税：
10 000×1.75%=175（万元）
合计：175 万元

节税：3 825 万元

图 2-17　节税测算举例

（4）正常交易结构和税收洼地交易结构

正常交易结构见图 2-18。

图 2-18　正常交易结构

税收洼地交易结构见图 2-19。

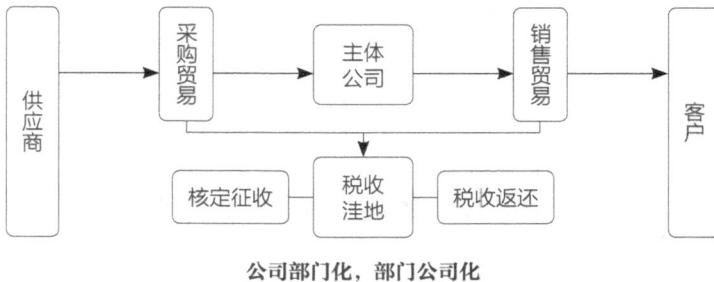

公司部门化，部门公司化

图 2-19　税收洼地交易结构

案例：A 公司从事贸易行业，日常零星采购原材料无法取得发票的支出为 120 万元，《企业所得税法》规定，应当取得而无法取得发票的支出不得在企业所得税税前扣除。

A 公司需要多缴企业所得税 =120×25%=30（万元）

A 公司在税收洼地成立个人独资企业 B（以下简称"B 公司"），利用 B 公司采购无法取得发票的材料，B 公司再按市场价格销售给 A 公司，由于 B 公司无法取得全部发票，成本无法确定，可以申请核定征收。

B 公司销售给 A 公司的材料应交税款如下。

增值税 =0

增值税附加税 =0

个人所得税 =120×10%×20%-1.05=1.35（万元）

A 公司取得 120 万元的发票，不需要多缴企业所得税。

延伸资料：

个人独资企业：个人出资经营、归个人所有和控制、由个人承担经营风险和享有全部经营收益的企业，也称自然人独资企业。

个人独资企业特点如下。

第一，不需要缴纳企业所得税。个人独资企业在法律上是非法人主体，不适用《企业所得税法》，只需要缴纳个人所得税。

第二，可以申请核定征收，享受极低税率。个人独资企业在收入或成本不能完全核算的情况下，可以申请核定征收。例如，按照收入 ×10% 的乘积作为利润计算个人所得税或者以开票金额的定率（0.5% ~ 1.5%）征收个人所得税。

2.6　交易设计：好的税务筹划需要正确理解税收政策

通过税务筹划，合理有效减轻税负，是大部分企业的诉求。当然，好的税务筹划就是正确理解税收政策，并对商业行为进行合理安排和筹划。税务筹划中的交易设计主要针对增值税。

不同交易模式的具体内容及涉税变化见表 2-1。

表 2-1　不同交易模式的具体内容及涉税变化

不同的交易模式	具体的交易设计	涉税变化
产品销售模式	提供产品	增值税，税率 13%
"产品 + 设计 + 服务"销售模式	设计服务、制造产品，提供（安装、维护、保养、培训）服务	增值税，税率 13%、9% 或 6%、3%

不同的交易模式	具体的交易设计	涉税变化
服务销售模式	通过产品提供服务	增值税，税率9%或6%、3%

2.6.1　高税率变成低税率的四种筹划方式

目前来说，想要从进项发票上进行税收筹划是没有什么空间的，在销项上如何做到把高税率变成低税率是进行增值税筹划的一种思路。

第一种方式：把销售型公司转换为服务型公司。

第二种方式：将借贷业务转换为贸易业务。

第三种方式：利用软件及服务的相关规定享受即征即退优惠政策。

第四种方式：将提供仓库租赁服务转换为提供"仓储 + 装卸"服务。

怎么通过转变经营方式进行税务筹划呢？

案例：某运输企业为一般纳税人，企业将闲置的车辆对外进行经营租赁，某月经营租赁业务收入1 000万元，则该月租赁业务应纳增值税 =1 000×13%=130（万元）。

改变经营模式：如果该运输企业将车辆出租的同时还为出租的车辆配备司机，收取运输服务收入1 000万元，则该运输业务应纳增值税 =1 000×9%=90（万元）。

同样的收入额，经营模式不同，缴纳的税款也不同，改变经营模式后少缴纳税款 40万元（130-90）。

总结：改变原有经营方式，利用各业务税率的高低差异，巧妙地把适用高税率的业务变为适用低税率的业务，可大大减轻企业税收负担，从而达到节税的目的。

2.6.2　建立内部管控制度进行税务筹划

如何通过建立内部管控制度进行税务筹划呢？

案例：X公司送给大客户相关人员一批台历座，上面有公司名、产品介绍等宣传内容。公司认为是宣传行为，这批台历座向大客户宣传了公司，但税务人员可能认为这是送礼行为，因为台历座是礼品。若为送礼行为，就要征13%增值税，同时还要扣缴20%的个人所得税。怎么筹划呢？

公司建立内部宣传品管理办法，明确台历座只是用于宣传，相当于一个广告位，什么时候想收回来就可收回来。这样可节约增值税和个人所得税。

2.6.3　减少交易环节以降低税收成本

交易不仅发生在两个相对实体之间，从整个交易链来看，交易还发生在三个实体之间的关系中……根据税法的规定，每笔交易都会被征税。

从节税的角度来看，减少交易链的数量将减少税收负担。在这种节税方法中，交易链就像桥梁，而减少交易链就像拆除桥梁。因此，减少交易环节以降低税收成本的思路被称为"断桥式"思路。

案例：A公司欠B公司1 000万元，B公司欠C公司1 000万元。A公司拥有一套价值1 000万元的房地产。A公司和B公司同意使用房地产来偿还债务，B公司和C公司也同意使用通过债务获得的房地产来偿还债务。假设房地产转让须缴纳3%的契税。

根据约定的交易模式，全过程的契税成本（不考虑其他税项）为：B公司收到A公司的房地产时应付的契税为30万元，B公司应支付契税。C公司收到B公司抵债的房地产时应交契税30万元。总体而言，契税为60万元。

如果A、B、C公司同意并签署了一个三方债务偿还协议，则A公司将房地产直接转让给C公司，这三个公司之间的债务将被抵销。按照这种交易模式，仅C公司应缴纳契税30万元。与上述交易模式相比，既减少一个交易环节，也减轻契税负担30万元。

因此，税务筹划人员在设计或调整交易模式或业务流程时，一般情况下应尽量减少交易链或业务流程的数量，以达到节税的目的。

2.7　账务控税：企业核算方式决定税负率

业务思维遵循决策的相关成本原则。所谓相关成本，就是这项成本会随着决策的变化而变化，不随决策的变化而变化的成本，对于这个决策来讲就是不相关成本。而利用财务思维决策时会考虑不相关成本，比如沉没成本、不该分摊的固定成本。

财务与业务相背离、相冲突，往往就是两方掌握的信息和资源不同导致的。财务要按照准则、税法来处理业务关系，业务则要根据实际情况，做种种变通。企业不可能要求每个业务部门都熟悉准则和税法条文，所以只有财务更多地了解业务，了解企业整体运营，了解整个行业的特点及企业所处的位置，这样才能在两者的权衡中，找到一个合适点。

2.7.1　固定资产折旧方法的税务筹划

固定资产折旧是缴纳企业所得税税前准予扣除的项目，在收入既定的情况下，折旧额越大，应纳税所得额就越少。具体可以从折旧方法的选择、折旧年限的估计和净残值的确定等方面进行筹划。

固定资产的折旧方法主要有年限平均法、双倍余额递减法、年数总和法和工作量法。在这四种方法中，双倍余额递减法、年数总和法可以使前期多提折旧、后期少提折旧。

在折旧方法确定之后，首先应估计折旧年限。在税率不变的前提下，企业可尽量选择最少的折旧年限。《企业所得税法》规定：企业的固定资产由于技术进步等原因，确需加速折旧的，可以缩短折旧年限或者采取加速折旧的方法。可以采取缩短折旧年限或者采取加速折旧方法的固定资产包括：由于技术进步，产品更新换代较快的固定资产；常年处于强震动、高腐蚀状态的固定资产。除相关单位财政、税务主管部门另有规定外，固定资产计算折旧的最低年限分别为：房屋、建筑物 20 年；飞机、火车、轮船、机器、机械和其他生产设备 10 年；与生产经营活动有关的器具工具、家具等 5 年；飞机、火车、轮船以外的运输工具 4 年；电子设备 3 年。企业对符合条件的固定资产可以缩短折旧年限或者采取加速折旧的方法。

《企业所得税法》不再对固定资产净残值率规定下限，企业可以根据固定资产性质和使用情况，合理确定固定资产的预计净残值。一经确定，不得变更。由于情况特殊，需调整净残值比例的，应报税务机关备案。因此，在税率不变的前提下，企业在估计净残值时，应尽量低估，以便相对提高企业的折旧总额，从而使企业在折旧期间少缴纳所得税。这样，在税率不变的情况下，固定资产成本可以提前收回，企业生产经营前期应纳税所得额减少，后期应纳税所得额增加，可以获得延期纳税的好处，从资金时间价值方面来说，企业前期减少的应纳所得税额相当于企业取得了相应的融资贷款。

案例：A 公司属于生产制造衣服的工厂，目前公司在 2019 年 1 月购进一套流水线生产设备，不含税买价 1 200 万元。2019 年度预计实现利润总额 450 万元，采用年限平均法计算折旧。

①若是按照 10 年折旧（不考虑净残值）。

每年折旧费 =1 200÷10=120（万元）

该生产设备由于 1 月购入，因此从 2 月开始折旧，2019 年共计折旧 110 万元。

②若是按照 6 年折旧（不考虑净残值）。

每年折旧费 =1 200÷6=200（万元）

该生产设备由于 1 月购入，因此从 2 月开始折旧，2019 年共计折旧 183 万元。

税筹收益：缩短折旧年限每年多折旧 =183−110 =73（万元）。

每年节税 =73×25%=18.25（万元）。

2.7.2 费用列支与处理方法的税务筹划

（1）及时合理列支费用

及时合理列支费用主要表现为在费用的列支标准、列支期间、列支数额、扣除限额等方面做到正确合理。具体来讲，进行费用列支时应注意以下几点。

一是发生商品购销行为要取得符合要求的收据。

二是费用支出要取得符合规定的收据。

三是费用发生及时入账。税法规定纳税人某一纳税年度应申报的可扣除费用不得提前或滞后申报扣除，所以在费用发生时要及时入账。

四是适当缩短摊销期限，以后年度需要分摊列支的费用、损失的摊销期要适当缩短。例如长期待摊费用等的摊销应在税法允许范围内选择最短年限，增大前几年的费用扣除额，递延纳税时间。

五是对限额列支的费用争取充分列支，限额列支的费用有业务招待费（扣除额为发生额的 60%，最高不得超过当年销售收入的 0.5%）；广告费和业务宣传费（扣除额为不超过当年销售收入 15% 的部分）；公益性捐赠支出（符合相关条件，扣除额为不超过年度利润总额 12% 的部分）等。企业应准确掌握列支标准，减少企业的涉税风险。

案例：A 公司年销售收入 20 000 万元，发生业务招待费 500 万元，可以扣除的业务招待费是收入的 0.5%。

A 公司可以扣除限额 =20 000×0.5%=100（万元）

A 公司可以税前扣除 100 万元业务招待费。

假设成立一个子公司 B，A 公司将商品以 18 000 万元销售给 B 公司，B 公司再按照 20 000 万元的金额对外销售。

A 公司发生业务招待费 200 万元，B 公司发生业务招待费 300 万元。

A 公司可以扣除限额 =18 000×0.5%=90（万元）

B 公司可以扣除限额 =20 000×0.5%=100（万元）

A、B 公司可以扣除业务招待费 =90+100=190（万元）

相当于同一笔销售额，在 A、B 两个主体同时限额扣除了业务招待费。当然同样的其他有限额的费用也适用该方法。

案例：礼品支出属于业务招待费吗？

方案一：招待礼品支出属于业务招待费。

方案二：宣传礼品支出属于业务宣传费。

案例：有家公司业务员出差补助每月随同工资发放。这样做是否恰当？如何规划？

不恰当。随工资发放要计入工资、薪金所得计缴个人所得税，增加社保费用缴费基数。

恰当。填写差旅费报销单据报销，计入销售费用。

（2）费用处理方式

公司发生的各项费用，按税法规定，可以分为三类：税法规定有扣除标准的费用项目、税法规定没有扣除标准的费用项目、税法给予优惠的费用项目。进行税务筹划时，应在遵循法律的前提下把费用计入没有扣除标准和税法给予优惠的费用项目中。

具体如下。

①有扣除标准的费用项目。

有扣除标准的费用项目包括职工福利费、职工教育经费、工会经费、业务招待费、广告费和业务宣传费、公益性捐赠支出等。

原则上遵照税法规定的扣除范围和标准进行抵扣，避免进行纳税调整，增加企业税负；区分不同费用项目的核算范围，在税法允许扣除的费用标准内充分抵扣，并用好、用足、用活；搞好费用的合理转化，将有扣除标准的费用通过税务筹划，转化为没有扣除标准的费用，加大扣除项目金额，降低应纳税所得额。

②没有扣除标准的费用项目。

没有扣除标准的费用项目包括工资薪金、劳动保护费、办公费、差旅费、董事会费、咨询费、诉讼费、租赁及物业费、车辆使用费、长期待摊费用摊销额、会员费、房产税、车船税、土地使用税、印花税等。

正确设置费用项目，增强会计资料的可比性；规范费用开支，发挥费用对应纳税所得额的抵扣效应；选择合理的费用分摊方法，发挥费用对应纳税所得额的抵扣效应。

③税法给予优惠的费用项目：研究开发费用。

研究开发费用：企业在一个纳税年度生产经营中发生的用于研究开发新产品、新工艺的各种费用。

《企业所得税法》规定，企业开发新产品、新工艺发生的研究开发费用，可以在计算应纳税所得额时加计扣除。

案例：公司把办公室平时购买桶装水的支出记入"应付职工薪酬——福利费"科目，从而导致公司历年来的福利费大幅度超过企业所得税税前扣除标准，存在纳税调增使企业所得税增加的情况。

正确处理：公司办公室购买的桶装水支出应记入"管理费用——办公费"科目。

案例：企业通过费用分拆，减少业务招待费限额影响，减轻税负。

按照税法政策，业务招待费存在限额限制，企业可采用细化费用类别、优先归入其他科目的方式，增加税前扣除金额，进而减轻税负。

企业在处理业务招待费的时候，应当慎重。在真实、合法的前提下，尽量不把支出记入业务招待费，而记入"管理费用"等科目。

2.7.3　材料核算方法的税务筹划

各项存货的发出和领用，其实际成本的计算方法有先进先出法、月末一次加权平均法和个别计价法等。各种存货计价方法，对产品成本、企业利润及所得税都有较大的影响。现行税制和财务制度对存货计价的规定，为企业进行存货计价方法的选择提供了空间，也为企业开展税务筹划、减轻所得税税负、实现税后利润最大化提供了法律依据。

一般情况下，选择月末一次加权平均法对企业发出和领用存货进行计价。在该方法下，企业计入各期产品成本的材料等存货的价格比较均衡，不会忽高忽低，特别是在各期材料等存货价格差别较大时，使用该方法可以起到缓冲的作用，使企业产品成本不至于发生较大变化，各期利润比较均衡。

在物价持续下降的情况下，选择先进先出法对企业存货进行计价，才能提高企业本期的销货成本，相对减少企业当期收益，减轻企业的所得税负担。同理，在物价持续上涨的情况下，应选择月末一次加权平均法或个别计价法。而在物价上下波动的情况下，宜采用月末一次加权平均法对存货进行计价，以避免出现各期利润忽高忽低造成企业各期应纳所得税税额上下波动，增加企业安排应用资金难度，甚至陷入财务困境的情况。

但存货计价方法一经选择，不得随意变更。

2.7.4　成本分摊方式的税务筹划

根据规定，企业与其关联方共同开发、受让无形资产，或者共同提供、接受劳务发生的成本，在计算应纳所得额时应当按照独立交易原则进行分摊。

案例：2021 年 9 月 2 日，甲、乙两家公司（关联企业）共同受让某项专利技术，价值 500 万元，用于生产经营，甲、乙共同与专利技术提供方签订协议。甲、乙两家公司另外达成成本分摊协议，约定的成本分摊比例为 4 ∶ 6。

分摊比例的自由度比较大，关联方筹划税收利益的空间是存在的。进行成本分摊方式税务筹划在房地产行业非常有用。

2.8 生命周期：企业发展壮大离不开税务筹划

企业生产经营过程中，在不同的发展阶段，税负情况是不一样的，企业发展壮大离不开税务筹划。税务筹划人员应如何做好企业不同阶段的税务筹划，在合理合法范围内降低税收成本，提升企业的经营效益和竞争力呢？

企业生命周期分为设立环节、筹资环节、投资环节、采购环节、运营及销售环节、经营成果分配环节等环节。

2.8.1 设立环节的税务筹划

企业设立时税务筹划即顶层设计，从 3 方面考虑，一个是企业在哪里成立，一个是企业的性质，一个是企业的组织形式。设立环节的税务筹划见图 2-20。

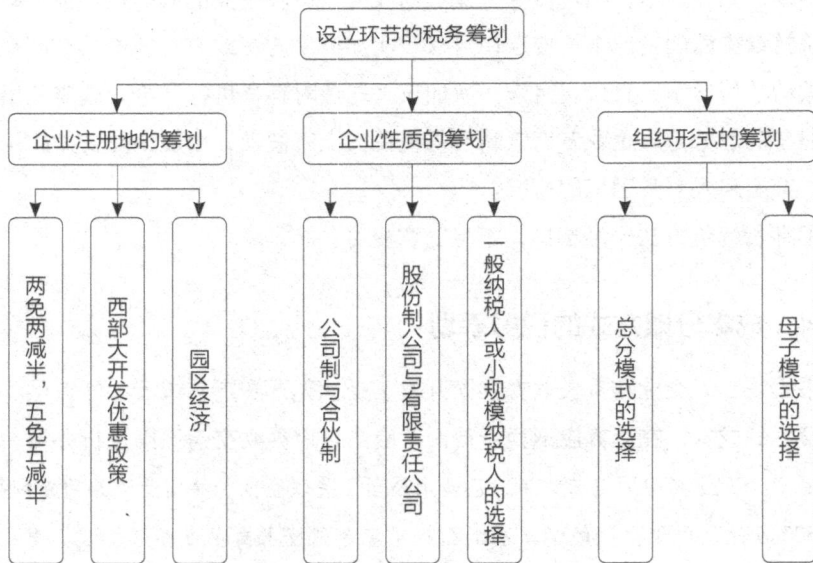

图 2-20 设立环节的税务筹划

2.8.2 筹资环节的税务筹划

不同的出资方式承担的税负也不同。

企业的出资方式有四种：第一，以货币出资；第二，以实物出资；第三，以知识产权出资；第四，以土地使用权出资。

如：采用技术投资入股。技术投资入股的实质是转让技术成果和投资同时发生。按照财政部 国家税务总局关于全面推行营业税改征增值税试点的通知（财税〔2016〕36 号，以下简称"36 号文"）规定，转让技术成果是销售无形资产，免征增值税。根据财政部 国家税务总局关于完善股权激励和技术入股有关所得税政策的通知（财税〔2016〕101 号），企业或个人以技术成果投资入股，被投资企业支付的对价全部作为股权的，企业或个人可选择递延纳税优惠政策。无形资产投入企业以后，在税前摊销，从而减少了企业当年的应纳税额，减轻了企业的税负。

2.8.3 投资环节的税务筹划

投资环节的税务筹划思路为投资国家扶持并且有优势的一些产业，具体的税收优惠如下。

①涉农的税收优惠政策：开展技术服务或者劳务所得的收入，暂免缴纳所得税，如农技站、气象站、农业合作社等取得的收入。

②科研机构、高校的税收优惠政策：技术服务、技术承包所取得的技术性服务收入，暂免缴纳所得税。

③国家鼓励兴办第三产业的税收优惠政策：科技、法律、审计、税务等咨询行业，第一年至第二年免征所得税；从事公用事业、商业、物资业、饮食业、教育文化事业、卫生事业，可减免所得税一年。

④民族部门举办的福利生产企业优惠政策：凡安置"四残"（盲、聋、哑和肢体残疾）人员占生产人员总数 35% 以上的，暂免缴纳所得税；凡安置"四残"人员占生产人员总数的比例超过 10% 未达到 35% 的，减半缴纳所得税。

⑤劳动就业服务企业的税收优惠政策：对当年安置城镇待业人员超过企业从业人数 60% 的新办城镇劳动就业服务企业，经主管税务机关批准，可以免交所得税三年；免税期满后，当年新安置待业人员占企业原从业人员总数达 30% 以上的，经主管税务机关审核批准，可以减半缴纳所得税两年。

⑥特殊性行业的税收优惠政策：托儿所、幼儿园、养老院、残疾人福利机构提供的育养服务、婚姻服务、殡葬服务；医院、诊所和其他医疗机构提供的医疗

服务；纪念馆、博物馆、文化馆、美术馆、展览馆、书画院、图书馆、文物保护单位举办文化活动的门票收入；宗教场所举办文化、宗教活动的门票收入免缴或减征增值税。

⑦乡镇企业的税收优惠政策：按所得税额减征10%，用于补助社会性开支费用。

⑧利用"三废"产品的税收优惠政策：企业利用"三废"（废水、废气、废渣）等废物为主要原料进行生产的，可在五年内减缴或免缴纳所得税。参考《资源综合利用目录》。

2.8.4 采购环节的税务筹划

采购环节税务筹划的核心是合法地利用相关税收政策设计业务流程，实现为企业减轻税负的目的。

采购供应商选择的决策标准如下。

第一，供应商类型：按适用税率开具增值税专用发票的一般纳税人；按适用征收率开具增值税专用发票的小规模纳税人或一般纳税人；只能开具增值税普通发票的一般纳税人或小规模纳税人；不能开具增值税发票的一般纳税人或小规模纳税人。

第二，企业应以利润最大化作为选择的决策标准，而非纳税最少或支出最少。

第三，拟定成交价。

所谓"税收管理"就是企业运用管理手段，制定各种制度，对企业的经营过程加以控制，来达到规范纳税行为、规避税务风险的目的。

案例：某公司一司机开车到加油站加油，拿着发票到财务部门报销。

财务人员："你怎么不取得增值税专用发票，而取得一张增值税普通发票呢？取得增值税专用发票可以抵扣13%的增值税，增值税普通发票可不行。"

司机："加油站没有增值税专用发票。"

问题：加油站真的没有增值税专用发票吗？

分析：我国税法明确规定：全国的加油站必须是一般纳税人，不得是小规模纳税人，都应有增值税专用发票。但是，根据增值税发票的管理规定，增值税专用发票都是由财务部门来管理的。通常，加油站的窗口都不会放增值税专用发票。司机又不可能到加油站加油，再到石油公司财务部门开增值税专用发票。这样就导致司机在加油站加油时无法取得增值税专用发票，进而导致公司无法进行 13% 的进项税抵扣，给公司造成了很大的损失。

税务筹划：

方式 1：公司可以找一家临近的加油站与其进行长期合作，公司所有车辆都统一到该加油站加油，并要求对方每个月进行一次货款结算，同时开具增值税专用发票。这样一来，既可以达到加油的目的，又可以取得增值税专用发票，可谓一举两得。

方式 2：公司统一到石油公司大批量购买油票并开具增值税专用发票。司机持油票到加油站加油，这样既可以取得增值税专用发票，又可以为公司减轻税负。

2.8.5　运营及销售环节的税务筹划

运营及销售环节的税务筹划：充分利用小微企业税收优惠政策；销售过程中选择恰当合同主体签订合同。

2.8.6　经营成果分配环节的税务筹划

经营成果分配环节的税务筹划主要针对所得税，具体见图 2-21。

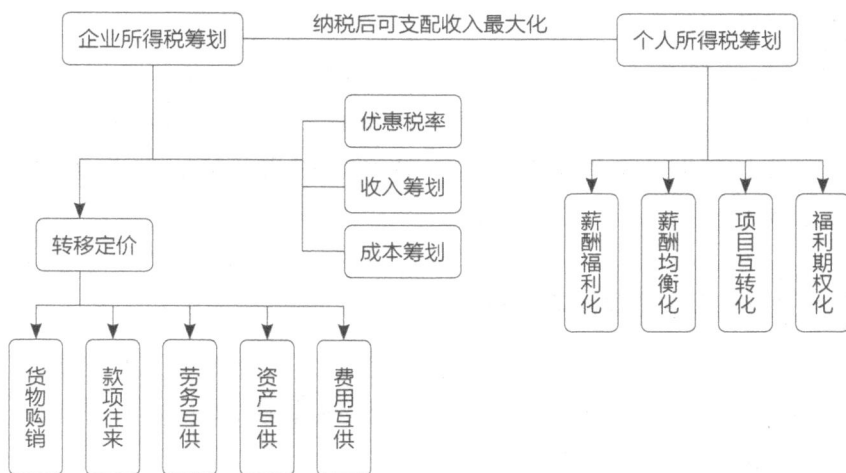

图 2-21　经营成果分配环节的税务筹划

2.9 业务拆分：通过规划业务，进行税务筹划

税收贯穿于企业整个业务流程中，不同的业务流程和业务模式，会带来不同的税收，即业务决定税务。

2.9.1 通过业务拆分进行的税务筹划

通过业务拆分进行的税务筹划，即将税负不同的业务分开核算，分别享受不同的税率，在不同税率之间寻找突破口。需要考虑的是分开核算合适，还是合并计税划算。

案例：A公司从事化妆品销售并提供化妆品使用指导、免费护肤清洁、美容化妆等服务。全年销售收入1 000万元。

A公司缴纳增值税=1 000×13%=130（万元）

A公司将销售和提供的指导服务分开核算，其中商品销售价值800万元，各项服务价值200万元。

A公司缴纳增值税=800×13%+200×6%=104+12=116（万元）

业务拆分技术是指在合法和合理的前提下，使所得、财产、收入在两个或更多纳税人之间进行分拆的技术。

优缺点：绝对节税，但是较为复杂，适用范围较窄。

税务筹划不是一件容易的事，在很多人眼里，少缴税就是税务筹划，此认知很片面。税务筹划的基础是税收政策，而税收政策随时都在变更，所以，税务筹划也具有不确定性。

2.9.2 业务拆分的类型与减轻税负

使用业务拆分法把一份收入拆分成两份或两份以上的收入，把应税收入向免税收入拆分，把高税率收入向低税率收入拆分。但是无论怎么拆分，都会对企业过往的经营模式产生影响。

如混合销售就是从高计税，所以，在做税务筹划的时候应该把低税率和高税率的业务分开。如一些工程企业，可以把其中的工程项目管理、技术咨询及服务等服务类别的业务剥离出来并成立一家小规模企业，为了能更好地减轻税负，可

以成立一家个人独资企业，申请核定征收。

案例　仓储区"出租 + 物业服务"

小规模纳税人将仓储区出租，租金为 5 000 万元 / 年，提供出租和物业服务。

方案一，签订一个出租合同：纳税合计 745.63 万元。

应交房产税 = 5 000×12% = 600（万元）

应交增值税 = 5 000÷（1+3%）×3% = 145.63（万元）

方案二，签订金额为 4 000 万元的出租合同，金额为 1 000 万元的物业合同：纳税合计 653.11 万元。

应交房产税 = 4 000×12% = 480（万元）

应交出租增值税 = 4 000÷（1+3%）×3% = 116.51（万元）

应交物业增值税 = 1 000÷（1+6%）×6% = 56.60（万元）

税差：92.52 万元。节约率：12.41%。

2.10　税收优惠：把握和利用好政策优惠和税收制度

税收优惠是国家税制的组成部分，税收优惠的范围越广、差别越大、方式越多、内容越丰富，则纳税人进行税务筹划的活动空间越广阔，节税的潜力也就越大。税务筹划的指导思想就是用足、用够税收优惠政策。通过选择不同的纳税主体、交易模式、纳税地点来充分运用税收优惠政策，尤其是用好近年来新出台的多项企业税收优惠政策。把握和利用好税收优惠政策和税收制度，可以节税。

2.10.1　行业的税收优惠政策

①常见的如农业优惠政策中的免税政策。

②软件集成电路行业的优惠政策。

③合同能源行业的优惠政策等。

国家出台的税收优惠政策，例如，高新技术企业可以获得税收优惠税率的减免，尤其是属于国家重点扶持的高新技术行业，可以减按 15% 的税率征收企业所得税。

2.10.2　特定类型企业的税收优惠政策

①高新技术企业享受 15% 所得税优惠政策。

②小型微利企业享受 2.5% 和 10% 所得税优惠税率政策。

③每月销售额不超过 15 万元的小规模纳税人享受的免征增值税政策等。

案例：A 公司是小规模纳税人，2020 年 4—6 月增值税所属期的应税不含税收入为 44 万元，符合税收优惠政策中的免税条件，因此无须缴纳增值税。

税务筹划技巧如下。

①如果企业每月实际销售额都基本保持在 15 万元以内，可以直接享用政策，选择按月度作为纳税期，无须缴纳增值税。

②如果企业每月实际销售额波动大，但季度内合计不超过 45 万元，企业可以选择按季度作为纳税期，这样筹划也无须缴纳增值税，可以充分享受税收政策中的免税条件。

提醒：按固定期限纳税的小规模纳税人可以选择以 1 个月或 1 个季度为纳税期限，一经选择，一个会计年度内不得变更。

建议：一些用于税务筹划或有特殊目的的企业可以充分利用这项政策。

2.10.3　区域性质的税收优惠政策

国家出台的区域性质的税收优惠政策，典型的就是实施多年的西部大开发政策，在 12 个省份设立划定行业的企业可以享受 15% 企业所得税税收优惠税率。

2020 年 6 月 1 日，《海南自由贸易港建设总体方案》对外公布。方案中给予海南的企业所得税优惠是：自方案公布之日起，对注册在海南自由贸易港并实质性运营的鼓励类产业企业，减按 15% 征收企业所得税。

2.10.4　地方政府的税收优惠政策

地方政府的税收优惠政策，也就是所说的税收洼地。由于很多地方经济落后，地方政府虽然不能直接制定税收优惠政策，但可以在自己权限范围内推出一系列税收优惠政策来吸引外来企业入驻当地，以此来提高当地的经济值。而这些优惠政策除了特殊行业，基本都可以入驻享受，可减少企业的税负压力。

（1）个人独资企业或合伙企业核定征收（小规模纳税人）

在地方园区内注册小规模个人独资企业可以享受核定征收，可以有效解决企业所得税、个人所得税高等问题。

（2）有限公司税收奖励返还（一般纳税人）

在地方园区内注册有限公司可以享受税收奖励返还。税收奖励返还即地方政府在自己权限范围内将税收收入的地方留成部分进行返还，根据企业缴纳的增值税和企业所得税按地方留存部分进行奖励返还，返还比例为 50%～80%，其可有效减少企业在增值税和企业所得税方面的压力。

（3）自然人代开

企业和个人发生业务来往，个人在地方园区税务代开可以享受核定征收，个人所得税定额核定后为 0.5%，加上增值税及附加，综合税率为 1.56%，附有完税证明，可解决个人所得税高的问题。

2.10.5　税务筹划思维创新

本章介绍的十大税务筹划思维，可以单独使用，也可以综合使用，只要存在不同对象、不同时间、不同空间、不同业务，征收不同税率，就存在税务筹划空间。

运用好十大税务筹划思维，将税收利益从税务筹划空间提取出来，有利于提升企业的经营效益。

税务筹划思维，在运用中应不断创新，其创新方面见图 2-22。

图 2-22　税务筹划思维创新方面

　　税务筹划需要创新思维原则——不拘泥于形式，在具体税务筹划中要善于发现存在的问题，不可逾越法律红线，改变模式，改变思想，从法律允许或不反对的地方打开突破口。互联网技术的引入，使诸多产业的商业模式发生了巨变，也催生了与"互联网＋商业模式"相适应的税务筹划模式。

税务筹划的基础在于：必须清楚知道企业内部的运营模式和组织结构；必须熟知税法，熟知每一项税收优惠政策；要结合企业的情况与相对应的税收优惠政策，制定最优化的税收方案；要多方了解税收优惠政策。

3.1　如何进行税务筹划的管理与控制

税务筹划不是为了少缴税，而是为了不多缴税；税务筹划是决策艺术，而不是技术，技术可以复制，而艺术不能复制。税务筹划只能事先进行，一旦产生法定纳税义务，则要依法纳税。

3.1.1　税务筹划管理架构

初创阶段的企业，业务资源分散，未形成规模效应，在业务上没有对税务架构进行合理规划，未能充分享受税收优惠政策带来的红利，导致综合税负较高。

许多企业出于商业目的设计股权架构，税务筹划机构通常仅站在税务合规角度，往往忽视监管要求，导致过度筹划现象，加上国家对税务征管越来越严厉，很多企业开始重视企业整体架构设计，这要求对企业的业务架构、税务架构、顶层架构进行设计和调整。

税务筹划可由一定的组织进行协调、计划和落实，也可以委托税务中介机构进行。

（1）税务筹划治理结构

税务筹划治理结构见图 3-1。

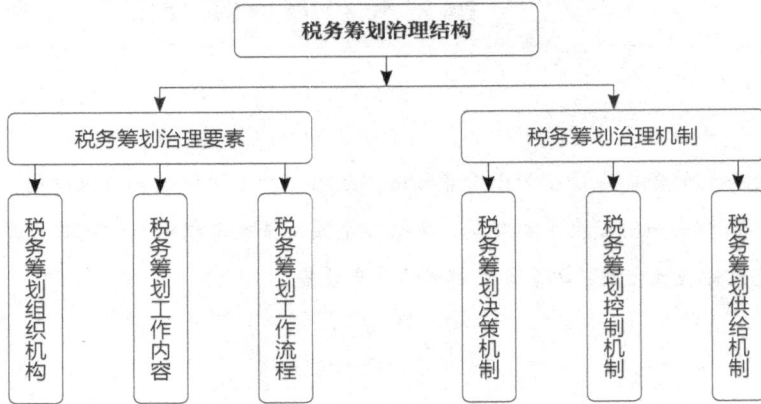

图 3-1　税务筹划治理结构

（2）税务筹划决策机制

税务筹划决策机制见图 3-2。

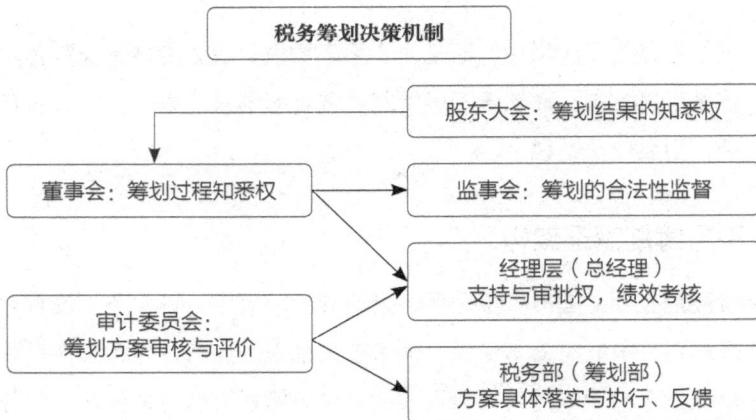

图 3-2　税务筹划决策机制

（3）税务管理组织架构

税务管理组织架构见图 3-3。

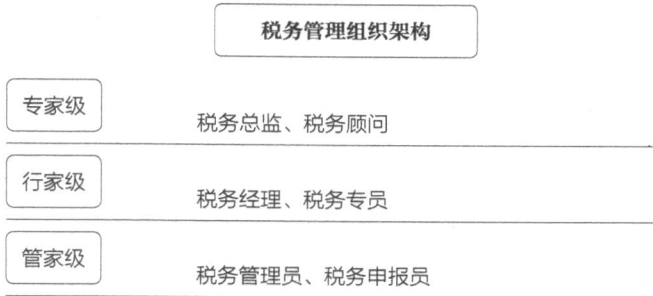

税务管理组织架构

专家级	税务总监、税务顾问
行家级	税务经理、税务专员
管家级	税务管理员、税务申报员

图 3-3　税务管理组织架构

（4）税务部门

税务部门见图 3-4。

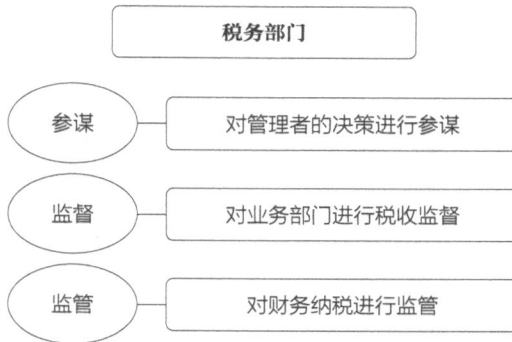

税务部门

参谋	对管理者的决策进行参谋
监督	对业务部门进行税收监督
监管	对财务纳税进行监管

图 3-4　税务部门

（5）纳税预算架构

纳税预算架构见图 3-5。

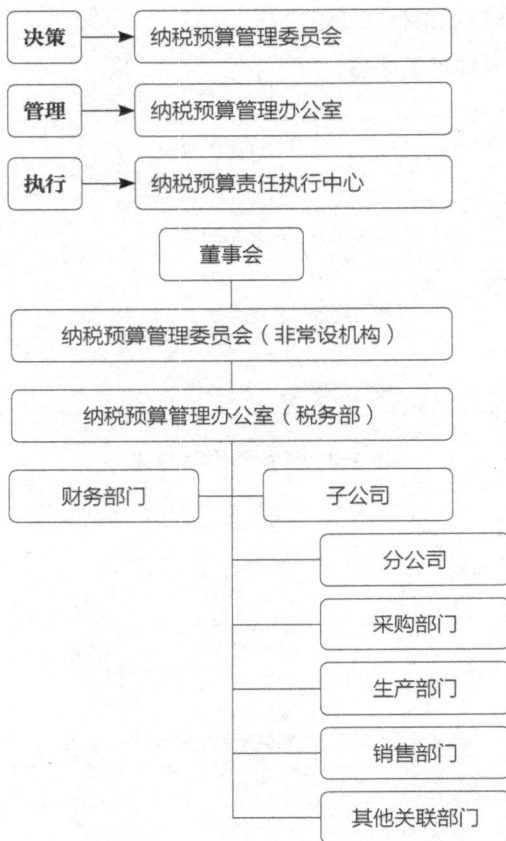

图 3-5 纳税预算架构

3.1.2 税务风险管理与应对措施

税务风险管理已经渐渐地渗入企业的各个方面，大到企业的整体经营决策、战略规划，小到企业的日常经营活动，到处都有企业的税务风险管理。建立税务内部控制风险与应对措施将成为企业税务管理不容忽视的细节。

（1）企业内部控制中税务风险管理的现状分析

已知的税务风险，包括：税务人员知识经验不足导致的多缴或少缴税款；企业过度追求经营业绩和成本节约导致的偷漏税款；企业不当的节税行为。

未知的税务风险，包括：税收法律变化导致当前业务漏缴税款；税务机关通过"金税四期"人工智能、大数据管理发现企业纳税漏洞；企业税务资源与业务量的不匹配导致无法及时发现税务风险。

（2）税务风险管理现状分析

企业内部税务资源缺乏：税务工作大部分由财务部负责，缺乏足够的税务专业人士；税务管理人员无充分话语权；缺乏外部税务专业人员支持。

税务团队与业务部门严重脱节：开展业务时，税务政策未体现在日常经营管理中；重大交易、投资、业务合同未经税务团队审核。

几乎没有税务内部控制流程：业务证据不完整，税务机构、税负分析和税务风险分析缺失，税收相关文档、资料保管不善。

（3）建立有效的内部控制的税务风险评估和预测机制

税务团队定期对企业进行税务健康检查，评估已知的税务风险，并做出相关整改建议。按照风险来源对税收政策风险、税务经营管理风险和企业决策风险三个部分进行系统化诊断。

第一，税收政策风险诊断：税种计算引起的风险；政策理解偏差引起的风险；政策调整引起的风险。

第二，税务经营管理风险诊断：发票管理引起的风险；纳税申报引起的风险；核算流程引起的风险；成本开支引起的风险。

第三，企业决策风险诊断：机构组织形式引起的风险；股东、股权配置引起的风险；投资决策引起的风险；业务模式引起的风险；合同管理引起的风险。

案例　政府返还的土地出让契税和城市建设配套费的缴税情况

A 公司于 2020 年缴纳购买厂房用地的契税 99 万元、城市建设配套费 800 万元。由于根据与当地政府签订的投资协议，上述税费将由政府全额返还，因此 A 公司并未将上述税费计入房产原值，而是挂账"其他应收款"科目，收回政府返还后，直接冲减"其他应收款"科目。

整改方案如下。

会计处理：A 公司需将支付的契税和城市建设配套费增加房屋原值以及补记累计折旧，同时将收到的契税和城市建设配套费计入营业外收入。

税务处理：补缴城市建设配套费的相关契税，补缴与契税和城市建设配套费相关的房产税，补缴企业所得税。

（4）建立税务与业务、法务、财务一体化

税务与业务、法务、财务一体化见图 3-6。

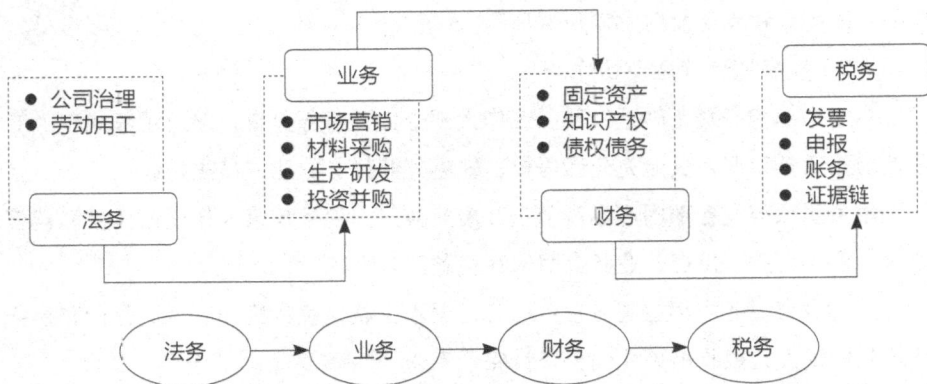

图 3-6 税务与业务、法务、财务一体化

3.1.3 税务筹划流程

税务筹划的流程如下。

第一步：收集信息。包括两方面：一是收集外部信息，如与企业相关税收法规、其他政策法规、主管税务机关的意见。二是收集内部信息，如纳税人的身份、组织形式、注册地点、所属行业、财务状况、对税务风险的态度、税务情况。

第二步：目标分析。纳税人对税务筹划的共同要求是获得税收利益。

第三步：方案设计与选择。在进行税务筹划之前，对筹划企业进行全面的纳税评估。通过纳税评估，可以了解企业内部控制制度，涉税会计处理、税种、近两年纳税情况、纳税失误和症结、税收违法记录、税企关系。以企业的长远利益和企业价值最大化为出发点，选择一个最优方案。

风险筹划方案的设计与选择：一定时期和一定环境下，把风险降到最低程度并获取超过一般筹划所节约的税收收益。其主要考虑筹划风险价值。

组合筹划方案的设计与选择：一定时期和一定环境下，通过多种筹划方法组合使筹划总额最大化、筹划风险最小化。

第四步：方案实施与反馈——评价该方案的绩效。

首先，方案实施跟踪与反馈；其次，修正与差异分析。

利用成本﹣收益分析法对税务筹划方案进行绩效评估分析。

筹划收益：直接收益，可量化；间接收益，风险降低，不可量化。

筹划成本：直接成本、风险成本、机会成本。

3.2　税务筹划策略，税制要素的运用

针对不同的企业和涉税具体情况，税务筹划方法的表现形式是灵活多变、多种多样的。税务筹划人员有必要从成千上万个税务筹划案例中归纳出基本的规律、思路或策略。关键是看构成税收制度的基本要素有哪些。主要有征税对象、纳税人、税率、税目、计税依据、纳税环节、纳税期限、减免税、违章处理。税制要素是税务筹划的依据。对于任何税种，决定纳税人是否缴税、何时缴税、缴多少税都是该税种的法规规定的，也就是由税制要素决定。所有税务筹划方法都可以归纳总结为对税制要素的运用。

由于各税种特点不同，不同的税种筹划的策略也不尽相同。同一个税务筹划方案中也可能同时应用多种策略。企业实施税务筹划的关键是根据企业的业务类别，选择合适的税务筹划策略。企业在初创阶段，经营也许不规范，随着业务规模的扩大，企业应逐步优化，调整经营模式，选择合适的税务筹划策略控制成本和风险。在经营过程中若调整了业务模式，税务筹划策略也需调整。

3.2.1　规避纳税义务策略

一个税种的纳税义务是由它的纳税人及征税对象规定所确定的：不同税种的税负不尽相同、不同税种的纳税人及征税对象常有交叉，以及企业经营性质和方式具有灵活性。

规避纳税义务是纳税人通过避免成为一个税种的纳税人或征税对象达到的，从而减轻或免除纳税义务。

规避纳税义务并不是指完全不承担纳税义务，完全规避纳税义务的企业几乎不存在。

规避纳税义务的策略如下。

（1）避免成为纳税人或选择纳税人

如果能使纳税人的自身条件与税法的规定不一样，则可以规避该税种的纳税义务。

张强打算成立一家经营快销品的公司，有以下选择。

方案 1：如果注册的是有限责任公司、一人有限责任公司、股份制有限公司，

公司实现盈利之后，首先需要按 25% 的税率缴纳企业所得税（此处不考虑小型微利企业的优惠政策、特殊地区的优惠政策等）。

如果在 2020 年度的净利润是 400 万元，则张强需要缴纳企业所得税 100 万元（400×25%），剩下的 300 万元，还需要按照"利息、股息、红利所得"应税项目缴纳个人所得税 60 万元（300×20%），税负率为 40%。

方案 2：如果注册的是个人独资企业、个体工商户，则实现盈利之后，只需要缴纳个人所得税（经营所得）。《个人所得税法》规定：个体工商户、个人独资企业的生产、经营所得按 5 级超额累进税率计算，最低税率为 5%，最高税率为 35%。

则公司应纳税额为 133.45 万元（400×35%-6.55），税负率为 33.36%。

（2）避免成为征税对象

纳税人通过改变自己经营的产品、行为或对物品的所有权方式，从而避免属于某个税种的征税范围。

（3）调整计税方法

当存在多种计税方法时，有必要通过策划选择税负相对轻的计税方法。

（4）替换税种

在税务筹划中，以另外一种税负轻的税种来替换原有税种，也是税务筹划的方法。

案例 产品销售的税务筹划

销售毛利率高的产品，可选择以小规模纳税人身份缴纳增值税。

销售毛利率低的产品，可选择以一般纳税人身份缴纳增值税。

3.2.2 税负转嫁策略

税负转嫁，是指纳税人将自己应缴纳的税款，通过多种途径和方式转由他人负担的过程，使得纳税人与实际的负税人不一致。税负转嫁的基本形式：税负前转、税负后转、税负散转。

税负前转：纳税人通过交易活动增加销售价格，将税款计入价格，转嫁给购买者或消费者。税负前转取决于需求弹性、市场结构。

税负后转：纳税人通过压低采购价格，将已纳税款向后转给货物、劳务的供给者。税负后转取决于供给弹性。

税负散转：纳税人将其缴纳的税款一部分向前转、一部分向后转。

3.2.3 缩小税基策略

税基是各种税额的计税依据，直接影响纳税人应纳税额。计税依据越小，缴纳税额也越少。企业在计税依据的确定上有一定的自主权，也就是说企业的计税依据有调整的空间。如果企业能够缩小计税依据，就能达到减少税额的目的。在适用税率一定的条件下，税额的多少与税基的大小成正相关关系，即税基越小，纳税人需缴纳的税额越少。

缩小税基策略常用的有起征点、免征额、跨期结转、项目扣除、核定减免率。

3.2.4 适用低税率策略

如果税基确定，应纳税额的多少则取决于税率。我国主要税种大部分都有多档次税率、优惠税率。纳税人可运用税务筹划技术，最大限度地适用低税率。

案例：成都 XF 公司是一家融餐饮、会议和度假休闲于一体的公司，该公司 2020 年度餐饮服务取得含税收入 500 万元，销售烟、酒等百货取得收入 200 万元，允许抵扣的增值税进项税额为 30 万元。请计算该公司应当缴纳的增值税，并提出税务筹划方案。

公司应缴纳增值税 =500÷（1+6%）×6%+200÷（1+13%）×13%-30=21.31（万元）

该公司经营的项目分别适用两种不同的税率，因此，该公司可以考虑对在该公司就餐并购买烟、酒等百货的顾客采取转移定价策略，即对顾客就餐收取较高费用。

若通过采用该策略，该公司 2020 年度适用 13% 税率的增值税项目的销售额降低为 100 万元，适用 6% 税率的增值税项目的销售额相应增加为 600 万元。公司应当缴纳的增值税的计算如下。

600÷（1+6%）×6%+100÷（1+13%）×13%-30=15.47（万元）

通过税务筹划，少缴的增值税税额 =21.31-15.47=5.84（万元）。

3.2.5 延迟纳税策略

国外的纳税理念之一：不多缴一分钱，也不早缴一分钱。许多税种的纳税义务发生时间具有选择性，在合法前提下，将纳税时间延迟，企业会得到资金周转和资金时间价值的收益。

①延缓纳税义务发生时间。在符合法律规定的前提下，可以通过签订附生效条件的合同来推迟纳税义务发生时间。

②合理规划开具发票时间。在合法合规的前提下，企业可以通过规划开具发票的时间，实现纳税义务顺延。

3.2.6 利用税收优惠政策

利用税收优惠政策进行税务筹划，具有操作性强、成本小、收益大的特点。纳税人应密切掌握税收政策的变化，及时调整经营战略，通过变动经营决策以扩大适用优惠政策的范围或延长适用优惠政策的时间。纳税人要尽可能创造条件利用税收优惠政策。

3.3 适合进行税务筹划的企业

税务筹划的本意就是通过企业的内部、外部结构调整，尽可能地让企业享受国家给予的税收优惠政策。对于企业来说，税务筹划有利于减少税费的支出，给企业带来更多活力，提高企业的积极性。

针对国内的企业来说，目前哪些企业适合做税务筹划呢？

3.3.1 新办或正在申办的企业

新办或正在申办的企业很适合做税务筹划。在创立开始或新增项目开始就做好筹划方案不仅可以充分享受国家产业政策，也可使企业在财税核算方面起好头、开好步。

就好比在装修房子的时候，设计好了再施工才可以在有限的空间里创造出无限的可能。

3.3.2 财税核算能力薄弱的企业

财税核算能力薄弱的企业有些规模但是财税核算状况比较差，究其原因有两点。

一是内部缺乏严格的财税核算控制制度。

二是财会人员的素质偏低、业务不精，不能准确进行财税核算，财税核算风险也大。

而这两个方面都容易引发财务风险，稍不留意就会造成巨大损失，因此这类企业要及早开展税务筹划，防范风险。

3.3.3 财税核算比较复杂的企业

财税核算比较复杂的企业一般指涉及业务多、税种多，还经常遇到比较复杂的涉税业务，如涉及申请减免税，涉及有较大额度的所得税等的企业。这类企业也应该做好长远税务筹划。

3.3.4 被税务机关处罚过的企业

被税务机关处罚过的企业应该警钟长鸣，更要重视税务筹划活动的开展，及时找出财税漏洞，防患于未然。

3.3.5 筹划空间大的企业

筹划空间大的企业就是资产和收入规模较大、组织结构及经营活动复杂、涉及的税种及税收政策复杂的企业，其税务筹划的空间较大。比如，企业集团下面有很多子公司、分公司，企业各分公司、子公司之间以及分公司、子公司与母公司之间的交易，更有利于开展税务筹划。分公司、子公司、母公司之间进行资产流动、费用分摊、合同订单转让都可以起到很好的税务筹划效果。

3.3.6 管理者税务筹划意识较强的企业

管理者税务筹划意识较强的企业也需进行税务筹划。

税务筹划条件及税务筹划效果如表 3-1 所示。

表 3-1　税务筹划条件及税务筹划效果

税务筹划条件		税务筹划效果
企业规模	大	好
	小	税务筹划空间小，不容易，效果不好
资产流动性	好	容易税务筹划，效果好
	差	不好
行为决策	简化	税务筹划容易，效果好
	复杂	税务筹划不容易，效果不好
与企业长远发展目标的符合性	相符合	好
	不符合	不好

3.4　税务筹划的基本方案

纳税模式的创新即"纳税创新"。创新后的纳税模式不再是简单地从税收优惠政策或税款计算技巧入手，单纯地减轻企业税负，而是强调要按照新兴技术在企业生产经营中的运作轨迹，构建对应的纳税模型对其进行模拟和描述，并在实践中加以优化，进而创造出新的、最优的纳税模式。

3.4.1　股权架构筹划的基本方案

自然人股东，无论是分红、股权转让、清算收益，还是减资收益，都涉及收益，都要缴纳个人所得税。什么样的持股模式的税负较轻呢？有以下三种基本模式。

（1）合伙企业持股模式

原理：股东不通过个人持股，设立合伙企业持股，合伙企业的利润分给个人，分红按适用税率缴纳个人所得税。股东可以选择在有税收返还或税收优惠的地方设立合伙企业，如股东缴纳个人所得税后可以取得政府税收返还，这样可以有效降低股东分红或股权转让所得个人所得税。

（2）有限公司持股模式

原理：用有限公司持股，在公司之间进行分红。低一级公司的利润分到上一级有限公司，根据《企业所得税法》的规定，居民企业之间的利润分配免税，所以公司之间的利润分配就不用缴纳企业所得税，分得利润暂时不分红给个人，因此不用缴纳个人所得税，上一级公司相当于资金池，股东可以**拿着更多钱再投资**。

（3）有限公司加合伙企业加个人持股模式

原理：有限公司持股是主要的，合伙企业持部分股，个人持部分股，这种模式适合准备做资本运作计划上市的企业。拟上市大中型企业或计划登陆"新三板"的中小企业，可以在股东与上市（挂牌）主体公司之间搭建一个持股、投资平台，以实现投资退出税负的减轻。

根据商业目的确定税务架构见表 3-2。

表 3-2　根据商业目的确定税务架构

商业目的	税务架构
投资套现	减少投资退出的税负，减少持股的层级
资本运作	考虑重组、再投资中的税负等，间接持股为宜
融资需要	如股权质押，可以采用间接持股
股权激励	在持股公司的层面设计股权激励计划

3.4.2　增值税筹划的基本方案

增值税筹划的核心在于人工成本和采购环节进项税额的筹划。目前我国尚未将人工成本纳入增值税扣除范围，导致人工成本比重高的企业（如服务型企业和生产制造型企业）的增值税税负较高。另外，大多数企业都缺失进项税，如贸易公司对外开具的发票一般都是适用 13% 税率的增值税专用发票，但一般都是从小规模纳税人处采购，只能取得适用 3% 税率的增值税专用发票，形成的 10% 的税负差，也是很多贸易公司税负虚高的主要因素。

基本方案：利用税收洼地。利用税收洼地的筹划方法其实很简单，即公司在税收洼地设一家销售公司（采购平台公司），然后通过税收洼地的销售公司销售商品给客户，该销售公司可以得到增值税和企业所得税返还，一般返还缴纳税款的 30% ~ 50%。如果企业的增值税税负比较高或企业毛利率比较高，则适合采用这种方案进行筹划。

3.4.3　企业所得税筹划的基本方案

企业在运营和发展的阶段，企业所得税是企业税负中所占比例较大的主要税种。为了能够有效地减轻企业所得税税负，企业需要积极地做好信息了解以及税务筹划工作。那么针对企业所得税，如何筹划最有效呢？

基本方案：综合利用税收优惠政策。

案例：某制造企业，再成立一家销售公司，把销售人员移至销售公司，则制造企业研发人员的占比就增大，若该占比符合高新技术企业的标准，则可少缴企业所得税。可以多设立几家销售公司，使每家销售公司可以享受小型微利企业所得税优惠政策。

3.4.4　所得税、增值税筹划的基本方案

个人所得税筹划的基本模式有两个，一个是返还的模式，另一个是个人工作室的模式。

（1）灵活用工优化方案

基本方案：公司平台化，员工 / 组织公司化。把母公司的加工、施工、运输、生产、推广、销售、代理等非核心部门分拆成立独立的业务公司，由业务团队的相关负责人负责管理业务公司，并把母公司的该部分业务整体外包给专项业务公司。业务公司自负盈亏，以此更好地控制母公司的用工成本。

案例：A 企业和 B 企业从事销售业务。A 企业由 5 个主管带领销售人员开展销售工作。销售人员的奖金很高，人均接近 5 万元 / 月。B 企业将销售业务外包给 5 家从事销售工作的个人独资企业，签订服务协议。B 企业每个月将相应的销售费用支付给这 5 家企业，取得相应的成本发票。

方案对比情况见图 3-7。

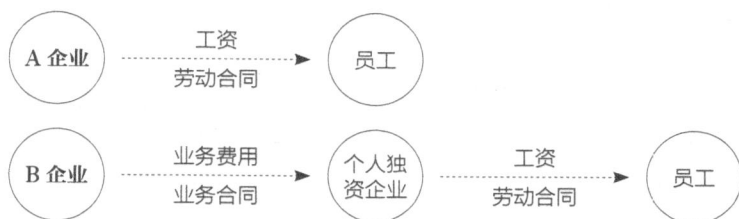

图 3-7　方案对比情况

方案效果对比情况见表 3-3。

表 3-3　方案效果对比情况

方案	税种及税率
A 企业方案	个人所得税，最高 45%
B 企业方案	增值税，3%；个人所得税，1.5%

（2）营销中心优化方案

基本方案：成立营销中心，将营销业务外包。由于行业性，企业开展营销工作，长期无法取得发票，造成企业税负较高。企业通过设立营销中心并将营销业务外包给该营销中心，可解决上述问题。

筹划的目的：解决发生费用无法取得发票的问题；解决个人所得税、社保、企业所得税高的问题；调动部门积极性。

案例：广州某科技 A 企业和 B 企业从事软件开发和销售。A 企业每年有 200 万元的预算用于新媒体推广，主要与"网红"等个人开展合作，能取得发票的支出仅 20 余万元，导致 A 企业每年利润虚高，企业所得税税负高。B 企业将营销业务全部外包给营销中心，取得相应发票，营销中心采用核定征收，同时和"网红"等个人开展合作，进行媒体投放。

方案对比情况见图 3-8。

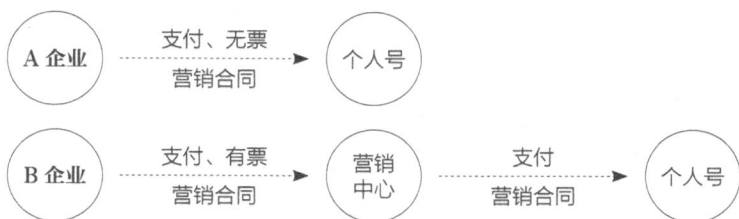

图 3-8　方案对比情况

方案效果对比情况见表 3-4。

表 3-4　方案效果对比情况

方案	税种及税率
A 企业方案	企业所得税，25%；个人所得税，20%
B 企业方案	增值税，3%；核定个人所得税，1.5%

（3）物流中心优化方案

基本方案：成立物流中心，将物流业务外包给物流中心，通过物流中心聘请个人司机，合规减轻税负。

部分企业的物流情况如下。

企业常年大额提现给司机发工资；司机往往无法提供发票；企业个人所得税、社保、企业所得税高。

案例：A 企业和 B 企业提供物流服务。A 企业常年提现用于支付司机工资，金额达数千万元。B 企业将部分物流辅助业务分包给物流中心。物流中心申请核定征收，同时和司机个人合作，开展物流辅助服务业务。

方案对比情况见图 3-9。

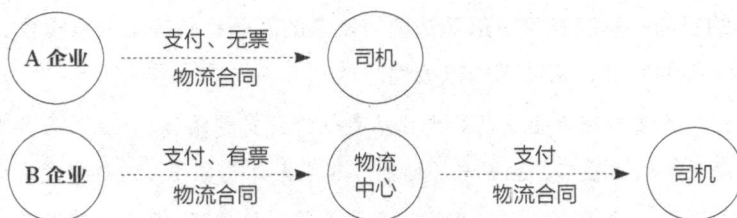

图 3-9　方案对比情况

方案效果对比情况见表 3-5。

表 3-5　方案效果对比情况

方案	税种及税率
A 企业方案	企业所得税，25%；个人所得税，20%
B 企业方案	增值税，3%；核定个人所得税，1.5%

（4）设计中心优化方案

基本方案：成立设计中心，将设计业务外包。

雇佣全职设计师成本高昂，很多企业将设计工作外包给兼职设计师，虽然节约了部分成本，却陷入企业钱花了拿不到发票的窘境。成立设计中心，企业将设计业务外包给设计中心，可解决上述问题。

现状分析如下：发生费用无法取得发票；个人所得税、社保、企业所得税高。

案例：A 企业和 B 企业每年有 400 万元的预算用于支付设计费。A 企业将设计工作外包给兼职设计师，能取得发票的支出仅 30 余万元。B 企业将设计业务全部外包给设计中心（申请核定征收），取得相应发票。设计中心和个人设计师合作，开展设计业务。

方案对比情况见图 3-10。

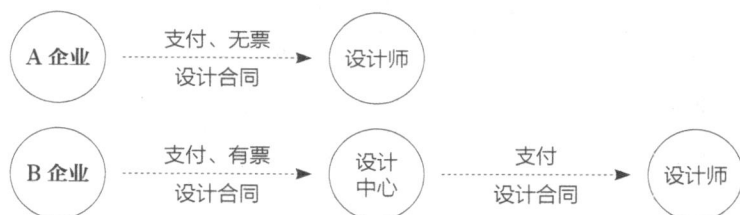

图 3-10 方案对比情况

方案效果对比情况见表 3-6。

表 3-6 方案效果对比情况

方案	税种及税率
A 企业方案	企业所得税，25%；个人所得税，20%
B 企业方案	增值税，3%；核定个人所得税，1.5%

（5）咨询中心优化方案

基本方案：设立咨询中心，将咨询业务外包。

企业以顾问费形式获取顾问服务，往往无法取得正规发票。企业将咨询业务外包给咨询中心，可解决上述问题。

案例：分别有一医疗 A 企业和 B 企业。A 企业常年聘请兼职的行业专家针对患者做讲座，每年支出数百万元，没有发票。B 企业将咨询业务全部外包给咨询中心。咨询中心申请核定征收，同时和行业专家个人合作，咨询中心向 B 企业开咨询服务发票。

方案对比情况见图 3-11。

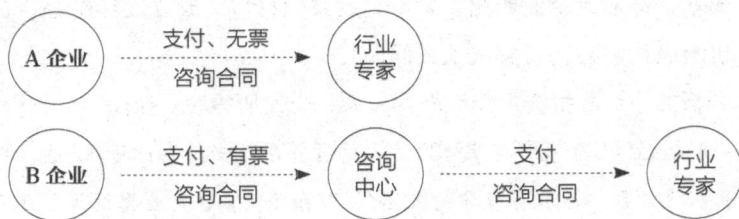

图 3-11　方案对比情况

方案效果对比情况见表 3-7。

表 3-7　方案效果对比情况

方案	税种及税率
A 企业方案	企业所得税，25%；个人所得税，20%
B 企业方案	增值税，3%；核定个人所得税，1.5%

（6）技术中心优化方案

基本方案：设立技术中心，将技术业务剥离。

没有研发团队的公司，找兼职研发人员做技术研发，往往无法取得发票。设立技术中心，企业将技术服务外包给技术中心，可解决上述问题。

现状分析：发生费用无法取得发票；个人所得税、社保、企业所得税高。

案例：分别有一新媒体营销企业，A 企业和 B 企业。A 企业通过任务平台找程序员做营销小程序开发，每年支出 400 多万元，无法取得发票。B 企业将技术业务全部外包给技术中心，取得相应发票。技术中心申请核定征收，同时聘请兼职程序员开展研发业务。

方案对比情况见图 3-12。

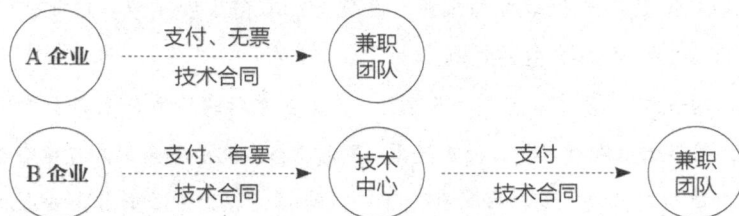

图 3-12　方案对比情况

方案效果对比情况见表 3-8。

表 3-8　方案效果对比情况

方案	税种及税率
A 企业方案	企业所得税，25%；个人所得税，20%
B 企业方案	增值税，3%；核定个人所得税，1.5%

第 4 章
企业生产经营各环节税务筹划

生产经营环节的税务筹划主要是指在企业生产经营环节对收入、成本、费用进行合理的调整，在此基础上通过资产、涉税合同的税务筹划，生产经营方式的选择，企业购销活动的安排和运费的筹划等实现对企业生产经营全过程的税务筹划设计。其目的是避免税务风险，减轻企业税负。

4.1　企业内部管理的税务筹划

企业做好税务筹划的目的在于降低税务风险。所以，税务筹划是企业在合理合法并且风险可控的前提下进行的降低税收成本的活动。那么，企业从内部管理的角度出发，如何做好税务筹划呢？有什么好方法能让企业做好税务筹划呢？

4.1.1　企业上交主管部门管理费的税前扣除

《国家税务总局关于母子公司间提供服务支付费用有关企业所得税处理问题的通知》明确规定："母公司以管理费形式向子公司提取费用，子公司因此支付给母公司的管理费，不得在税前扣除。"

4.1.2　企业利息的税务处理

企业正常的利息支出计入财务费用，在税前列支；企业统借统贷收取的利息，高于按金融机构同期贷款利率计算的利息应缴纳企业所得税，即在企业所得税汇算清缴时增加应纳税所得额。

4.1.3　企业资产损失的税务处理

企业实际发生的资产损失按税务管理方式可分为自行计算扣除的资产损失和需经税务机关审批后才能扣除的资产损失。

下列资产损失，属于企业自行计算扣除的资产损失。

①企业在正常经营管理活动中因销售、转让、变卖固定资产、生产性生物资产、存货发生的资产损失。

②企业各项存货发生的正常损耗。

③企业固定资产达到或超过使用年限而正常报废清理的损失。

④企业生产性生物资产达到或超过使用年限而正常死亡发生的资产损失。

⑤企业按照有关规定通过证券交易场所、银行间市场买卖债券、股票、基金以及金融衍生产品等发生的损失。

⑥其他经国家税务总局确认不需经税务机关审批的其他资产损失。

上述损失以外的资产损失，属于需经税务机关审批后才能扣除的资产损失。企业发生的资产损失，凡无法准确辨别是否属于自行计算扣除的资产损失，可向税务机关提出审批申请。

需经税务机关审批才能在申报企业所得税时扣除的 8 种情形如下。

①自然灾害、战争等政治事件等不可抗力或者人为管理责任，导致现金、银行存款、存货、短期投资、固定资产的损失。

②应收、预付账款发生的坏账损失。

③金融企业的呆账损失。

④存货、固定资产、无形资产、长期投资因发生永久或实质性损害而确认的财产损失。

⑤因被投资方解散、清算等发生的投资损失。

⑥按规定可以税前扣除的各项资产评估损失。

⑦因政府规划搬迁、征用等发生的财产损失。

⑧国家规定允许从事信贷业务之外的企业间的直接借款损失。

4.1.4　企业债务重组业务所得税处理办法

债务重组包括以下方式：以低于债务计税成本的现金清偿债务；以非现金资产清偿债务；债务转换为资本，包括国有企业债转股；修改其他债务条件，如延长债务偿还期限、延长债务偿还期限并加收利息、延长债务偿还期限并减少债务本金或债务利息等；以上述两种或者两种以上方式组合进行的混合重组。

①债务人（企业）以非现金资产清偿债务，除企业改组或者清算另有规定外，应当分解为按公允价值转让非现金资产，再以与非现金资产公允价值相当的金额偿还债务两项经济业务进行所得税处理，债务人（企业）应当确认有关资产的转让所得（或损失）。

债权人（企业）取得的非现金资产，应当按照该有关资产的公允价值（包括与转让资产有关的税费）确定其计税成本，据以计算可以在企业所得税税前扣除的固定资产折旧费用、无形资产摊销费用或者结转的商品销售成本等。

②在以债务转换为资本方式进行的债务重组中，除企业改组或者清算另有规定外，债务人（企业）应当将重组债务的账面价值与债权人因放弃债权而享有的股权的公允价值的差额，确认为债务重组所得，计入当期应纳税所得；债权人（企业）应当将享有的股权的公允价值确认为该项投资的计税成本。

债务重组业务中债权人对债务人的让步，包括以低于债务计税成本的现金、非现金资产偿还债务等，债务人应当将重组债务的计税成本与支付的现金或者非现金资产的公允价值（包括与转让非现金资产相关的税费）的差额，确认为债务重组所得，计入企业当期的应纳税所得额中；债权人应当将重组债权的计税成本与收到的现金或者非现金资产的公允价值之间的差额，确认为当期的债务重组损失，冲减应纳税所得。

③以修改其他债务条件进行债务重组的，债务人应当将重组债务的计税成本减记至将来应付金额，减记的金额确认为当期的债务重组所得；债权人应当将债权的计税成本减记至将来的应收金额，减记的金额确认为当期的债务重组损失。

企业在债务重组业务中因以非现金资产抵债或因债权人的让步而确认的资产转让所得或债务重组所得，如果数额较大，一次性纳税确有困难的，经主管税务机关核准，可以在不超过 5 个纳税年度的期间内均匀计入各年度的应纳税所得额。

4.2　企业生产环节的税务筹划

税前利润是企业一定时期内经营成果的主要指标，也是计算应纳所得税额的依据。而经营利润和企业日常处理经营业务的方法有着直接关系。税法给企业提供了选择不同方法的机会，这为企业进行税务筹划提供了可能。

4.2.1　来料加工与进料加工的税务筹划

一般情况下，增值税的征税率比退税率高，征退税差额要计入出口货物成本。在进料加工贸易方式下，征税率和退税率的差异越大，不予免征的税额就越大，即计入成本的数额就越大。

案例：某有进出口经营权的出口企业为国外加工一批货物，进口保税料件价格为 2 000 万元，加工后出口价格为 3 500 万元，为加工产品所耗用的国内原材料等费用的进项税为 70 万元，增值税适用税率为 13%，出口退税率为 9%。假设货物全部出口。

①企业采用来料加工贸易方式：因来料加工贸易方式下，企业进口和出口货物都是免税的，企业不用缴纳增值税税款。

②企业采用进料加工贸易方式，增值税税额计算如下。

当期免抵退税不予免征和抵扣税额 =（3 500-2 000）×（13%-9%）=60（万元）

当期应纳税额 =60-70=-10（万元）

也就是说，在上面的假设条件下，如果采用进料加工贸易方式，企业能得到 10 万元的增值税退税。

从上述案例可以看出，征税率与退税率的差异越大，当期免抵退税不予免征和抵扣的税额就越大，即出口货物成本就越大。

4.2.2　自产自销与委托加工的税务筹划

自产自销与委托加工的税务筹划如下。

（1）自产自销

税法规定：建筑单位自己生产的产品，在工程现场制作的，不缴纳增值税，离开现场制作用于工程的，要缴纳增值税。如预制板，在现场制作的不缴纳增值税，离开现场制作用于工程的要缴纳增值税。

案例：某工程局，主要负责桥梁工程，2020 年自己研制出一种产品，用于桥梁工程。自己成立了一家生产企业，专门生产这种产品。生产出的产品一部分自己使用，另一部分对外销售。对外销售价格为 10 000 元/吨，自己使用按 3 000 元成本价计算。但是税务机关将内部使用的也按 10 000 元进行调整，要求工程局补交增值税 260 多万元。

应怎样避免此问题？应在现场制作。

（2）委托加工

税法规定：委托加工产品必须与本企业的产品名称、性能相同；必须由本企业对外出口；委托方必须是生产型企业；必须签订委托加工合同。委托加工需满足以下条件：原材料由委托方提供，受托方不垫付资金，只收取加工费，开具加工费的增值税专用发票。

对企业出口视同自产产品，凡不超过当月自产产品出口额 50% 的，可以到税务机关办理退税手续。对企业出口视同自产产品，凡超过当月自产产品出口额 50% 的，税务机关严格审查无误后，方可退税。

案例：某家具公司，用人造板生产高档家具。其家具出口东南亚各国。由于企业生产能力受限，接到的订单无法完成，因此请当地的其他企业生产加工。由于其他企业属小规模纳税人，没有开具增值税专用发票，该家具公司就没有进项税，出口时无法退税。

4.3 企业销售环节的税务筹划

税务筹划不同于偷漏税行为，是在合法的前提下，进行合理的筹划，为企业节省税费。在销售环节进行税务筹划，可以大大减少企业的成本费用。可采用的方法如下。

4.3.1　代销方式

我国税法对代销方式做出了明确规定：委托方与受托方须签订代销协议；受托方不垫付资金；受托方按照委托方确定的价格进行销售，并向委托方收取代销手续费等。若不满足上述条件，则按赊销或经销处理。销售代销货物视同销售。

委托代销有两种形式：一是买断，二是收取手续费。

委托代销与直接销售相比，委托代销的销售收入的确认和纳税义务的发生时间都会滞后，从而可使企业获得一定延期纳税利益。此外，企业支付的代销手续费还可以在销售费用中列支，并在所得税税前扣除。

随着电子商务的广泛应用，实体代销与网络代销互相渗透。比如很多网站代销商也存储实物，而负责实物代批发和零售的商家也自建网站分销平台。

案例：A 造纸厂在 2020 年 6 月向 B 纸张供应站（以下简称"B 供应站"）销售 120 万元白板纸，货款结算方式采用售后付款的方式。2021 年 1 月，B 供应站向 A 造纸厂汇来货款 40 万元。

该项业务在缴纳税款时，是按照代销方式处理有利，还是按照自行销售的方式处理有利？

分析：该案例中，首先，货款结算方式采用售后付款的方式，从这点上看，与代销方式的结算方式比较相似。其次，B 供应站性质为商业企业，所以可按照代销方式来核算。在这种情况下，2020 年 6 月可不计算销项税额，2021 年 1 月按规定向代销单位索取销货清单并计算销售额，计提销项税额。那么，A 造纸厂需缴纳的增值税计算如下。

$40 \div (1+13\%) \times 13\% = 4.60$（万元）

对于尚未收到销货清单的货物，可暂缓申报计算销项税额。

假如不按照代销方式申报纳税，而是按照自行销售方式，那么，A 造纸厂需缴纳的增值税计算如下。

$120 \div (1+13\%) \times 13\% = 13.81$（万元）

因此，A 造纸厂采用代销方式更为有利。

4.3.2　选择纳税人身份

总体上看，在增值率较低的情况下，一般纳税人比小规模纳税人更有优势，主要原因是前者可抵扣进项税额，而后者不能。随着增值率的上升，一般纳税人的税额优势会不断减小。

在非零售环节，一些毛利率较高的企业，比如经营奢侈品或弹性较大的商品的小规模纳税人可以通过降价来达到高额利润，同时还可以少纳税；在零售环节，由于小规模纳税人按 3% 的征收率纳税，所以不含税的收入更高，当进销差价达到一定程度时，小规模纳税人的利润可能超过一般纳税人。

所以，企业决定是选择一般纳税人还是小规模纳税人时，主要取决于该企业的增值率。在此基础上进行的税务筹划，可以使企业达到节税目的。

4.3.3 促销方式

促销的种类分为折扣销售、销售折让、现金折扣、买一送一、以旧换新、以货易货、还本销售等。

案例：某商场开展有奖促销活动，活动规定为凡在本商场购买一台价值 3 000 元的某品牌彩电，将赠送一台价值 200 元的同品牌机顶盒。该商场销售一台彩电的销项税额的计算如下。

彩电的销项税额 =3 000 ÷（1+13%）×13%=345.13（元）

机顶盒的销项税额 =200 ÷（1+13%）×13%=23.01（元）

销项税额合计 =345.13+23.01=368.14（元）

我国税法规定："纳税人采用折扣方式销售货物，如果销售额和折扣额在同一张发票上分别注明，可按折扣后的销售额征收增值税。"

该商场如按此做法，销项税额的计算如下。

（3 000+200-200）÷（1+13%）×13%=345.13（元）

销项税额减少 23.01 元。

4.3.4 补偿贸易方式

补偿贸易方式，是指由外商提供技术设备和必要的材料，我方生产，然后将生产的产品以返销的方式偿还外商技术设备价款的贸易形式。

企业可以利用补偿贸易、"三来一补"和进料加工的方式，达到避交进口关税、出口关税、增值税和消费税的目的。

4.3.5　兼营和混合销售

我国税法规定兼营行为包括 3 种情况。

一是纳税人在同一个税种中兼营不同税率的项目，比如，在增值税中存在着适用不同税率的征税项目，有的适用 13% 税率，有的适用 9% 税率；二是纳税人的经营项目中适用不同税种的不同税率；三是在同一税种中兼营应税项目和免税项目。纳税人的兼营行为，未分别核算的，则从高适用税率。

一项销售行为如果既涉及货物又涉及服务，为混合销售。从事货物的生产、批发或者零售的单位和个体工商户的混合销售行为，按照销售货物缴纳增值税；其他单位和个体工商户的混合销售行为，按照销售服务缴纳增值税。

上述从事货物的生产、批发或者零售的单位和个体工商户，包括以从事货物的生产、批发或者零售为主，并兼营销售服务的单位和个体工商户。

4.3.6　合理使用转移定价

通常情况下，转移定价有两种确定方法，一种是按"成本加价"来确定，另一种是购销双方按"谈判价格"来确定。

①转移定价有以下方法：通过关联企业（一方企业对另一方企业控股达到 25% 及以上）之间的购销业务转移定价；通过关联企业之间的资金往来转移定价；通过关联企业提供的设备转移定价；通过关联企业之间的劳务提供转移定价。

②国外企业常用的转移定价方式的入手点有：货物价格，即企业通过使货物价格高于或低于正常交易原则下的市场价格，实现利润的转移、资金的流动；劳务费用，包括技术性劳务费用和管理性劳务费用，在国际企业体系中，各子公司之间可以通过提供服务、收取高额或低额服务费用来转移定价；专利和专有知识，由于在价格上具有不可比性，所以支付的技术特许权使用费，可以隐藏在其他价格中，从而实现节税。

案例：甲公司由乙、丙两子公司组成，其中乙公司从事连续加工，丙公司为乙公司提供原材料。乙公司产品销售收入 300 万元，适用消费税税率 20%；丙公司提供的原材料售价 360 万元，适用消费税税率 5%。

甲公司应纳消费税计算如下。

乙公司：300×20%=60（万元）。

丙公司：360×5%=18（万元）。

合计应纳消费税为 78 万元。

如果乙公司的产品销售收入由 300 万元降低到 250 万元，应纳消费税计算如下。

乙公司：250×20%=50（万元）。

丙公司：360×5%=18（万元）。

合计应纳消费税为 68 万元。

两方案相比，节税 10 万元。

注意：内部定价不能明显低于或高于市场价格，一般上下浮动比例为 10% 以内。

4.4　企业生产经营各环节税务筹划技巧的运用

什么才是正确的税务筹划呢？怎样制定成功的税务筹划方案呢？怎样避免纳税风险呢？

针对上述问题，税务筹划人员要分析企业的纳税环境，研究税收优惠政策的适用性及政策调整，分析企业的税负状况，解剖企业纳税结构，确立税务筹划的重点；结合企业业务流程，解剖纳税环节，合理选择应纳税种，综合分析企业税负和发展战略，运用恰当的税务筹划技术，确定适宜的税务筹划方案，让企业实现节税。

4.4.1　组织架构税务筹划

不同的组织架构，适用不同的税收政策。组织架构影响企业的经营范围及内部组织关系、业务架构模式，从而影响企业的税收。不同的企业组织架构必然产生不同的税负结果。

组织架构税务筹划如下。

①成立销售公司进行税务筹划。

设立销售公司，实施双重抵扣。

②将传统组织转型为新型组织，即将雇佣制改为合伙制，通过改变业务模式、部门设置、流程切割，减少增值税或消费税。

4.4.2　临界点税务筹划

税收临界点是指税法规定的一些标准的极限点，过分低于或过分高于临界点都不利于纳税人的税收利益增加。如果税务筹划人员熟悉临界点并利用临界点进行税务筹划，则通常可以减轻税负，增加纳税人的税后利润和现金流。

如企业所得税的税前扣除限额、个人所得税年终奖临界点和土地增值税的增值率临界点。临界点税务筹划的关键在于寻找临界点，从而控制税负。

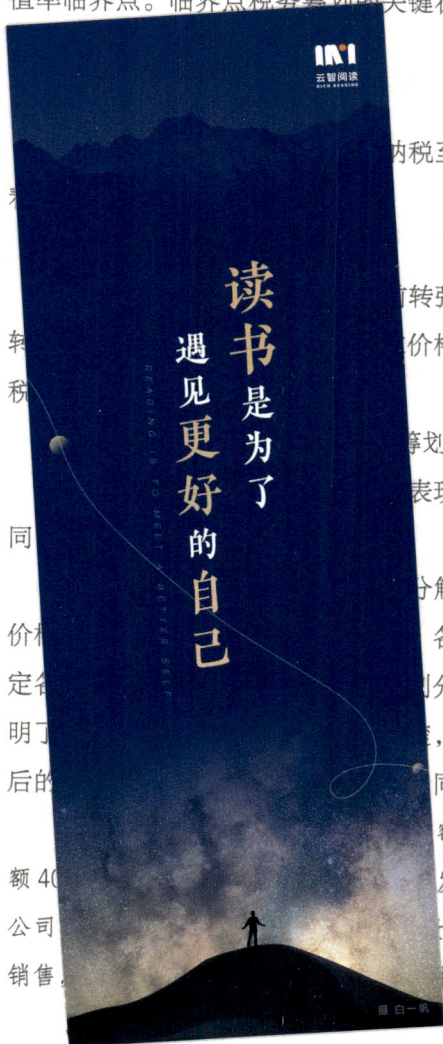

内税至关重要。价格是计算税收的基数，税收随

前转弹性和后转弹性。所有税收都可以通过价格价格弹性很小时，更易实现税负转嫁。而所得

筹划

表现形式有很大的差异，而它们的税率也不相同

分解为产品的销售价格、设计价格、技术服务各项业务成本投入调研清楚后，才能合理确定各划分好的收入签订合同，同时，只有账务清楚明了收入成本匹配正确后，企业才能按照梳理后的同时达到控制风险的目的。

额为 2.5 亿元的整体厨房定制企业，占其销售额 40发票，公司原来与客户签订的合同内容如下。公司相关尺寸，然后根据客户要求设计、生产、销售据该份合同，公司销售 2.5 亿元的产品增值税

销项税额 =25 000×13%=3 250（万元），增值税进项税额 =25 000×40%×13%=1 300（万元），公司需要缴纳增值税 =3 250-1 300=1 950（万元）。

结合公司业务模式及各方面工作实际投入情况后，A 公司全年合同拆分为三大类：设计服务合同，其金额占原总金额的 20%，即提供设计服务的收入为 25 000×20%=5 000（万元），厨房设备及材料销售合同，其金额占原总金额的 60%，即销售设备和材料的收入为 25 000×60%=15 000（万元），安装服务合同，其金额占原总金额的 20%，即提供安装服务的收入为 25 000×20%=5 000（万元）。

拆分后，公司全年增值税销项税额 =5 000×6%+15 000×13%+5 000×9%=300+1 950+450=2 700（万元），公司全年增值税进项税额 =1 300（万元），全年需要缴纳增值税 =2 700-1 300=1 400（万元）。

将调研结果结合现行税收法律法规规定进行筹划后，公司全年需要缴纳的增值税减少额 =1 950-1 400=550（万元）。

（3）转移定价税务筹划

关联企业之间为了实现整体税收利益最大化，在商品交易、提供劳务、销售服务中会控制价格，使定价与正常市场价格有所偏差，从而获取税收利益。

转移定价的模型如下。

简单模型（关联企业的转移定价，适用于同一利益集团）见图 4-1。

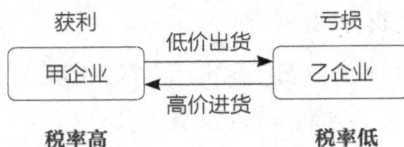

图 4-1　转移定价简单模型

扩大模型（非关联企业的转移定价，不适用于同一利益集团）见图 4-2。

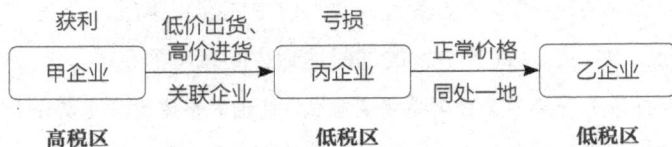

图 4-2　转移定价扩大模型

转移定价筹划的着手点：利用商品交易进行筹划；利用原材料及零部件购

销进行筹划；利用关联企业之间相互提供劳务进行筹划；利用无形资产价值评定困难进行筹划；利用租赁机器设备、利用管理费用等进行筹划。

应用转让定价税务筹划时应注意以下几点。

①转移定价税务筹划的前提：差别税率的存在和双方利益的关联性。

②转让定价税务筹划的运用是否合法，关键是转让价格后该企业的利润是否达到同行业的平均利润率（纳税人与关联企业之间的业务往来，应按照独立企业之间的业务往来收取或支付价款、费用，否则，税务机关有权进行合理调整）。

③企业能否提供证明关联交易符合独立交易原则的充足材料，对企业具有非常重要的意义。

4.4.4　递延纳税税务筹划

递延纳税并不能减少纳税人纳税总额，但是纳税人相当于得到一笔无息贷款，在本期有更多资金进行生产经营、把握商机，因此递延纳税也是税务筹划的重要目标。

纳税人可以通过合同控制、交易控制及流程控制延缓纳税时间，也可以通过合理安排进项税抵扣时间，所得税预缴、汇算清缴的时间及额度，合理推迟纳税。

递延纳税方法：一是推迟确认收入，二是尽早确认费用。

4.4.5　会计处理税务筹划

会计处理税务筹划就是利用会计处理方法的可选择性进行筹划。会计与税收一脉相承，会计核算是纳税的基础和依据，在现实经济活动中，同一经济事项有时存在着不同的会计处理方法，而不同的会计处理方法又对企业的纳税情况影响较大。一般通过会计折旧方法、摊销方法、存货计价方法、会计估计方法等账务处理技巧进行税务筹划。

4.4.6　流程再造税务筹划

业务离不开流程，税收产生于业务流程，业务流程决定着税收的性质和流量。因此，在税务筹划过程中，应充分利用业务流程及流程再造的优势改变税收。

税务筹划人员要了解解决三个纳税问题的思路。

思路一：混搭，企业在注册登记时，经营范围一栏内常常写有多项内容，同一企业同时在经营这些业务的现象，或者几家企业共同经营同一项业务的现象，就称混搭经营。

思路二：分立，把一个经营内容按税负需求，分立为两个或两个以上的企业来经营。

思路三：转化，由一种税率转化为另一种税率，由一种主体转化为另一种主体，由一种企业转化为另一种企业，由甲地企业转化为乙地企业。

企业纳税最大误区就是只看到税收的缴纳过程，不注重税收的产生过程。流程再造税务筹划具体如下。

（1）改变流程顺序

第一，企业是选择委托运输还是使用自营车辆运输。

第二，利息支出转为工资支出、采购支出。

第三，外购还是委托加工。

案例：甲企业（一般纳税人）外购还是委托加工，有两个方案可供选择。

方案一：从小规模纳税人乙企业处购进产品 100 万元（不含税，其中加工费 30 万元），取得增值税普通发票或税务局代开的增值税专用发票。

方案二：购买原材料委托第三方加工，支付加工费 20 万元。

（2）业务流程再造

怎么理解业务流程再造？

案例：某商场为了提高知名度，提升市场经营能力，决定与厂家联合推出一系列促销活动，为此初定设定了两个促销方案。

方案一：采用买一赠一的促销方式，客户购买 1 000 元的商品，可以获得赠送的价值 200 元的商品一件。

方案二：采取购物抽奖的促销方式，客户购买 1 000 元的商品，可以获得一次抽奖的机会，奖品为价值 5 000 元的彩电一台，中奖比例为 25∶1。

第 5 章
企业投融资如何进行税务筹划

投融资是任何企业在经营过程中，都需要面对的问题。是否有资本投入再生产，关系到企业的生死存亡。资金链一旦断裂，对企业的打击是灾难性的。而企业投融资是一门高深的学问，因为企业家不仅要考虑投融资对企业资本结构的影响，还要考虑对税收成本与企业利润的影响。

5.1　投资方式的税务筹划

可供选择的投资方式、投资组织形式、投资地点、投资行业或方向具有多样性，而不同的投资方式、投资组织形式、投资地点、投资行业或方向的税收待遇也各有差异。

作为投资收益的抵减项目，应纳税额直接关系到纳税人的投资收益率。因此，纳税人进行投资决策时必须重视税务筹划的作用。

5.1.1　有形资产投资方式

我国现行税法规定：按中外合资经营企业中外双方所签合同中规定作为外方出资机械设备、零部件及其他物件，以及经审批，合营企业以增加资本新进口的国内不能保证供应的机械设备、零部件及其他物件，可以免征关税和进口环节的增值税。出台这项规定的目的是鼓励中外合资，该规定也可作为一种节税的投资方式。

5.1.2 无形资产投资方式

无形资产包括专利权、商标权、著作权、非专利技术、土地使用权、商誉等。以无形资产进行投资，不仅可以获得一定的超额利润，还能达到节税的目的。

案例：企业创办过程中，甲需向乙购买一项技术，价值 50 万美元，须缴纳 10 万美元的预提所得税。如在筹划过程中决定该技术转由乙方作为无形资产投资，则可省去巨额的预提所得税。

5.1.3 货币投资方式

货币投资是指投资者直接以货币资金（现金、银行存款及其他货币资金）作为投入资本所进行的投资。

按投资期限，投资方式可分为分期投资方式和一次性投资方式。在投资方式选择中，一般选择前者。

我国现行税法规定：中外合营企业合营双方应在合营合同中注明出资期限，并按合营合同规定的期限缴清各自出资额；合同中规定一次缴清出资的，合营双方应自营业执照签发之日起 6 个月内缴清；合同中规定分期缴付出资的，双方第一期出资额不得低于各自认缴出资额的 15%，且应自营业执照签发之日起 3 年内缴清。据此，分期出资可获得资金时间价值。

5.2 投资过程的税务筹划

企业为了寻求更好的生存和更优的发展，会选择通过投资这种途径进行创收增利。企业在投资的过程中，为了达到减少纳税成本的目的，可以用合理合法的手段进行税务筹划。

税收和企业利润之间存在此消彼长的关系，企业追求利润最大化的同时，必须兼顾税务处理的合理性与合法性。本节简述企业在投资中可以如何合理地进行税务筹划。

5.2.1　投资规模的筹划

投资规模的筹划。首先，要对企业自身营运能力进行分析；其次，把握企业经营外部环境变动情况；最后，对税前收益最大化的投资规模进行实证分析。企业投资规模应该趋于企业营运能力的极限，即尽可能使投资的追加边际成本等于其边际收益。

5.2.2　投资项目的筹划

所谓投资项目的筹划，是指企业应根据自身的优缺点，紧扣税法的规定，在生产经营过程中选择恰当的投资项目。

5.2.3　投资伙伴的筹划

在进行投资伙伴的筹划时，主要考察两方面的因素：一是合作伙伴的税收待遇，二是合作伙伴的实力。

5.2.4　投资意向的筹划

如果企业自身资金紧缺，可以选择收购部分股份来增强企业的生产控制力；如果企业自身资金充足，而且新增项目多，可以选择组建新企业。

5.2.5　延迟纳税的筹划

延迟纳税并非直接为企业减少税基，减轻税负，而是使企业的应税所得延迟纳税，暂时免除税收负担。

5.3　固定资产投资的税务筹划

固定资产具有耗资多、价值大、使用年限长、风险大等特点，它在企业生产经营、生存发展中处于重要地位。因此，在实际工作中，必须重视固定资产投资的税务筹划。

5.3.1　固定资产折旧方法税务筹划

企业固定资产投资的税务筹划，可以利用固定资产折旧可以冲减利润的办法进行节税。

案例：假设某有限公司，固定资产原值为 200 000 元，预计残值为 10 000 元，使用年限为 5 年。该公司未扣除折旧的利润和产量如表 5-1 所示。该企业适用 25% 的企业所得税税率，资金成本率为 10%。

表 5-1　企业未扣除折旧的利润和产量

年度	未扣除折旧的利润（元）	产量（件）
第一年	100 000	1 000
第二年	120 000	1 200
第三年	90 000	900
第四年	80 000	800
第五年	70 000	700
合计	460 000	4 600

不同折旧方法下该公司企业所得税应纳税所得额的比较。

（1）年限平均法

各年度折旧和应纳所得税情况如表 5-2 所示。

表 5-2　年限平均法下各年度折旧和应纳所得税情况

年度	年折旧额（元）	应纳所得税额（元）	应纳所得税现值（元）
第一年	38 000	15 500	
第二年	38 000	20 500	

续表

年度	年折旧额（元）	应纳所得税额（元）	应纳所得税现值（元）
第三年	38 000	13 000	
第四年	38 000	10 500	
第五年	38 000	8 000	
合计	190 000	67 500	52 470.5

（2）双倍余额递减法

各年度折旧和应纳所得税情况如表 5-3 所示。

表 5-3　双倍余额递减法下各年度折旧和应纳所得税情况

年度	年折旧额（元）	应纳所得税额（元）	应纳所得税现值（元）
第一年	80 000	5 000	
第二年	48 000	18 000	
第三年	28 800	15 300	
第四年	16 600	15 850	
第五年	16 600	13 350	
合计	190 000	67 500	50 019.2

注：会计制度规定，在固定资产预计使用年限的最后两年，应将固定资产的余额扣除预计净残值后平均摊销，并作为每个年度计提折旧的余额。

（3）年数总和法

各年度折旧和应纳所得税情况如表 5-4 所示。

表 5-4　年数总和法下各年度折旧和应纳所得税情况

年度	年折旧额（元）	应纳所得税额（元）	应纳所得税现值（元）
第一年	63 333.33	9 166.67	
第二年	50 666.67	17 333.33	
第三年	38 000	13 000	
第四年	25 333.33	13 666.67	
第五年	12 666.67	14 333.33	
合计	190 000	67 500	50 648.17

从以上不同折旧方法下企业应纳所得税额的比较可以看出，采用双倍余额递减法计算的第一年应纳税额最少，只缴纳税款 5 000 元，年数总和法下第一年缴纳税款为 9 166.67 元，而年限平均法下第一年则需缴纳 15 500 元，工作量法下第一年需缴纳 14 675 元。

由此来看，双倍余额递减法使企业在最初的年份提取的折旧较多，冲减了税基，从而减少了应纳税款，考虑到货币时间价值，相当于企业在以后取得了一笔无息贷款。对企业来说具有合法节税的功效。

5.3.2　进行固定资产折旧方法税务筹划应注意的问题

利用固定资产折旧方法进行税务筹划应注意的问题如下。

（1）固定资产折旧方法的选择要符合国家相关法律规定

《企业所得税法》第十一条规定："在计算应纳税所得额时，企业按照规定计算的固定资产折旧，准予扣除。"

企业在利用固定资产折旧方法进行税务筹划时必须以不违背税法为前提。

企业固定资产确需缩短折旧年限或采取加速折旧方法的，纳税企业先提出申请，经主管税务机关审核批准后方可进行。

（2）固定资产折旧方法的选择应考虑折旧年限的影响

我国现行会计制度和税法在固定资产折旧年限方面都给予企业一定的选择空间，企业可根据自己的具体情况，来选择最为有利的固定资产折旧年限。

对于初创企业来说，企业可能享有一些减免税优惠政策，这样企业可以延长固定资产折旧年限，将计提的折旧递延到减免税优惠政策期满后计入成本，从而达到节税的目的。

而对一般性企业来说，可以通过技术进步等手段，缩短固定资产的折旧年限，加速固定资产成本的收回，使企业后期的成本费用前移、前期的利润后移，从而得到延期纳税的益处。

（3）固定资产折旧方法的选择考虑货币时间价值因素的影响

由于货币时间价值因素的影响，不同时点上的同一单位货币的价值含量是不相等的。

所以，企业在选择固定资产的折旧方法时，应先将计提的折旧按当时的货币资本市场利率进行折现，准确计算出不同折旧方法下折旧费的现值总和及税收收益现值总和并加以比较，在遵守税法规定的前提下，选择能给企业带来最大税收收益现值的折旧方法。

5.3.3　再投资项目税务筹划

对于中外合作经营企业和中外合资经营企业，再投资项目税务筹划方式有较为现实的意义。

外商投资企业的外国投资者，将从企业取得的利润直接再投资于该企业，增加注册资本，或作为资本投资开办其他外商投资企业，经营期不少于五年的，经投资者申请和税务机关批准，退还其再投资部分已缴纳所得税的 40%。

外国投资者在中国境内直接再投资举办、扩建产品出口企业或者先进技术企业，以及外国投资者将从海南经济特区内的企业获得的利润直接再投资于海南经济特区内的基础设施建设项目和农业开发企业，经营期不少于五年的，经批准可全部退还其再投资部分已缴纳的企业所得税税款。

再投资退税后，税务机关要进行再投资退税的管理。若发现再投资不满五年撤出的，应当缴回已退税款；再投资后三年内未达到产品出口企业标准的，考核不合格被撤销先进技术企业称号的，应缴回已退税款的 60%。上述规定是一种约束条件。但即使将来缴回已退税款，对再投资者来说，仍是一种利益，因为现在利用了货币时间价值。

亏损弥补是对外商投资企业和外国企业而言的一项重要税收优惠政策。但是，有些外商投资企业和外国企业对这项政策没有用足、用好。

有关政策规定：外商投资企业和外国企业在中国境内设立的从事生产、经营的机构和场所发生年度亏损，可以用下一纳税年度的所得弥补，下一年度的所得不足弥补的，可以逐年延续弥补，但最长不得超过五年。企业开办初期有亏损的，可以按照上述办法逐年结转弥补，以弥补后有利润的纳税年度为开始获利年度。

案例　某电子有限公司亏损弥补

某电子有限公司第一年亏损 60 万元，第二年亏损 45 万元，第三年亏损 25 万元，第四年亏损 15 万元，第五年获利 25 万元，第六年获利 30 万元，第七年获利 35 万元，第八年获利 45 万元。

政策分析：该企业第一年亏损的 60 万元，可以用后 5 年的利润来弥补，但是后 5 年中，只有第五、第六年获利，两年共实现利润 55 万元，弥补第一年亏损后，仍有 5 万元未能弥补。第七年企业实现利润 35 万元，这 35 万元不能再用以弥补第一年的亏损，而只能用来弥补第二年的亏损 45 万元，第七年的利润弥补第二年的亏损后仍有 10 万元亏损。但第八年的利润 45 万元，只能用来弥补第三年的亏损 25 万元和第四年的亏损 15 万元，因为对第三、第四年而言，第八年是亏损的法定弥补期。第八年获利弥补亏损后还有 5 万元盈利，这表明该企业在第八年才真正进入获利年度。

5.4 金融投资的税务筹划

金融投资亦称"证券投资"，是指经济主体为获取预期收益或股权，用资金购买股票、债券等金融资产的投资活动。金融投资既是一个领域又是一种方式，是发达的市场经济与信用的产物。

金融投资可追溯至 15 世纪的欧洲。20 世纪 80 年代以来，金融投资已成为发达市场经济国家基本的投资方式。当一经济主体通过发行股票、债券等证券筹资方式用以投入实质资产的维持与扩大时，购买证券者成为金融投资者。

金融资产是其投资者对其出售者的股权和债权的凭证。金融投资者通过持有证券，分享证券出售组织利润和股权获得回报。由于金融资产使财产的所有权与经营权分离成为可能，它有助于集中社会闲置资金。将金融资产转化为实质生产的投资资金，是动员和再分配资金的重要渠道。

5.4.1 金融投资税务筹划的内容

金融投资税务筹划的内容如下。

①商业票据。利息要缴纳所得税。

②商品、外汇期货。交易合同要缴纳印花税；其收益要缴纳所得税。

③政府债券。企业与个人购买国债的利息所得，均免征所得税；可流通政府债券的转让要缴纳印花税。

④金融债券。对金融债券的利息，收益人通常需要缴纳所得税；持有国家发行的金融债券所得的利息，免征个人所得税。

⑤企业债券。企业债券可以转让，当发行企业破产清偿时，债券优于股权，所以企业债券的风险要小于股票投资。在我国，持有企业债券的所得要缴纳所得税，当企业债券转让时要缴纳印花税。

⑥企业间资金拆借。我国对企业间资金拆借有一定限制，对拆借资金所获得的利息需征所得税。

5.4.2　股权投资收益税务筹划方案

企业股权投资收益主要有以下两种形式。

第一，企业通过股权投资，从被投资企业所得税后累计未分配利润和累计盈余公积金中分配取得股息、红利性质的投资收益。

第二，企业因转让或处置股权投资的收入，减除股权投资成本后的股权投资转让所得。

根据《企业所得税法》的规定，企业取得的股息、红利等权益性投资收益为应纳税收入，符合条件的居民企业之间的股息、红利等权益性投资收益为免税收入。

（1）股权转让的纳税义务发生及应纳税所得额的确认

企业转让股权收入，应于转让协议生效且完成股权变更手续时，确认收入的实现。转让股权收入扣除为取得该股权所发生的成本后的余额为股权转让所得或损失。企业在计算股权转让所得时，不得扣除被投资企业未分配利润等股东留存收益中按该项股权所可能分配的金额。

（2）股权投资损失的确认

企业发生的股权（权益）性投资资产损失，应在按税收规定实际确认或者实际发生的当年申报扣除，不得提前或延后扣除。

案例　某某集团投资税务筹划

某某集团是生产型企业集团，由于近期生产经营效益不错，集团预测今后几年的市场需求还有进一步扩大的趋势，于是准备提升生产能力。

离某某集团不远的 A 公司生产的产品正好是该集团生产所需的原料之一，A 公司由于经营管理不善正处于严重的资不抵债状态，已经无力经营。

经评估确认，A 公司资产总额为 4 000 万元，负债总额为 6 000 万元，但 A 公司的一条生产线性能良好，也正是某某集团生产原料所需的生产线，其原值为 1 400 万元（不动产 800 万元、生产线设备 600 万元），评估值为 2 000 万元（不动产作价 1 200 万元，生产线设备作价 800 万元）。

请给某某集团进行投资税务筹划，使某某集团的税负最低。

方案一：产权交易行为——承债式整体并购。

根据有关规定，企业的产权交易（企业的整体资产、负债和劳动力全部转移到购买方的经济行为）行为不缴纳增值税。A 公司资产总额为 4 000 万元，负债总额为 6 000 万元，已严重资不抵债。A 公司清算所得是不缴纳企业所得税的。

采用该方案，对于合并方某某集团而言，则需要购买 A 公司的全部资产，这从经济核算的角度讲，是没有必要的，同时某某集团还要承担大量不必要的债务，这对以后的集团运作不利。

方案二：产权交易行为——先分后并。

A 公司先将原料生产线重新包装成一个全资子公司，资产为生产线评估价 2 000 万元，负债为 2 000 万元，净资产为 0，即先分设出一个独立的 B 公司，然后再实现某某集团对 B 公司的并购，即将资产买卖行为转变为企业产权交易行为。

同方案二相比，A 公司产权交易行为不缴纳增值税。对于企业所得税，当 A 公司分设出 B 公司时，被分设企业应视为按公允价值转让其被分离出去的部分或全部资产，计算被分设资产的财产转让所得，依法缴纳企业所得税：A 公司分设出 B 公司后，A 公司应按公允价值 2 000 万元确认生产线的财产转让所得 600 万元（2 000-1 400），计缴企业所得税 150 万元（600×25%）。

B 公司被某某集团合并，根据企业合并有关税收政策，被合并企业应视为按公允价值转让、处置全部资产，计算资产转让所得，缴纳企业所得税。由于 B 公司转让所得为 0，所以不缴纳企业所得税。

5.5　企业筹融资税务筹划

企业可筹集的资金有多种，如国家财政资金、银行信贷资金、非银行金融机构资金、其他企业资金、民间资金、企业自留资金和外商资金。企业筹集资金的渠道也有多种，如吸收直接投资、发行股票、银行借款、商业信用贷款、发行债券、发行融资券和租赁筹资。

5.5.1　企业负债规模的税务筹划

负债规模税务筹划原则：确定负债总规模，将其控制在一定的范围之内，使负债融资带来的利益抵消由于负债融资比重增大带来的财务风险及融资风险成本的增加。

5.5.2　企业间资金拆借的税务筹划

由于企业之间的资金拆借利息计算和资金回收期限均具有较大的弹性和回旋余地，这种弹性和回旋余地常常表现为提高利息支付，冲减企业利润，抵消纳税金额。

5.5.3　向金融机构借款的税务筹划

向金融机构借款是负债筹资的主要方式，由于存在财务杠杆效应，只要企业息税前投资收益率高于负债成本率，提高负债比重就会使权益资本收益率提高。所以，适度增加金融机构借款比重，以减轻企业所得税税负，增加投资者收益，被认为是向金融机构借款税务筹划的主要内容。

案例：某企业计划投资 2 000 万元兴建厂房进行出租，预计每年息税前收益为 300 万元，厂房使用寿命为 20 年。现有两个方案。

方案 1：增加留存收益 2 000 万元。

方案 2：从银行借款 2 000 万元，年利率为 8%。

该企业投资前拥有净资产 20 000 万元，净资产利润率为 15%。

结果如下。

方案 1：该厂房建成后，每年增加的收益应纳所得税 =300×25%=75（万元）。

净收益 =300-75=225（万元）。

企业净资产利润率 =（20 000×15%+225）÷22 000×100%=14.66%。

方案 2：企业每年增加的收益 =300-2 000×8%=140（万元）。

每年增加的收益应纳所得税 =140×25%=35（万元）。

净收益 =140-35=105（万元）。

企业净资产利润率 =（20 000×15%+105）÷20 000×100%=15.53%。

5.5.4　向内部员工集资的税务筹划

企业可向内部员工集资。通过该种方式，企业既可以解决一部分生产经营所需的资金，还可以调动员工的积极性和加强员工努力工作的意识。集资利息同工资一样是付给企业员工个人的，可将两者转化以实现税务筹划。

5.5.5　融资租赁的税务筹划

融资租赁是指具有融资性质和所有权转移的设备租赁业务，即出租人根据承租人所要求的规格、型号、性能等条件购入设备租赁给承租人，承租人只拥有使用权，合同期满付清租金后，承租人有权按残值购入设备，以拥有设备的所有权。

其租金包括租赁设备的价款、价款利息和手续费，租赁期内，承租人除分期向出租人支付租金外，还应缴付租赁设备保险费。融资租赁具有可选择租赁设备、租赁时间长和中途不得毁约等特点。

5.5.6　发行债券的税务筹划

企业债券溢价发行有两种税务筹划方法。

第一，企业债券溢价发行的直线摊销法。将债券的溢价按债券年限平均分摊到各年，冲减利息费用。

第二，企业债券溢价发行的实际利率法。将应付债券的现值乘以实际利率计算出来的利息与名义利息比较，将其差额作为溢价摊销额，其特点是负债递减，利息也随之递减，溢价摊销额则相应逐年递增。

债券溢价摊销方法不同，不会影响利息费用总和，但要影响各年度的利息费用摊销额。如果采用实际利率法，前几年的溢价摊销额少于直线摊销法的摊销额，前几年的利息费用则多于直线摊销法的利息费用，企业前期缴纳税收较少，后期缴纳税收较多，因此可获得延期纳税的财务利益。

企业债券折价发行也有两种税务筹划方法。

第一，企业债券折价发行的直线摊销法。将债券的折价按债券年限平均分摊于各年，转化为利息费用。

第二，企业债券折价发行的实际利率法。将应付债券的现值乘以实际利率计算出来的利息与名义利息比较，将其差额作为折价摊销额。其特点是：摊销折价，负债递增，利息也随之递增，折价摊销额则相应逐年递增。

债券折价摊销方法不同，不会影响利息费用总和，但要影响各年度的利息费用摊销额。如果采用实际利率法，前几年的折价摊销额少于直线摊销法的摊销额，前几年的利息费用也少于直线摊销法的利息费用，企业前期缴纳税收较多，后期缴纳税收较少。

5.5.7　发行股票的税务筹划

发行股票仅仅适用于上市公司筹资，非上市公司没有权利选择这一筹资方式。因此，该方式的使用范围相对比较狭窄。

发行股票所支付的股息、红利是以税后利润进行支付的，因此，无法像债券利息或借款利息那样享受税前抵扣的待遇。而且，发行股票筹资的成本相对来讲也比较高，并非绝大多数企业所能选择的筹资方式。

当然，发行股票筹资也有众多优点。比如，发行股票无须偿还本金，没有债务压力；成功发行股票对企业来讲也是一次非常好的宣传机会等。

5.5.8　优化资本结构的税务筹划

资本结构是指企业使用负债和权益的比率。

无论企业资本结构如何调整，如果企业价值不变，股东的利益也不变；如果企业利益减少，股东利益也会因此而受损。只有企业效益增长，股东利益才会增加；最佳资本结构能够最大限度地增加企业价值。

税盾：可以产生避免或减少企业税负作用的工具或方法。

税盾效应：债务成本（利息支出）的税前列支，而股权成本（利润）在税后支付。因此，企业如果要向债权人或股东支付相同的回报，则要更多利润。

案例：假设某企业企业所得税税率 25%，企业向债权人支付 100 元利息，由于利息在税前列支，企业只需产生税前利润 100 元即可；但如果要向股东支付 100 元投资回报，则需产生 133.33 元 [100÷（1-25%）] 税前利润。

第 6 章
增值税筹划解析

　　增值税是以商品（含应税劳务）在流转过程中产生的增值额作为计税依据而征收的一种流转税。从计税原理上说，增值税是对商品生产、商品流通、劳务和服务中多个环节的新增价值或商品的附加值征收的一种流转税。实行价外税，也就是由消费者负担，有增值才征税，没增值不征税。但是商品或劳务中的人工成本无法取得进项发票，即使没有增值也要缴纳增值税。

6.1　增值税筹划原理

　　我国增值税实行凭增值税专用发票抵扣税款的制度，将纳税人按其经营规模大小以及会计核算是否健全划分为一般纳税人和小规模纳税人。增值率越高，应纳税款越多；抵扣率越大，应纳税款越少。税务筹划人员可据《增值税暂行条例》规定的基本税率和低税率的差别，利用基本税率的项目与低税率项目混合的方式节税。增值税应纳税额计算公式如下。

　　应纳税额 = 销售额 ×（1 − 抵扣率）× 增值税税率

　　制定增值税税务筹划方案主要有以下思路。

6.1.1　通过选择不同纳税人身份进行税务筹划

　　一般纳税人增值税遵循"征扣一致"的抵扣原则，本环节纳税人未缴纳税款，下一环节纳税人也不抵扣税款。

与一般纳税人不同，小规模纳税人适用简易计税方法，直接以销售额乘以征收率计算应纳税额，不得抵扣进项税额，也就是说小规模纳税人不存在免税、征税项目间的进项税额调节问题。所以相较于一般纳税人而言，在小规模纳税人的征免税管理、发票开具等方面，政策规定均相对宽松。

一般纳税人与小规模纳税人的区别见表 6-1。

表 6-1　一般纳税人与小规模纳税人的区别

项目	一般纳税人	小规模纳税人
发票管理	可以开具增值税专用发票，实行凭增值税专用发票抵扣税款的制度	开具增值税普通发票；委托税务机关代开增值税专用发票，符合规定条件的可以自行开具
账务处理	收取增值税发票后按金额计入成本，税款部分记入"应交税费——应交增值税（进项税额）"科目	全额计入成本
税率或征收率	6%（金融服务、现代服务业、生活服务等）、9%（交通运输，销售农产品、农用及能源等产品，销售不动产等）、13%（销售或进口货物，另有列举的除外；销售劳务）	3% 或 5%
税负计算方式	"采用抵扣制"计算税金，即按销项减进项后的余额缴税	销售收入 ÷（1+ 适用征收率）× 征收率

如果增值税税负低于 3%，建议选择一般纳税人进行税务筹划。

6.1.2　通过选择不同销售方式进行税务筹划（销项税额的筹划）

销售方式的税务筹划如下。

（1）折扣销售与销售折扣

折扣销售是指因购货数量较大而给予的价格优惠。企业对折扣销售可以采用以下税务筹划方法。

方法一：保证金法。该方法是采购方享受的优惠，在销售发票中体现的折扣优惠则是整体采购享受的优惠，而对于超过差额的优惠则以保证金的形式滞留在销售方，一旦采购方购货数量达到或接近合同协议的最大值，则在年底时一并将差额优惠，即保证金予以返回；否则，将取消整体采购享受的优惠，同时财务上要将享受的差额优惠补作收入并申报纳税。

方法二：折扣平衡法。该方法是销售方给予对方的优惠，在销售发票中体现的折扣优惠也是整体的优惠。一旦采购方购货数量接近合同协议的最大值，则在最后几批采购中将给予大于目标折扣率的折扣优惠，在最后几批销售发票中注明，以此来平衡前期折扣水平，并在总体上把握采购的优惠目标值。

方法三：预估折扣率法。调整部分的折扣额虽不能再冲减销售收入，但绝大部分的销售折扣已经在平时的销售中直接冲减销售收入。当然，预估折扣率测算得越准确，结算时的折扣调整额就越小。如果担心出现有的经销代理商会因今年销售量比上年销售量锐减而提前多享受折扣的情况，则可以采取另外预收一定押金等办法来加以预防。这样，企业就可以将发生的销售折扣额合理合法地冲减产品销售收入。

方法四：红字冲销法。根据相关规定，纳税人（销货方）销售货物并向购货方开具增值税专用发票后，由于购货方在一定时期内累计购买货物达到一定数量，或者由于市场价格下降等，销货方给予购货方相应的价格优惠或补偿等折扣、折让，销货方可按现行《增值税专用发票使用规定》的有关规定开具红字增值税专用发票。

筹划思路如下。

①使用折扣销售时，将销售额和折扣额在同一张发票的"金额"栏中分别注明，按折扣后的余额作为销售额计算增值税。

②折扣销售仅限于现金形式的折扣，可将实物折扣转换为折扣销售。

③从税务角度而言，折扣销售优于销售折扣。

（2）手续费代销与视同买断

委托方应尽量采用视同买断方式，而受托方应采用收取手续费方式，但从合计税负来看，两种代销方式下的税负相同。

（3）销售价格

关联企业可通过压低前期环节销售价格，把增值额累计在最后的销售环节，以实现增值税的递延纳税。

关联企业可利用不同地区税率水平的差异，将产生利润较高的部门尽可能设在低税率地区。

6.1.3　通过兼营销售进行税务筹划（销项税额筹划）

税法规定，纳税人兼营不同税率项目，如果能分别核算，按各自的税率计算增值税，否则，按较高税率计算增值税。纳税人兼营不同税率项目，在取得收入后分别如实记账，分别核算销售额，这样可以避免多缴税款。

第一，纳税人兼营销售货物、劳务、服务、无形资产或者不动产：使用不同税率或征收率的，应当分别核算适用不同税率或者征收率的销售额；未分别核算的，从高适用税率。

第二，纳税人兼营免税、减税项目：应当分别核算免税、减税项目的销售额；未分别核算销售额的，不得免税、减税。

第三，适用一般计税方法的纳税人，应准确核算兼营简易计税方法计税项目、免征增值税项目而无法划分的不得抵扣的进项税额，其计算公式如下。

不得抵扣的进项税额 = 当期无法划分的全部进项税额 ×（当期简易计税方法计税项目销售额 + 免征增值税项目销售额）÷ 当期全部销售额

6.1.4　通过混合销售进行税务筹划（销项税额的筹划）

混合销售行为是指一项销售行为既涉及增值税应税货物或劳务（以下简称"货物销售额"），又涉及非应税劳务（即应征增值税的劳务）。变混合销售为兼营行为，分别核算、分别纳税，避免从高适用税率。

界定混合销售行为的标准有两点：一是其销售行为必须是一项；二是该项行为必须既涉及服务又涉及货物。其中货物是指《增值税暂行条例》中规定的有形动产，包括电力、热力和气体；服务是指属于全面"营改增"范围的交通运输服务、建筑服务、金融保险服务、邮政服务、电信服务、现代服务、生活服务等。

混合销售行为及各自适用的增值税税率见图 6-1。

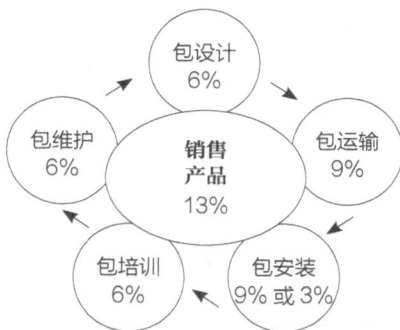

图 6-1　混合销售行为及各自适用的增值税税率

《国家税务总局关于明确中外合作办学等若干增值税征管问题的公告》（国家税务总局公告 2018 年第 42 号）第六条规定，一般纳税人销售自产机器设备的同时提供安装服务，应分别核算机器设备和安装服务的销售额，安装服务可以按照甲供工程选择适用简易计税方法计税。

一般纳税人销售外购机器设备的同时提供安装服务，如果已经按照兼营的有关规定，分别核算机器设备和安装服务的销售额，安装服务可以按照甲供工程选择适用简易计税方法计税。

案例：A 公司是一家建筑工程甲级设计、建筑工程施工总承包一级资质，钢结构工程专业承包一级资质，地基及地下基础工程专业承包一级资质，环保工程专业承包一级资质，预应力工程专业承包二级资质，特种专业工程承包资质、钢结构生产安装的企业，钢结构工程业务为其业务板块之一，营业收入占比低于公司全部业务板块的 50%。

2019 年 1 月承接了某大厦总包工程，该工程是钢结构建筑工程。合同分别注明设计服务 4 000 万元，钢结构销售 7 000 万元、建筑安装施工 5 500 万元。假设不考虑发生的增值税进项税的抵扣和城市维护建设税等情况，请问 A 公司此工程各项服务的增值税税率分别是多少？

适用税率分析：设计服务 4 000 万元为现代服务，增值税税率为 6%；钢结构销售 7 000 万元、建筑安装施工 5 500 万元，属于混合销售行为，按建筑服务核算，依 9% 税率征收。

专门从事钢结构生产和安装的钢结构企业，如果为了规避钢结构销售收入在企业一年收入中所占的比重超过 50%，则可将钢结构生产业务独立出来，单独成立一家专门生产销售钢结构的企业，形成一家专门从事钢结构安装的建筑企业，一家生产钢结构的生产企业，两家企业都是独立法人，都是增值税一般纳税人。然后让业主或发包方与钢结构安装企业签订钢结构安装的甲供材合同，同时，让业主或发包方与钢结构生产企业签订采购合同。根据36号文的规定，钢结构安装公司可以选择简易计税，安装部分按3%征收率征税，钢结构销售按13%税率征税。

混合销售的税务筹划思路：应税货物和劳务混合销售，尽可能将应税服务业务单独成立公司，单独核算，避免应税服务按照销售货物适用税率缴税。

第一，可以签订两份合同：一份是货物销售合同，另一份是服务销售合同。

第二，可以签一份合同，合同中必须分别注明销售货物和销售服务的价格，并在财务上必须分开核算，分开开票。

第三，假如企业无安装资质，安装部分可与搬运装卸业务进行金额合并，亦可以适当节税。

第四，如果机器设备还有软件部分，可参考软件产品优惠政策进行筹划，享受软件税收优惠政策。

6.1.5 通过企业分立进行税务筹划

企业分立税务筹划的思路如下。

一是分立为好几个缴税行为主体，形成能够产生有关联方交易的企业群，执行专业化管理方法。

案例：某乳品有限公司生产乳制品的鲜奶由内设的牧场提供，可抵扣的进项项目为向农民收购的草料及小部分辅助生产用品，但该企业生产的产品则适用13%的增值税税率，全额减除进项后，其增值税税负达10%以上。

税务筹划思路：将牧场分开独立核算，并办理工商和税务登记，牧场生产的鲜奶卖给乳制品厂进行加工销售，牧场和乳制品厂之间按政策购销关系进行结算。

效果：牧场自产自销未经加工的农产品（鲜奶），符合政策规定的农业生产者自产自销的农业产品，可享受免税待遇；乳制品厂向牧场收购的鲜奶，按收购额的110%抵扣增值税，因而其税负大大减轻。

二是将混合销售或混合销售中的低征收率业务流程或零税率业务流程单独出去，独立计税，减少税负。

案例：为了满足客户的需求和打造服务品牌的营销策略，通常会采取包送货物的售后服务形式。这对增值税一般纳税人来说，无疑是增加了税收成本。

筹划思路：把货物销售与运输分离，成立运输公司，变不可抵扣税款为可抵扣税款。

三是将可用累进税率的缴税行为主体分化成两个或两个以上可用低征收率的缴税行为主体，税负自然减少。

案例：把一般纳税人分成两个以上的小规模纳税人，把税率从 13% 降到 3% 或 5%。企业分立能够提升商品流通，有益于流转税抵税及转移定价对策的应用。

6.1.6　充分利用税收优惠政策进行税务筹划

利用区域税收优惠政策，将企业的业务（特别是增量部分）转移到在优惠区域新设的企业中，以达到减轻税负的目的。

案例：公司 A 是一家环保设备销售公司，2019 年全年不含税销售收入为 5 000 万元，其中增值税专用发票列示的进项金额为 3 000 万元。公司 B 同样是一家环保设备销售公司，2019 年全年不含税销售收入为 5 000 万元，其中增值税专用发票列示的进项金额同样是 3 000 万元。

与公司 A 不同，公司 B 注册地址为某税收优惠区域，公司 A 与公司 B 的纳税比较如表 6-2 所示。

表 6-2　公司 A 与公司 B 的纳税比较

公司 A	公司 B
公司 A 实际缴纳增值税：（5 000－3 000）×13%=260（万元）	公司 B 实际缴纳增值税：（5 000－3 000）×13%=260（万元）
由于没有落户税收优惠区域，不享受地方财政扶持，没有任何返还	由于落户税收优惠区域，可向税收优惠区域地方政府申请创业扶持资金备案，享受税收奖励，具体政策为：公司 B 所交的 260 万元中，有 130 万元（260×50%）交给国家财政，130 万元（260×50%）交给税收优惠区域地方财政，地方财政又拿出 52 万元（130×40%）给公司 B，即将增值税实缴额的 20%（52÷260）作为创业扶持资金奖励给公司 B
最终公司 A 承担增值税 260 万元	最终公司 B 承担增值税为：260－52=208（万元），增值税节税比例达 20%

6.1.7 通过延缓纳税进行税务筹划

实施延缓纳税税务筹划，应该首先明确增值税纳税义务发生时间。推迟纳税义务发生时间，延迟缴纳税额，有利于企业充分利用资金时间价值，提高资金使用效率。

案例：A公司8月发生销售业务3类，货款共计3 000万元。其中，第一笔500万元，现金结算；第二笔800万元，验收后收款；第三笔1 700万元，一年后收款。

如果公司全部采取直接收款方式，则应当当月计算全部销售额，计提销项税额390万元（3 000×13%）；如果对未收到货款不计税，则违反税法规定，少计销项税额325万元。

税务筹划思路：对未收到的800万元和1 700万元，通过与购买方签订合同，约定收款日期，就可以延缓纳税，即采用赊销和分期收款方式，可以为公司当期节约大量流动资金。

6.1.8 通过价值链进行税务筹划（企业交易结构优化）

一般来说，一家企业至少会涉及供应、销售、生产等业务部分。将这些业务分立成主体企业，可以给税务筹划创造很多空间，把高税率变成低税率是进行增值税税务筹划的一种思路，具体如下。

系统考虑企业内部价值链上的税务筹划、上游价值链的税务筹划、下游价值链的税务筹划。

6.2 纳税人身份选择的增值税筹划

企业在经营过程中追求利润最大化，增加收益、减少费用支出始终是企业一切活动的宗旨，这也意味着税务筹划对企业来说非常重要。企业应在不违反税法规定的前提下，通过对企业财税规划的安排，达到合理节税的目的。减少各项费用的支出、帮助企业节省开支是很多经营者日思夜想的事情。增值税怎么筹划降低，是很多经营者非常头痛的事情。那么应怎么筹划以减轻增值税税负、提高企业收益呢？

6.2.1　纳税人身份选择的税务筹划

在企业销售额既定的情况下，小规模纳税人应交税款是确定的。但是一般纳税人的应交税款还需依据其可抵扣的进项税额而定，可抵扣的进项税额越大，应交税款越少；反之，可抵扣的进项税额越小，应交税款越多。

或者说，小规模纳税人的增值率 [增值率 = 法定增值额 ÷ 产（商）品课税金额 ×100%= 法定增值额 ÷ 产（商）品销售收入 ×100%=（不含税收入 – 不含税成本）÷ 产（商）品销售收入 ×100%] 越高，应交税款越多。

在一般纳税人与小规模纳税人进行税负比较时，增值率是一个关键的因素。在一个特定的增值率下，一般纳税人与小规模纳税人应交增值税税额相同，就把这个特定的增值率称为"无差别平衡点增值率"。

当增值率低于这个点时，增值税一般纳税人的税负低于小规模纳税人；当增值率高于这个点时，增值税一般纳税人的税负高于小规模纳税人。

6.2.2　计税依据的税务筹划

首先，销项税额的税务筹划。企业正常的经营活动销售商品就涉及增值税的销项税额计算，以何种方式将产品销售出去，以何种方式进行结算，适用不同的税收政策，也就存在着税收待遇差别的问题。不同的销售方式包含：折扣销售、还本销售、以旧换新和以物易物。不同的结算方式包含：直接收款、委托收款、托收承付、赊销或分期收款、预收款项、委托代销等。合理与不合理的税务筹划的效果肯定是大不相同的。

其次，进项税额的税务筹划。增值税的进项税额筹划，需要考虑的因素包括纳税人身份的筹划、购货对象的选择、结算方式的选择和增值税专用发票的管理。企业正常的经营活动采购商品就涉及增值税的进项税额计算，增值税一般纳税人从小规模纳税人处采购的货物或接受的劳务、服务、无形资产或者不动产不能进行抵扣，或只能抵扣 3%。为了弥补因不能取得增值税专用发票而产生的损失，一般纳税人常要求小规模纳税人在价格上给予一定程度的优惠，因此税务筹划人员需要测算一个价格折让临界点。

6.2.3　增值税税率的税务筹划

一般纳税人增值税税率为 13%、9%、6%，小规模纳税人增值税征收率为 3%和 5%。这就为税务筹划提供了可能。

企业可以通过交通运输、物流辅助、信息技术等业务的分离，设立独立的企业，使相关业务适用增值税的低税率，享受增值税相关的优惠政策，从而使总体税负得以减轻。

而且，企业通过获取科技公司的技术及产品支持，可以合理取得增值税专用发票，并将企业不断增加的盈利进行分流，从而降低企业所得税的税负成本，控制企业的整体税负。

案例：C 运输公司共有 10 个运输车队，每个车队有员工 80 人，资产总额 1 000万元，每个车队年营业收入 500 万元，年盈利 50 万元，整个运输公司年营业收入5 000 万元，年盈利 500 万元，公司进项税额非常少。请对 C 运输公司提出税务筹划方案。

筹划前：公司是一般纳税人，年应纳增值税 =5 000×6%=300（万元）。

应纳税金及附加 =300×12%=36（万元）。

筹划后：将运输车队分离，成立独立子公司（控股子公司），应纳增值税=500×3%×10=150（万元），应纳税金及附加 =150×12%=18（万元）。

节税：（300+36）-（150+18）=168（万元）。

6.2.4　减免税的税务筹划

从 2019 年 1 月 1 日开始，按月纳税的，月销售额在 10 万元以下（含 10万元）的增值税小规模纳税人，按季纳税的，季度销售额在 30 万元以下（含 30万元）的增值税小规模纳税人，免征增值税。

案例：X 公司为一般纳税人，从事财税咨询，预计 2020 年营业收入 600 万元，利润 310 万元，怎么进行税务筹划呢？

公司为一般纳税人，由于咨询服务行业进项税额少，公司增值税适用税率为 6%，税负较高。企业所得税也不能享受小微企业所得税优惠政策。

筹划思路如下。

①将收入适度分解，分解收入为 120 万元，再成立一家 Y 财税公司，这样 120 万元的收入，可以享受免征增值税优惠政策。X 公司成为小规模纳税人。

②公司的部分利润会转移到新公司，可享受小微企业所得税优惠政策，公司利润最大化。

筹划前：

应纳增值税 =600×6%=36（万元）

应纳税金及附加 =36×12%=4.32（万元）

应纳企业所得税 =310×25%=77.5（万元）

应纳总税额 =36+4.32+77.5=117.82（万元），税负率达 19.64%。

筹划后：Y 财税公司营业收入 120 万元，享受免征增值税优惠政策，税额为 0。

X 公司应纳增值税 =（600 −120）×3%=14.4（万元）

增值税附加税 =14.4×12%=1.73（万元）

X 和 Y 公司企业所得税总额 =310×25%=77.5（万元）

总税额 =14.4+1.73+77.5=93.63（万元），节约税金 24.19 万元。

6.3　销售环节增值税如何筹划

销售环节增值税的税收筹划尤为重要。下面从销售环节、销售价格、销售收入、销售方式、销售地点分别说明了增值税销售环节税收筹划的方法。

6.3.1　销售环节增值税筹划的综合措施

销售环节增值税筹划的综合措施如下。

（1）商品移库

与购货单位签订仓库租赁协议，双方收付的货款列入往来款项。

（2）代销

一是买断。买断是指委托方与受托方签订协议，委托方按照协议收取所代销的货款，实际售价可由受托方自定，实际售价与协议价之间的差额归受托方所有。

委托方在交付商品时不确认收入，受托方也不做购进处理。受托方将商品销售后按实际售价确认收入，并向委托方开具代销清单；委托方收到代销清单后确认销售收入。

二是收取手续费。收取手续费是指受托方根据所代销的商品数量，向委托方收取手续费，以作为其劳务收入，受托方应按规定缴纳增值税；委托方在收到受托方的代销清单后确认销售收入。

代销与直销相比，其销售收入的确认和纳税义务发生时间都会滞后，从而可使企业获得一定延期纳税利益。

此外，企业支付的代销手续费还可以在销售费用中列支，并在所得税税前扣除。

案例：某电视机生产企业采用委托代销的方式节税

2021 年 4 月 9 日，电视机生产企业向商场销售电视机一批，不含税价款 200 万元，增值税税率 13%，商场表示流动资金紧张，5 个月之后才能付款。电视机生产企业与商场签订委托代销电视机的协议，企业在发出电视机时不用缴税，纳税义务发生时间推迟到收到商场的代销清单的当天。

假设 2021 年 9 月 9 日，商场提供了代销清单并将货款一并交付，纳税义务发生时间就推迟到 2021 年 9 月。

如果商场 2021 年 11 月 7 日才提供代销清单，企业必须在 2021 年 10 月 5 日（发出代销货物第 180 天）确认收入，缴纳增值税；如果商场资金充裕，2021 年 8 月 9 日就支付了货款，则企业应于 8 月缴纳 26 万元的增值税。

6.3.2 销售价格的筹划

销售环节增值税销售价格的筹划如下。

（1）转移定价

在关联企业中产品交易或买卖，不依照市场买卖规则和市场价格进行交易，而是根据其共同利益或最大限度地维护共同收入进行产品或非产品的转让。

案例：A、B 两企业为关联企业，当 A 企业所得税税率高于 B 企业时，合理低价销售，高价采购；当 B 企业所得税税率高于 A 企业时，合理低价销售，高价采购。

（2）利用内外销价差进行税务筹划

一件产品生产出来后，既可能内销，也可能外销，于是便存在内销价和外销价的差别，而且产品在内销过程与外销过程中所享有的税收待遇也不相同。

内销产品需承担 17% 的税负，而针对出口商品的退税，实际上是零税率。因此，企业应充分研究汇率、税收和价格等因素对税额的影响。

6.3.3　销售收入实现时间的筹划

在我国，税制和财务制度对纳税义务发生时间和销售实现时间的规定是不一致的。而企业产品销售收入实际流入时间往往会因为多种原因而滞后于纳税义务发生时间。这样不仅会造成企业资金紧缺，而且不利于利用延迟纳税进行税务筹划。

销售收入实现时间税务筹划的指导思想便是让法定收入时间与实际收入时间一致或晚于实际收入时间，这样企业就能有较为充足的现金纳税并享受到一笔相当于无息贷款的资金。如采用预收货款方式。

6.3.4　销售方式的筹划

现行税法规定，采用折扣销售方式，如果销售额和折扣额在同一张发票上体现，那么可以以销售额扣除折扣额后的余额为计税金额。

现金折扣不得从销售额中扣除。

销售折让可以从货物或应税劳务的销售额中扣除，以其余额计缴增值税。

采用以旧换新销售方式销售的货物，应按新货物的同期销售价格计缴税款，旧货物的支出不得从销售额中扣除。

在销售方式的税务筹划中，应掌握以下原则：未收到货款不开发票；尽量避免采用托收承付与委托收款的结算方式，防止垫付税款；在赊销方式或分期收款结算方式中，避免垫付税款；尽可能采用支票、银行本票和汇兑结算方式销售产品；多用折扣销售刺激市场。

6.3.5 销售地点的筹划

利用销售地点进行税务筹划往往涉及其他企业或公司。

在我国，可充分利用低税区进行销售地点的筹划。在国外充分利用节税地和节税港进行销售地点的筹划。

不同国家或地区和同一国家或地区的不同地方，其经济发展水平各不相同，采用不同的税制是必然的。

我国在不同地区间实施必要的优惠政策也是必不可少的。因此，销售地点的税务筹划具有永恒性。

6.4 采购环节增值税如何筹划（进项税额）

采购环节增值税筹划的核心是合法地利用相关税收政策设计业务流程，实现为企业减轻税负的目的。

6.4.1 购货规模与结构的筹划

购货规模与结构的筹划包括以下方面。

①采购固定资产比例的筹划。

②技术引进的筹划。

③劳动力配置的筹划。

④购货规模与结构水平的筹划。

6.4.2 购货单位的筹划

购货单位的筹划，以选择增值税一般纳税人为主，在物件价格相对优惠的情况下，由于小规模纳税人可由税务机关代开增值税专用发票，所以也可考虑。

6.4.3　购货时间的筹划

购货时间的筹划，包括两点。

①利用市场供求关系。

②利用税制变化。

6.4.4　结算方式的筹划

结算方式的筹划，包括以下四点。

①未付出货款，先取得对方开具的发票。

②使销售方接受托收承付和委托收款结算方式，尽量让对方先垫付税款。

③采取赊销和分期付款方式，使对方垫付货款，而自身获得足够的资金调度时间。

④尽可能采用商业或银行承兑汇票，少用现金支付。

6.4.5　购货合同的筹划

企业在货物的购买和销售过程中，往往要签订各种各样的合同。购货合同签订的水平，往往关系到企业的生存与发展。签订购货合同时应注意是否存在税收陷阱。

购货合同税收筹划的三个层次如下。

第一个层次，合同规范，符合《民法典》。

第二个层次，合同不出差错。

第三个层次，合同有利于自身实现盈利、减轻税负。

购货合同的筹划应该是企业采购环节税务筹划的落脚点，因为购货规模与结构、购货单位、购货时间、结算方式等最后都会反映在购货合同上，合同一旦签订，就意味着其他筹划活动的结束。

从这个意义上来说，企业购货合同的筹划是企业采购环节税务筹划的总结。如果合同出错，则会导致前面的筹划成果化为乌有。因此在进行购货合同筹划时应注意以下几点。

①弄清合同性质，是属于商业性合同还是其他类型合同。

②对合同的任何环节都应分析清楚，使筹划的内容能够准确体现。

③文字规范，用词准确。

④充分利用合同保障己方的权益。

企业生产经营活动中的税务筹划一般都是为盈利减负而开展的，合同是这些筹划的客观载体。企业购货规模的大小、购货单位的确定、购货时间的早晚、结算方式的选择等都应在购货合同中得到具体反映，任何一项内容出错都可能会导致整个采购环节税务筹划的失败。

比如，一般企业在进行货物采购时，总喜欢在合同上使用"付完全款，对方开出发票"条款。实际上，企业在购进货物时，最好将条款写为"根据实际付款金额，由对方开具发票"。

第 7 章
所得税（企业所得税和个人所得税）筹划解析

企业所得税是企业的一个重要税种，如果没有筹划，或筹划得不好，则会造成税负过高，甚至亏损，给企业融资带来困难。因此有必要掌握企业所得税筹划技巧。

个人所得税是以纳税人个人取得的各项应税所得为征税对象的一种税。整体来看，个人需要缴纳的个人所得税额相对较高，如何节税？

7.1　企业所得税筹划的技巧

企业所得税是企业的生产经营所得和其他所得征收的一种税。企业所得税的轻重直接影响到企业的切身利益。因此，企业所得税是税务筹划的重点。下面介绍几种重要的企业所得税筹划技巧。

7.1.1　利用企业组织形式进行税务筹划

《企业所得税法》实行的是法人所得税制，企业不同的组织形式对是否构成纳税人有着不同的结果。有限的收入不足抵减大量支出的初创企业一般应设为分公司，而能够迅速实现盈利的初创企业一般应设为子公司，另外，具有法人资格的子公司，在符合小型微利企业的条件下，还可以减按 20% 的税率缴纳企业所得税。

子公司是与母公司相对应的概念。子公司具有企业法人资格，依法独立承担民事责任；分公司是与总公司相对应的概念，分公司是总公司下属的直接从事业务经营活动的分支机构或附属机构，在总公司经营范围内进行活动。

子公司是独立纳税人，建立子公司一般需要复杂的手续，其财务制度要求较为严格，必须独立开设账簿，并需要复杂的审计和证明，经营亏损不能冲抵母公司利润，与母公司的交易往往是税务机关反避税审查的重点内容。

分公司不是独立纳税人，《企业所得税法》第五十条规定："居民企业在中国境内设立不具有法人资格的营业机构的，应当汇总计算并缴纳企业所得税。"

企业可以利用企业组织形式进行税务筹划，因为在市场竞争日趋激烈的条件下，一切合法的有利于提高企业经济效益的措施均是企业考虑的重点，而选择有利于税收优化的组织形式，正是能达到这一目标的主要措施之一。

（1）在开办初期

下属企业可能发生亏损，设立为分公司，则可以与总公司合并报表，冲减总公司的利润，减少应税所得，少缴所得税。而设立为子公司就得不到这一好处。

但如果下属企业在开设后不长时间内就可能实现盈利，或能很快扭亏为盈，那么设立子公司就比较适宜，因为既可以享受作为独立法人经营的便利，又可以享受未分配利润递延纳税的好处。

（2）在经营、运作过程中

在企业经营、运作过程中，分公司可能转亏为盈，为了享受税收递延的好处，总公司可把分公司的生产经营业务逐步转移到另一家子公司，或者把分公司兼并到子公司中。如果是整个分公司转移给子公司，那就必须考虑以下几个方面。

①是否要缴纳财产转移税，有没有税收优惠的规定。

②全面衡量对子公司有哪些好处和坏处，尤其是税收总负担的比较。

③假定产权转移没有多大好处，而子公司的生产规模需要扩大，是否可以采取分公司的资产所有权不转移，只是租赁给子公司使用的措施。

④存货也可以采取委托代销的方式，这样在受托方未销售之前可以不缴税。

7.1.2　利用纳税义务发生时间进行筹划

不论是哪个税种，均需要按照纳税义务发生时间缴纳（或扣缴）税款，纳税人如能够利用合同形式、税收优惠政策等推迟纳税义务发生时间，则相当于免息获取一笔资金，也属于税务筹划的方式。

企业所得税的发生遵循权责发生制，即属于当期的收入和费用，不论款项是否收付，均作为当期的收入和费用。企业所得税纳税义务发生时间与发票开具时间和收付款项的时间往往并不同步，企业所得税按月（或季度）预缴，年度汇算清缴。准确界定纳税义务发生时间，对于正确履行纳税义务、防范税法风险及合理调节纳税时间均有利作用。

7.1.3　利用研发费用加计扣除的税收优惠政策进行筹划

企业应按研发项目设置研发费用辅助账，准确归集核算当年可加计扣除的各项研发费用实际发生额；同一个研发项目的资本化支出和费用化支出应当分别设置辅助账。企业应于年末汇总分析填报研发支出辅助账汇总表，作为留存资料备查。

研发费用加计扣除范围见图 7-1。

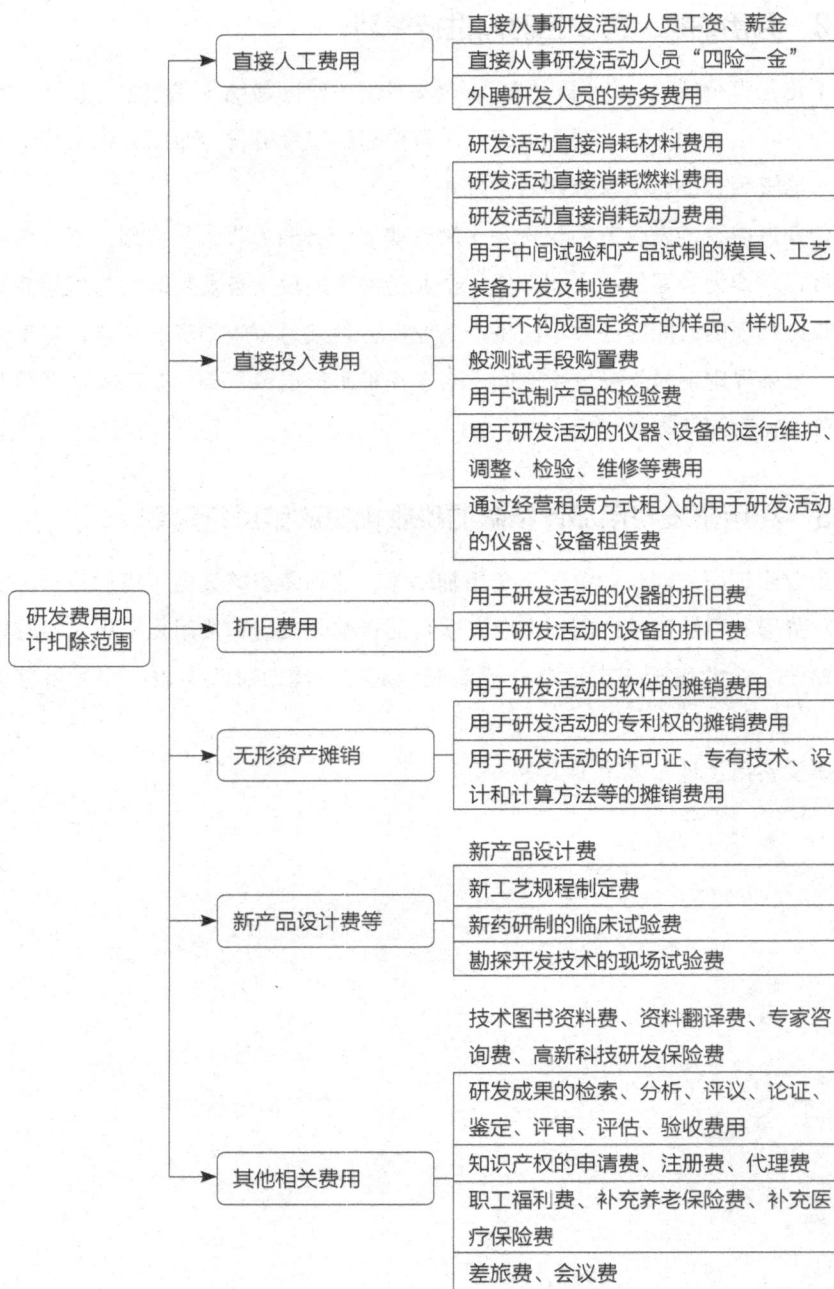

图 7-1　研发费用加计扣除范围

案例：某科技型中小企业 2020 年税前利润总额 350 万元，研发费用是 150 万元，那么该企业应交所得税在享受研发费用加计扣除政策前后有何变化？

①未进行科技型中小企业认定，不享受研发费用加计扣除政策。

应交企业所得税 =350×25%=87.5（万元）

②完成科技型中小企业认定，享受研发费用加计扣除政策和小微企业优惠政策。

应纳税所得额 =350-150×75%=262.50（万元）

应交企业所得税 =100×5%+162.5×10%=21.25（万元）

企业可以少纳税 =87.5-21.25=66.25（万元）

7.1.4　利用固定资产加速折旧优惠政策进行筹划

固定资产加速折旧优惠政策内容如下。

①制造业企业新购进的固定资产，可缩短折旧年限或采取加速折旧的方法。

②制造业小型微利企业新购进的研发和生产经营共用的仪器、设备，单位价值不超过 100 万元的，可一次性税前扣除。

固定资产加速折旧政策适用范围见图 7-2。

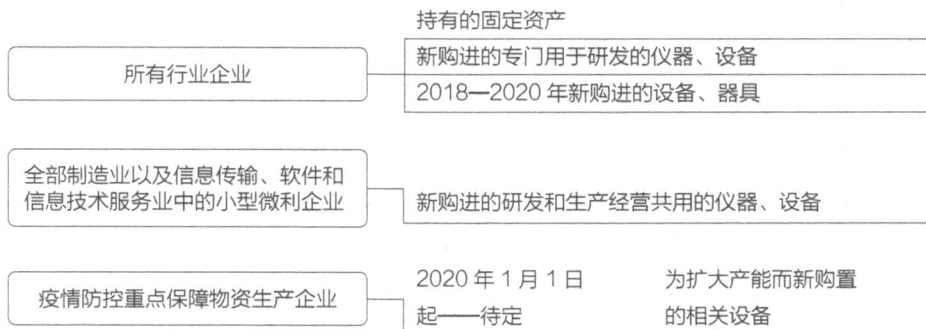

图 7-2　固定资产加速折旧政策适用范围

案例：某企业 2020 年 6 月购进设备，单价 360 万元，不考虑残值等因素，按税收一般规定需要按十年计提折旧，相当于每年计提折旧 36 万元，即 2020 年可计提折旧为 18 万元，允许税前扣除。

而若选择一次性扣除政策，则 2020 年可税前扣除 360 万元，相当于 2020 年提前多扣了 342 万元，按法定税率 25% 计算，一次性节税 85.5 万元。虽然这项政策只是纳税时间的差异，但是货币时间价值不容小觑，相当于国家给企业提供了一笔无息贷款，所以建议企业充分运用好这项政策。

7.1.5　利用居民企业之间股息、红利免税进行筹划

可以利用居民企业之间股息、红利免税进行税务筹划。符合条件的居民企业之间的股息、红利等权益性投资收益，为免税收入，主要有以下几种情形。

第一，企业取得被投资企业分配股息、红利的收益。

第二，企业取得被投资企业累计未分配利润和累计盈余公积转增股本的部分视同股息所得的收益，作为企业增加股权投资的计税基础。

第三，企业从被投资企业撤资或减少投资，取得的相当于被投资企业累计未分配利润和累计盈余公积按减少实收资本比例计算的部分视为股息所得的收益。

第四，企业因被投资企业注销清算或被投资企业资产重组按税法规定需要进行清算所得税处理，取得的相当于被清算企业累计未分配利润和累计盈余公积按该股东所占股份比例计算的部分或清算所得缴纳企业所得税后的余额部分，视为股息所得的收益。

连续持有居民企业公开发行并上市流通的股票不足 12 个月取得的投资收益不符合上述免征企业所得税规定，应按规定并入应纳税所得额征收企业所得税。

案例：甲公司于 2019 年 3 月 15 日以银行存款 1 000 万元投资于乙公司，占乙公司（非上市公司）股本总额的 70%，乙公司当年获得净利润 500 万元。乙公司保留盈余不分配。2020 年 9 月，甲公司将其拥有的乙公司 70% 的股权全部转让给丙公司，转让价为 1 200 万元。转让过程中发生的税费为 0.7 万元。

股权转让所得 =1 200－1 000－0.7=199.3（万元）

应纳企业所得税 =199.3×25%=49.83（万元）

税后收入 =199.3－49.83=149.47（万元）

筹划方案：如果甲公司先获得分配的利润，然后再转让股权，则可以减轻税收负担。

方案：2020 年 3 月，乙公司董事会决定将税后利润的 30% 用于分配，甲公司分得利润 105 万元。2020 年 9 月，甲公司将其拥有的乙公司 70% 的股权全部转让给丙公司，转让价为 1 100 万元，转让过程中发生的税费为 0.6 万元。在这种方案下，甲公司获得的 105 万元股息不需要缴纳企业所得税。

甲公司获得的股权转让所得 =1 100-1 000-0.6=99.4（万元）。应纳企业所得税 =99.4×25%=24.85（万元）。税后收入 =105+99.4-24.85=179.55（万元）。通过税务筹划，多获得利润 30.08 万元（179.55-149.47）。

结论：如果企业准备转让股权，而股权中尚有大量没有分配的利润，则可以通过先分配股息再转让股权的方式来降低转让股权的价格，从而降低股权转让所得，减轻所得税负担。

对于股东分红，还可以通过将其转化为工资、薪金支付进行筹划。

案例：Y 实业公司是李某和三个朋友每人出资 100 万元成立的有限责任公司，四个股东约定平时不领工资，年终分红。2020 年该公司实现会计利润 350 万元，纳税调整后的应纳税所得额为 360 万元，怎么筹划呢？

筹划前：应交企业所得税 =360×25%=90（万元），应交个人所得税 =（360-90）×20%=54（万元）。

筹划后：已知每个股东每年专项扣除 20 000 元，专项附加扣除 15 000 元，每人发工资及年终奖 150 000 元，则每人每年应交个人所得税 2 980 元 [（150 000-5 000×12-20 000-15 000）×10%-2 520]。

每年共发工资 =150 000×4=600 000（元），应纳所得额 =300 万元（360-60）。

应纳企业所得税 =（300-100）×10%+100×5%=25（万元）

节约企业所得税 =90-25=65（万元）

节约分红所得个人所得税 =（300-65）×20%=47（万元）

少缴个人所得税 =54-47-4×0.298 0=5.808（万元）

7.1.6　利用恰当选择享受优惠政策的起始年度进行筹划

企业所得税的一些定期优惠政策是从企业取得生产经营所得的年度开始计算的。如果企业从年度中间甚至年底开始生产经营，该年度作为企业享受税收优惠政策的第一年。由于该年度的生产经营所得非常少，因此，企业是否享受减免税政策意义并不是很大，此时，企业就应当恰当选择享受税收优惠的第一个年度，适当提前或者推迟进行生产经营活动的日期。

案例：甲公司根据《企业所得税法实施条例》第八十七条规定，可以享受自项目取得第一笔生产经营收入所属纳税年度起，第一年至第三年免征企业所得税，第四年至第六年减半征收企业所得税的优惠政策。

该公司原计划于 2016 年 11 月开始生产经营，当年预计有亏损，从 2017 年至 2022 年，每年预计应纳税所得额分别为 200 万元、600 万元、800 万元、1 200 万元、1 500 万元和 2 000 万元。

筹划前的相关分析如下。

该公司从 2016 年开始生产经营，应当计算享受税收优惠的期限。该公司 2016 年至 2018 年可以享受免税待遇，不需要缴纳企业所得税。2019 年至 2021 年可以享受减半征税的待遇。

2019 年至 2021 年应交企业所得税 =（800+1 200+1 500）×25%×50%=437.5（万元）。2022 年度不享受税收优惠，应交企业所得税 =2 000×25%=500（万元）。

因此，该公司从 2016 年至 2022 年合计应纳企业所得税 =437.5+500=937.5（万元）。

筹划后的相关分析如下。

如果该公司将生产经营日期推迟到 2017 年 1 月 1 日，这样，2017 年就是该公司享受税收优惠的第一年，从 2017 年至 2019 年，该企业可以享受免税待遇，不需要缴纳企业所得税。从 2020 年至 2022 年，该企业可以享受减半征收企业所得税的优惠待遇。

应交企业所得税 =（1 200+1 500+2 000）×25%×50%=587.5（万元）

经过税务筹划，少缴企业所得税 =937.5-587.5=350（万元）。

7.1.7　利用费用之间的合理转化进行筹划

业务招待费以销售（营业）收入作为扣除基数，企业可通过下设独立核算的分支机构的方式来提高扣除基数。例如，将销售部门设立成一个独立核算的销售公司，将产品销售给销售公司，再由销售公司实现对外销售。

案例：厦门 × 科技股份有限公司在 2020 年实现营业收入 5 亿元，当年发生的业务招待费为 1 500 万元，广告和业务宣传费为 5 000 万元。

税务筹划前税负分析。

①根据企业所得税税收政策规定的扣除限额计算如下。

公司业务招待费扣除限额 =50 000×5‰=250（万元），业务招待费的 60%=1 500×60%=900（万元），因此业务招待费可扣除 250 万元，需要调增的所得

额 =1 500−250=1 250（万元）。

②调增部分应纳企业所得税 =1 250×25%=312.5（万元）。

③广告和业务宣传费扣除限额 =50 000×15%=7 500（万元），7 500 万元＞5 000 万元，不予纳税调整。

筹划思路。

将业务招待费合理转化为广告宣传费，操作如下：将赠送给客户的外购的礼品换成公司自行生产或经过委托加工的礼品，并且在礼品上印公司宣传语和品牌；把有扣除限额的费用转化为没扣除限额的费用，如将业务招待费合理转化为会议费、差旅费、考察费等。

7.1.8　利用亏损结转政策进行筹划

《企业所得税法》规定，企业纳税年度发生的亏损，准予向以后年度结转，用以后年度的所得弥补，但结转年限最长不得超过五年。

根据《企业所得税法》的规定，税务机关对企业以前年度纳税情况进行检查时调增的应纳税所得额，凡企业以前年度发生亏损且该亏损属于《企业所得税法》规定允许弥补的，应允许调增的应纳税所得额弥补该亏损。弥补该亏损后仍有余额的，按照《企业所得税法》规定计算缴纳企业所得税。对检查调增的应纳税所得额应根据其情节，依照《税收征收管理法》有关规定进行处理或处罚。

利用亏损结转政策进行筹划有两种方法。

第一种，如果某年度发生亏损，尽量使得邻近的纳税年度获得较多收益，也就是尽可能早地将亏损予以弥补。

第二种，如果企业没有需要弥补的亏损或企业刚刚组建，而亏损在最近几年又是不可避免的，那么应尽量安排企业先亏损，然后再获利。

7.1.9　利用公益性捐赠进行筹划

企业捐赠是一种支出，但有时候捐赠也相当于一种广告，并且这种广告效益比其他广告要好得多，特别有利于树立企业良好的社会形象。因此，企业往往利用捐赠获得节税和做广告的双重利益。但现行税法对捐赠的税前扣除有相应规定，企业在捐赠时应加以注意。

《企业所得税法》第九条规定，企业发生的公益性捐赠支出，不超过年度利润总额 12% 的部分，准予扣除。这里的公益性捐赠，是指企业通过公益性社会团体或者县级以上人民政府及其部门，用于《公益事业捐赠法》规定的公益事业的捐赠。企业自行直接发生的捐赠以及非公益性捐赠不得在税前扣除。

案例：某企业 2019 年和 2020 年预计会计利润分别为 1 000 万元和 1 000 万元，企业所得税税率为 25%。该企业为提升其产品知名度及竞争力、树立良好的社会形象，决定向贫困地区捐赠 200 万元。共提出三套方案：方案一是 2019 年底直接捐给某贫困地区；方案二是 2019 年底通过省级民政部门向贫困地区捐赠 200 万元；方案三是 2019 年底通过省级民政部门捐赠 100 万元，2020 年初通过省级民政部门再捐赠 100 万元。从税务筹划角度来分析，其区别如下。

方案一：该企业 2019 年直接向贫困地区捐赠的 200 万元不得在税前扣除，2019 年和 2020 年应纳企业所得税均为 250 万元（1 000×25%）。

方案二：该企业 2019 年通过省级民政部门向贫困地区捐赠的 200 万元，只能在税前扣除 120 万元（1 000×12%），超过 120 万元的部分不得在税前扣除，当年应纳企业所得税为 220 万元［（1 000－1 000×12%）×25%］，2020 年应纳企业所得税为 250 万元（1 000×25%）。

方案三：该企业分两年进行捐赠，由于 2019 年和 2020 年的会计利润均为 1 000 万元，因此每年捐赠的 100 万元均没有超过扣除限额 120 万元，均可在税前扣除。2019 年和 2020 年应纳企业所得税均为 225 万元［（1 000－100）×25%］。

通过比较，该企业采取第三种方案最好，尽管都是对外捐赠 200 万元，但方案三与方案二相比，两年间可以节税 20 万元，与方案一比较，两年间可节税 50 万元。

7.1.10 利用国债利息免税的优惠政策进行筹划

企业可以利用国债利息免税的优惠政策进行筹划。国债利息收入是指企业持有国务院财政部门发行的国债取得的利息收入。怎么利用国债利息免税的优惠政策进行税务筹划呢？此处通过案例来讲解。

案例：某公司拥有 1 000 万元闲置资金，准备用于获得利息。假设五年期国债年利率为 4%，五年期银行定期存款年利率为 4%，向其他企业贷款五年期年利率为 6%。

①如果购买国债，年利息为 40 万元（1 000×4%），税后利息为 40 万元。

②如果存入银行，年利息为 40 万元（1 000×4%），税后利息为 30 万元（40-40×25%）。

③如果借给企业，年利息为 60 万元（1 000×6%），增值税及附加为 4.03 万元 [60×6%×（1+12%）]，税后利息为 41.98 万元 [（60-4.03）×（1-25%）]。

从税后利息来看，存入银行获得的利息最少，不应该采用；购买国债获得的利息高于存入银行获得的利息但低于借给企业获得的利息，但由于购买国债风险较小，借给企业风险较大，所以应当在充分考虑借给企业的风险以后确定是否选择借给企业。

7.1.11　利用将利息变为其他支出进行筹划

当企业发生的利息超过允许扣除的数额时，企业可以将超额的利息转变为其他可以扣除的支出，例如通过工资、奖金、劳务报酬或者利润转移的方式支付利息，从而减轻所得税负担。

案例：某企业职工人数为 1 000 人，人均月工资为 4 500 元。该企业 2020 年度向职工集资，人均 10 000 元，年利率为 10%，同期同类银行贷款利率为年利率 7%。当年度税前会计利润为 300 000 元（利息支出全部扣除）。由于《企业所得税法实施条例》规定，向非金融机构借款的利息支出，不高于按照金融机构同期、同类贷款利率计算的数额的部分，准予扣除。因此，超过的部分不能扣除，应当调整应纳税所得额。

应当调整的应纳税所得额 =1 000×10 000×（10%-7%）=300 000（元）

该企业应当缴纳的企业所得税 =（300 000+300 000）×25%=150 000（元）

应当代扣代缴的个人所得税 =10 000×10%×20%×1 000=200 000（元）

方案一：将集资年利率降低到 7%，这样，每位职工的利息损失为：10 000×（10%-7%）=300（元）。企业可以通过提高工资待遇的方式来弥补职工在利息上受到的损失，即将 300 元平均摊入一年的工资中，每月增加工资 25 元。这样，企业为本次集资所付出的利息与税务筹划前是一样的，职工实际获得的利息与税务筹划前也是一样的。

在这种情况下，企业所支付的集资利息就可以全额扣除，而人均工资增加的 25 元仍然可以全额扣除，由于职工个人的月工资没有超过《个人所得税法》所规定的基本扣除额（5 000 元），因此，职工也不需要为此缴纳个人所得税。

通过计算可以发现，税务筹划后企业应当缴纳的企业所得税 =300 000×25%= 75 000（元）。

少纳企业所得税 =150 000−75 000=75 000（元）

经过税务筹划，职工的税后利益不仅提高了，而且增加了企业工会经费、职工教育经费、职工福利费的计税基础，可谓一举两得。

方案二：成立有限合伙企业 A，将员工的集资款投资到有限合伙企业 A，再使有限合伙企业 A 投资企业，将利息支出合理转为分红，将有限合伙企业 A 设立在税收优惠的地区，使员工收益最大化。

7.1.12 利用广告费和业务宣传费进行筹划

企业发生的符合条件的广告费和业务宣传费支出，除国务院财政、税务主管部门另有规定外，不超过当年销售（营业）收入 15% 的部分，准予扣除；超过部分，准予在以后纳税年度结转扣除。

利用广告费和业务宣传费进行筹划时应注意以下几点。

①广告费必须同时满足下列三个条件：广告是通过经工商部门批准的专门机构制作的；已实际支付费用，并已取得相应发票；通过一定的媒体传播。

②烟草企业的烟草广告费和业务宣传费支出，一律不得在计算应纳税所得额时扣除。

③尽可能把广告费和业务宣传费支出安排在限额之内。

④将超限额的广告费和业务宣传费支出转变为其他支出形式。

案例：× 公司年销售额 2 亿元，年利润额 5 000 万元。2020 年全年预计发生广告费 4 000 万元。按照税法的规定，广告费超标 1 000 万元，当年增加企业所得税 250 万元。企业为此需要进行应纳税所得额调整。

7.1.13 利用股份有限公司、有限责任公司与个人独资企业、合伙企业的转换进行筹划

不同类型的企业所缴纳的所得税是不同的，具有法人资格的有限责任公司和股份有限公司需要缴纳企业所得税，不具有法人资格的个人独资企业和合伙企业

则只需要缴纳个人所得税。因此可以通过企业组织形式之间的转换减轻税收负担。

7.1.14　利用个人独资企业分立，降低累进税率进行筹划

当个人独资企业拥有多项具有相对独立性的经营业务时，可以采用分立个人独资企业的方式创办多家个人独资企业，这样可以降低每家企业的应纳税所得额，从而降低所适用的税率，并减轻整体的税收负担。

7.1.15　利用承包集体企业进行筹划

企业实行个人承包、承租经营后，如通过工商登记改变为个体工商户，应当按照个体工商户的生产、经营所得计征个人所得税，不再征收企业所得税。企业可以充分利用该规定，通过企业组织形式的变换最大限度地减轻企业税负。

7.1.16　利用注册地点进行筹划

凡是在经济特区、沿海经济开发区、经济特区和经济技术开发区所在城市的老市区以及国家认定的高新技术产业区、保税区设立的生产、经营、服务型企业和从事高新技术开发的企业，都可享受较大程度的税收优惠。中小企业在选择投资地点时，可以有目的地选择以上特定区域从事投资和生产经营，从而享有更多税收优惠。

7.1.17　利用进入特殊行业进行筹划

部分特殊行业享有税收优惠。

对服务业的免税规定：托儿所、幼儿园、养老院、残疾人福利机构提供的养育服务，免缴增值税。

提供婚姻介绍、殡葬服务，免缴增值税。

医院、诊所和其他医疗机构提供的医疗服务，免缴增值税。

安置的"四残人员"占企业生产人员 35% 以上的民政福利企业，其经营属于增值税"服务业"税目范围内（广告业除外）的业务，免缴增值税。残疾人员个人提供的劳务，免缴增值税。

7.1.18　利用合理提高职工福利进行筹划

中小企业及私营业主在生产经营过程中，可考虑在不超过计税工资的范畴内适当提高员工福利，为员工办理补充医疗保险等。

这些费用可以在成本中列支，也可以调动员工积极性，还可以帮助企业减轻税负、降低经营风险等。使用该方法，企业能以较低的成本支出赢得良好的综合效益。

7.1.19　利用转移定价进行筹划

利用转移定价进行筹划一般适用于税率有差异的相关联企业。通过转移定价，税率高的企业可将部分利润转移到税率低的企业，最终减少两家企业的纳税总额。

7.1.20　利用费用分摊进行筹划

费用分摊就是指企业在保证费用为必要支出的前提下，通过合理方法从账目中找到平衡，使费用在被摊入成本时尽可能实现最大摊入，从而最大限度地节税。

7.1.21　利用资产租赁进行筹划

租赁是指出租人以收取租金为条件，在契约或合同规定的期限内，将资产租借给承租人使用的一种经济行为。对承租人来说，租赁可以避免企业承受购买机器设备的负担和设备陈旧过时的风险，由于租金可从税前利润中扣减，可冲减利润，从而可达到节税的目的。

7.2　准予扣除项目的确认与调整

准予扣除项目是指纳税人每一纳税年度发生的与取得收入有关的、合理的支出，包括成本、费用、税金、损失和其他支出。

7.2.1　合理的工资、薪金

企业发生的合理的工资、薪金支出准予税前扣除。

7.2.2　职工福利费

企业实际发生的满足职工共同需要的集体生活、文化、体育等方面的职工福利费支出，不超过工资、薪金总额 14% 的部分，准予扣除。

7.2.3　企业拨缴的工会经费

企业拨缴的工会经费，不超过工资、薪金总额 2% 的部分准予扣除。

7.2.4　职工教育经费

企业发生的职工教育经费支出，不超过工资、薪金总额 8% 的部分，准予在计算企业所得税应纳税所得额时扣除；超过部分，准予在以后纳税年度结转扣除。

7.2.5　社会保险费和住房公积金

企业按照国务院有关主管部门或省级人民政府规定的范围和标准为职工缴纳的"四险一金"，准予税前扣除。

企业缴纳的补充养老保险费（即企业年金）、补充医疗保险费，在自愿的基础上，由企业和员工共同缴费构成。不超过自愿参保职工工资总额 5% 标准内的部分，允许在税前扣除，超过部分不得扣除。

企业为投资者或者职工向商业保险机构投保的人寿保险、财产保险等商业保险费，不得扣除。

7.2.6　公益性捐赠

企业通过公益性社会组织或者县级（含县级）以上人民政府及其组成部门和直属机构捐赠的，用于慈善活动、公益事业的捐赠支出，在年度利润总额 12% 以内的部分，准予在计算应纳税所得额时扣除；超过年度利润总额 12% 的部分，准予结转以后三年，在计算应纳税所得额时扣除。

7.2.7 在生产经营活动中产生的部分利息

企业在生产经营活动中产生的下列利息支出，准予扣除。

①非金融企业向金融企业借款的利息支出、企业经批准发行债券的利息支出等。

②非金融企业向非金融企业、股东或其他与企业有关联的自然人、内部职工或其他人员借款的利息支出，不超过按照金融企业同期同类贷款利率计算的数额部分。

③对于采用实际利率法确认的与金融负债相关的利息费用，未超过银行同期贷款利率的部分。

7.2.8 在货币交易中发生的汇兑损失

企业在货币交易中，以及纳税年度终了时将人民币以外的货币性资产、负债，按照期末即期人民币汇率中间价折合为人民币时产生的汇兑损失除已经计入有关资产成本以及与向所有者进行利润分配相关的部分外，准予扣除。

7.2.9 不需要资本化的借款费用

借款费用是指企业借款而发生的利息支出、发行债券而发生的利息支出及其折价或溢价摊销、外币借款而发生的汇兑差额，以及手续费、佣金、印刷费、承诺费等辅助费用。它反映的是企业举债所付出的代价。

企业在生产经营活动中发生的合理的不需要资本化的借款费用，准予在税前扣除。

7.2.10 业务招待费

企业实际发生的与生产经营活动有关的业务招待费，按照实际发生额的60%扣除，但最高不得超过当年销售（营业）收入额（含视同销售收入额）的5‰。

案例：A企业某年度实现营业收入50 000万元，实际发生的与生产经营活动有关的业务招待费为500万元，其中以企业自制商品作为礼品馈赠客户，商品成本300

万元，同类商品售价 400 万元。

在计算业务招待费税前扣除数额时，应做以下纳税调整。

调整后的业务招待费金额 =500-300=200（万元）

调整后的计税基础 =50 000+400=50400（万元）

按销售收入 5‰ 计算，业务招待费税前扣除限额为 252 万元（50 400×5‰）。

按业务招待费 60% 扣除限额计算，扣除额为 120 万元（200×60%），由于 120 万元＜252 万元，则业务招待费的企业所得税税前扣除标准为 120 万元，应纳税所得额调增 80 万元（200-120）。

案例：B 企业某年度实现营业收入 2 400 万元，实际发生的与生产经营活动有关的业务招待费为 30 万元，不存在视同销售收入额。

在计算业务招待费税前扣除数额时，应做以下纳税调整。

调整后的业务招待费金额 =30-0=30（万元）

调整后的计税基础 =2 400+0=2 400（万元）

按销售收入 5‰ 计算，业务招待费税前扣除限额为 12 万元（2 400×5‰），按业务招待费 60% 扣除限额计算，扣除额为 18 万元（30×60%），由于 18 万元＞12 万元，则业务招待费的企业所得税税前扣除标准为 12 万元，应纳税所得额调增 18 万元（30-12）。

7.2.11　资产损失

不实施《企业会计准则》的企业，对应收款项不计提坏账准备。逾期三年以上的应收款项在会计上已作为损失处理的，可以作为坏账损失；企业逾期一年以上、单笔金额不超过 5 万元或者不超过企业年度收入总额万分之一的应收款项，会计上已经作为损失处理的，可以作为坏账损失。以上处理均应说明情况，并出具专项报告。

7.2.12　长期待摊费用

根据《企业会计准则》及其相关规定，"长期待摊费用"科目用于核算企业已经支出，但摊销期限在 1 年以上（不含 1 年）的各项费用，包括：固定资产修理支出、租入固定资产的改良支出以及摊销期限在 1 年以上的其他待摊费用。

税法对长期待摊费用范围的规定不同，企业发生的下列支出作为长期待摊费用按照规定摊销的，准予扣除：已提足折旧的固定资产的改建支出；固定资产的改建支出；固定资产的大修理支出；其他应当作为长期待摊费用的支出，如企业在筹建期间发生的开（筹）办费等。

7.2.13　商业折扣

根据相关规定，纳税人采取折扣方式销售货物，销售额和折扣额在同一张发票上分别注明的，可按折扣后的销售额征收增值税。未在同一张发票"金额"栏注明折扣额，而仅在发票的"备注"栏注明折扣额的，折扣额不得在销售额中扣除。

对于商业折扣，税法同会计制度均有明确规定，而且规定也是一致的，因此不需要进行纳税调整。

7.2.14　现金折扣

根据税法规定，债权人为鼓励债务人在规定的期限内付款而向债务人提供的债务扣除属于现金折扣，销售商品涉及现金折扣的，应当按扣除现金折扣前的金额确定销售商品收入金额，现金折扣在实际发生时作为财务费用扣除。

对于增值税来说，如果折扣发生在开具发票之时，根据规定，如果销售额和折扣额在同一张发票上分别注明的，可按折扣后的销售额征收增值税，如果将折扣额另开红字发票，不论其在财务制度上如何处理，均不得在销售额中减除。

如果折扣发生在开具发票之后，由购货方主管税务机关出具开具红字增值税专用发票通知单，购货方做进项税额转出处理，销货方开具红字专用发票，做销项负数处理。

7.2.15　分期收款

《企业所得税法实施条例》第二十三条规定：以分期收款方式销售货物的，按照合同约定的收款日期确认收入的实现；企业受托加工制造大型机械设备、船舶、飞机，以及从事建筑、安装、装配工程业务或者提供其他劳务等，持续时间超过12个月的，按照纳税年度内完工进度或者完成的工作量确认收入的实现。

可见，税法与会计准则规定不同。

会计准则与税法规定的差异如下。

（1）销售收入确认的时限不同

会计准则规定分期收款销售在满足收入的确认条件时一次性确认收入的实现；税法规定按合同约定的收款日期分期确认收入的实现。

纳税调整的方法是，将本期未实现融资收益摊销额与本期会计确认的销售收入之和，与本期税法确认的销售收入对比，两者的差额调整应纳税所得额。

（2）每期确认的销售收入和收入总额不同

虽然每期确认的销售收入和收入总额不同，但在整个回收期内企业确认的收入总额是一致的。

会计准则规定分期收款销售按应收合同或协议价款的公允价值（折现值）确认为收入的金额，按应收的合同或协议价款与其公允价值的差额，确认未确认融资收益，在合同或协议期间内采用实际利率法进行摊销，并冲减财务费用。

税法规定按合同或协议约定的金额确认为收入的金额。

此差异使长期应收款及一年内到期的非流动资产的账面价值大于计税基础，形成应纳税暂时性差异，在货款回笼期内会计确认的销售收入与未实现融资收益摊销额之和，与税法确认的销售收入的差额，做纳税调整处理。

（3）销售成本结转的方式和金额不同

会计准则规定分期收款销售在确认时一次性结转销售成本；税法规定按照合同约定的收款日期分期结转销售成本，与分期确认收入相配比。此差异使存货的账面价值小于计税基础，形成可抵扣暂时性差异。纳税调整的方法是，将本期会计结转的销售成本与税法结转的销售成本对比，两者的差额调整应纳税所得额。

7.2.16　手续费和佣金

企业发生与生产经营有关的手续费及佣金支出，不超过以下规定计算限额以内的部分，准予扣除；超过部分，不得扣除。

①保险企业：财产保险企业按当年全部保费收入扣除退保金等后余额的15%（含本数，下同）计算限额；人身保险企业按当年全部保费收入扣除退保金后余额的10%计算限额。

②其他企业：按与具有合法经营资格中介服务机构或个人（不含交易双方及

其雇员、代理人和代表人等）所签订服务协议或合同确认的收入金额的 5% 计算限额。

7.3　个人所得税税务筹划解析

个人所得税税务筹划基本思路。首先，根据企业和纳税个人的具体情况制定合理节税计划。通过对现行税法的研究，对个人在一段时间内收入情况的预计做出合理安排，通过收入的确认时间和数量、支付方式变化，达到降低名义收入额的目的，从而降低税率档次，以减轻税负或免除税负。其次，采取合理的节税策略。

个人所得税的合理的税务筹划可以从以下几个方面考虑。

①提高职工福利水平，降低名义收入。

②均衡各月工资收入水平。

③抓住一切可以扣除费用的机会，并且充分利用。

④利用税收优惠政策。

7.3.1　个人所得税的征税范围与税率

个人所得税是以自然人取得的各类应税所得为征税对象而征收的一种所得税。其包括：工资、薪金所得；劳务报酬所得；稿酬所得；特许权使用费所得；经营所得；利息、股息、红利所得；财产租赁所得；财产转让所得；偶然所得；等等。

个人所得税税率表（综合所得适用）见表 7-1。

表 7-1　个人所得税税率表（综合所得适用）

级数	全年应纳税所得额	税率（%）	速算扣除数
1	不超过 36 000 元的部分	3	0
2	超过 36 000 元至 144 000 元的部分	10	2 520
3	超过 144 000 元至 300 000 元的部分	20	16 920
4	超过 300 000 元至 420 000 元的部分	25	31 920
5	超过 420 000 元至 660 000 元的部分	30	52 920
6	超过 660 000 元至 960 000 元的部分	35	85 920
7	超过 960 000 元的部分	45	181 920

个人所得税税率表（经营所得适用）见表 7-2。

表 7-2　个人所得税税率表（经营所得适用）

级数	全年应纳税所得额	税率（%）	速算扣除数
1	不超过 30 000 元的部分	5	0
2	超过 30 000 元至 90 000 元的部分	10	1 500
3	超过 90 000 元至 300 000 元的部分	20	10 500
4	超过 300 000 元至 500 000 元的部分	30	40 500
5	超过 500 000 元的部分	35	65 500

利息、股息、红利所得，财产租赁所得，财产转让所得和偶然所得，适用比例税率 20%。

7.3.2　金税四期对个人所得税征管的影响

金税四期对个人所得税征管的影响方面见图 7-3。

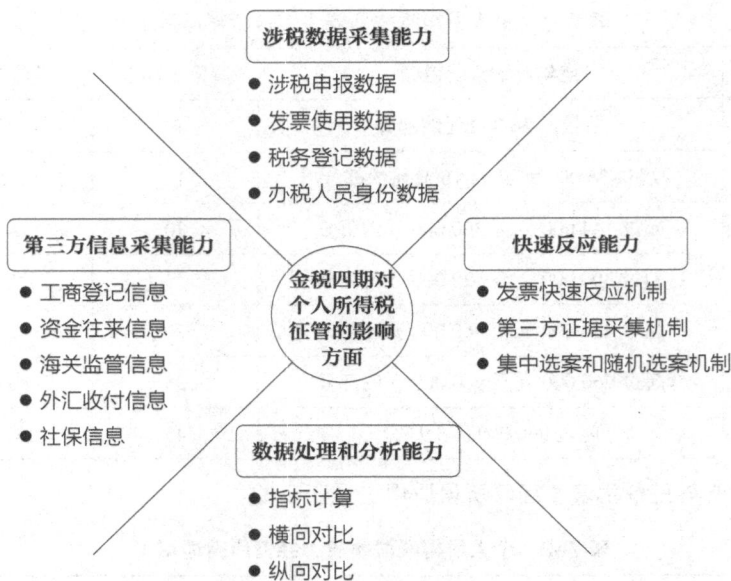

图 7-3　金税四期对个人所得税征管的影响方面

（1）建立个人收入和财产信息系统

信息内容包括：自然人的登记信息（包括户籍、任职情况等），代扣代缴信息，自行申报信息，基金、股票以及其他投资信息，房地产、车船信息，社会保障信息，教育信息，保险信息等各类涉税信息。

（2）涉税信息的来源

涉税信息来源为：金融管理、国土、住建、公安、民政、社会保障、交通运输、工商管理等部门；银行、证券交易所、基金公司等金融机构；房地产登记机构；以及其他相关中介机构、交易平台、企业等。

7.3.3　个人所得税比对项目

企业所得税申报信息（从业人数）与个人所得税申报扣缴人数信息。

社保费用申报人数信息与个人所得税申报扣缴人数信息。

企业所得税申报工资、薪金和职工福利费数据与个人所得税申报扣缴工资、薪金数据。

社保费用缴纳计算基数与个人所得税申报扣缴工资、薪金数据。

7.3.4　实务中常见的个人所得税的风险点解析

是否存在人为分解工资、虚列职工人数、虚列成本，税务机关会从以下几个方面进行检查：比对社保人数、身份证信息、电话；比对人事档案、出勤表；核查食堂用餐情况、办公用品消耗速度、工程（销售）收入规模；核查水、电使用情况，班车数量；核查银行卡转账信息。

风险应对措施如下。

①准确判断各种费用的记账规则及税务处理原则。

②正确核实各种易混费用是否有"张冠李戴"情形，如业务招待费和会议费。

③核实发票及需要企业提供的其他证据资料。

7.3.5　常见科目的个人所得税风险点

常见科目的个人所得税风险点如下。

（1）"销售费用"科目

风险点：赠送礼品。促销方式对个人所得税的影响。

（2）"管理费用"科目

风险点：发放福利。乱发购物卡、虚开发票对个人所得税及其他税费的影响。

（3）"财务费用"科目

风险点：借款利息。支付个人借款利息对个人所得税及其他税费的影响。

（4）往来科目

风险点：股东借款。企业无偿借款给个人，增值税是否需要视同销售；个人无偿借款给企业，增值税是否需要视同销售。

（5）"其他应收款"科目

"其他应收款"科目的风险点如下。

①为股东购买车、房及报销消费性支出等与生产经营无关支出。

②股东长期未还的企业资金。

③职工及非企业员工相应的个人所得税问题。

7.3.6 利用税收优惠，合理确定工资结构

利用税收优惠，合理确定工资结构的税务筹划要点如下。

（1）利用集体福利总体原则

集体福利，不能量化到个人的，不需要缴纳个人所得税；能分摊到个人，属于福利性质的，并入当月工资缴纳个人所得税。

如：将随工资发放的餐补，改为食堂免费用餐，将随工资发放的交通补助，改为签订私车公用协议，并每月不超过 800 元。

（2）利用地方优惠扣除限额

如：当地若有通信费、高温补贴、采暖费等补助标准，充分利用标准限额优惠，限额以内的部分，不需要缴纳个人所得税。

7.3.7 利用各项保险的扣除规定进行筹划

首先看各项保险费用的扣除政策规定。

（1）基本养老保险费、基本医疗保险费和失业保险费

企事业单位按照国家或省（自治区、直辖市）人民政府规定的缴费比例或办法实际缴付的基本养老保险费、基本医疗保险费和失业保险费，免征个人所得税。

企事业单位和个人超过规定的比例和标准缴付的基本养老保险费、基本医疗保险费和失业保险费，应将超过部分并入个人当期的工资、薪金收入，计征个人所得税。

（2）住房公积金

单位和职工个人分别在不超过职工本人上一年度月平均工资12%的幅度内，其实际缴存的住房公积金，允许在个人应纳税所得额中扣除。

单位和职工个人缴存住房公积金的月平均工资不得超过职工工作地所在设区城市上一年度职工月平均工资的 3 倍，具体标准按照各地有关规定执行。

单位和职工个人超过上述规定比例和标准缴付的住房公积金，应将超过部分并入个人当期的工资、薪金收入，计征个人所得税。

（3）企业年金

企业年金和职业年金的个人所得税处理如下。

①企业和事业单位（以下统称"单位"）根据国家有关政策规定的办法和标

准，为在本单位任职或者受雇的全体职工缴付的企业年金或职业年金（以下统称"年金"）单位缴费部分，在记入个人账户时，个人暂不缴纳个人所得税。

②个人根据国家有关政策规定缴付的年金个人缴费部分，在不超过本人缴费工资计税基数的 4% 标准内的部分，暂从个人当期的应纳税所得额中扣除。

③超过上面①、②规定的标准缴付的年金单位缴费和个人缴费部分，应并入个人当期的工资、薪金所得，依法计征个人所得税。税款由建立年金的单位代扣代缴，并向主管税务机关申报解缴。

④企业年金个人缴费工资计税基数为本人上一年度月平均工资。月平均工资按国家统计局规定列入工资总额统计的项目计算。月平均工资超过职工工作地所在设区城市上一年度职工月平均工资 300% 以上的部分，不计入个人缴费工资计税基数。

（4）商业保险、商业健康保险

依据《个人所得税法》及有关规定，对企业为员工支付各项免税之外的保险金，应在企业向保险公司缴付时（即该保险落到被保险人的保险账户）并入员工当期的工资收入，按"工资、薪金所得"项目计征个人所得税，税款由企业负责代扣代缴。

各项保险的节税要点：充分运用"四险二金"及商业保险的优惠政策，最大限度地享受免税限额；利用商业健康保险，减轻个人所得税税负。

7.3.8　全年一次性资金的节税技巧

2018 年个人所得税改革开始，这轮个人所得税改革有效降低了中低收入的工薪阶层的缴费数额，比如提升扣除标准至 5 000 元 / 月、增加 6 项专项附加扣除、个人捐赠等。只要把个人所得税税收政策利用充分，就可以有效地将年薪在 48 万元以下收入群体的个人所得税税负减至 5% 以内，帮助绝大部分工薪阶层将个人所得税控制在合理范围内。全年一次性奖金的筹划技巧如下。

全年一次性奖金的计算方法如下。

第一步，将个人当月内取得的全年一次性奖金，除以 12，按其商数确定适用税率和速算扣除数。

如果在发放全年一次性奖金的当月，个人当月工资、薪金所得低于税法规定的费用减除标准，应将全年一次性奖金减除"个人当月工资、薪金所得与费用减除标准的差额"后的余额，按上述方法确定全年一次性奖金的适用税率和速算扣除数。

第二步，将个人当月取得的全年一次性奖金，按上一步确定出的适用税率和速算扣除数计算征税。

如果个人当月工资、薪金所得高于（或等于）税法规定的费用减除标准，全年一次性奖金应纳税额的计算公式如下。

应纳税额＝个人当月取得的全年一次性奖金×适用税率－速算扣除数

如果个人当月工资、薪金所得低于税法规定的费用减除标准，全年一次性奖金应纳税额的计算公式如下。

应纳税额＝（个人当月取得全年一次性奖金－个人当月工资、薪金所得与费用减除标准的差额）×适用税率－速算扣除数

全年一次性奖金的个人所得税计算见图7-4。

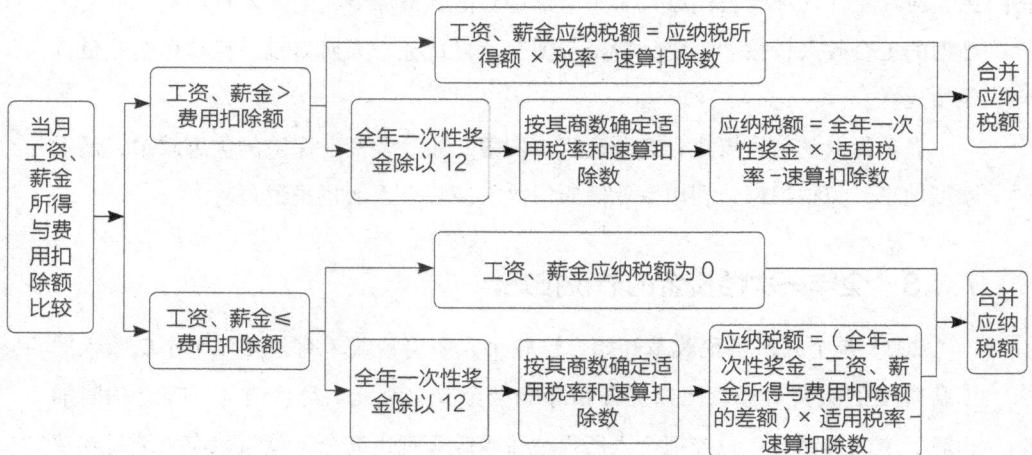

图7-4　全年一次性奖金的个人所得税计算

案例：王某2020年1月自单位取得当月工资3 000元，同时领取全年考核奖金20 000元。在不考虑其他因素的情况下，计算王某该笔奖金应纳的个人所得税税款。

第一，确定税率和速算扣除数。

王某当月工资低于5 000元的费用减除标准，故其每月平均奖金＝[20 000－（5 000-3 000）]÷12=1 500（元）。

第二，计算应纳税款。

王某应纳税额 = [20 000-（5 000-3 000）]×3%=18 000×3%=540（元）

个人取得除全年一次性奖金以外的各种名目的奖金，如半年奖、季度奖、加班奖、先进奖、考勤奖等，一律与当月工资、薪金收入合并，按税法规定缴纳个人所得税。

7.3.9　企业高收入群体的筹划技巧

企业高收入群体的筹划技巧如下。

（1）利用业务改变收入性质进行筹划

当一个企业一部分员工收入达到 48 万元以上，而在 500 万元以下的时候，可以利用改变业务收入性质的方式筹划。比如将这部分员工分离出去成立个体工商户，将工资、薪金所得变为经营所得，在个人所得税上争取核定征收来实现个人所得税筹划。

但是又为什么要将收入控制在 500 万元以内呢？因为超过 500 万元就需要升级为一般纳税人，增值税的税负会增加，就要考虑其他税种税负增加的部分。

（2）利用组织架构改变雇佣关系进行筹划

当企业的员工年收入达到 500 万元以上时，作为企业的高层就要重新审视与这些核心员工的雇佣关系，因为按照马斯洛需求层次理论，这个阶段的员工对企业贡献大，所以应改善原来的雇佣关系。比如，万科的事业合伙人计划与跟投机制，将单纯的雇佣关系改为合伙关系、跟投关系，将原来工资、薪金性质收入分解为股息收益、投资收益，这样可以将这部分高收入群体的个人所得税税率控制在 20% 以内，从而有效减轻税负。

案例：一家个人独资企业可最高走账 5 000 万元，可一次性开具 3% 的增值税发票（代开 3% 专票）。计算最终的税负成本。

注明：个人独资企业不用缴纳企业所得税，故无须准备成本和费用发票。

应交增值税 =5 000÷（1+3%）×3%=145.63（万元）

应交增值税附加税 =10%×5 000÷（1+3%）×3%=14.56（万元）

增值税及附加综合税负率为 3.20%；其中增值税发票为代开的专用发票，可以全额抵扣。

个人所得税税额 =5 000 000÷（1+3%）×10%×35%−65 500=1 633 529.13（元）

个人所得税税负率为 3.27%。

结论：实际综合税负 =1 456 300+145 600+1 633 529.13=3 235 429.13（元），以上收入完税后可以合法提现到个人账户。

（3）利用工资福利化进行筹划

案例：苏州高新区一公司聘用高管，计划支付年薪 120 万元（其中年终奖 36 万元），怎么降低个人所得税呢？

筹划方案：与高管达成协议，将年薪降低为 80 万元，同时给高管提供一套现房和一辆车。

此外，鉴于该公司员工以技术性员工居多、聘用合同期相对较长等特点，又适当降低员工名义工资，同时为员工提供宿舍以及将缴纳的住房公积金、养老保险等金额适当提高。

通过上述案例可知，虽增加工资、薪金收入能满足消费需求，但由于工资、薪金所得个人所得税的税率是超额累进税率，当累进到一定程度，新增工资、薪金带给个人的可支配收入就较少。

因此想办法降低名义收入，把个人现金性工资转为提供必需的福利待遇，这样既满足了消费需求，又少缴了个人所得税。

（4）利用公益事业捐赠进行筹划

《个人所得税法》第六条规定："个人将其所得对教育、扶贫、济困等公益慈善事业进行捐赠，捐赠额未超过纳税人申报的应纳税所得额百分之三十的部分，可以从其应纳税所得额中扣除；国务院规定对公益慈善事业捐赠实行全额税前扣除的，从其规定。"

当个人的综合所得个人所得税或单独计算个人所得税的年终奖个人所得税达到个人所得税税率临界点时，可以通过公益性捐赠来降低个人所得税税率，从而降低个人所得税。

案例：小李在 2020 年 3 月取得 2019 年年终奖 144 012 元，单独计算缴纳个人所得税，年终奖适用的税率为 20%。

筹划前年终奖应交个人所得税计算。

144 012÷12=12 001（元），对应的个人所得税税率为 20%，因此其应交个人所得税 =144 012×20% −1 410=27 392.4（元）。

个人所得税筹划：小李 2020 年通过公益性组织捐赠 100 元，因 100 元捐赠额未超过纳税人申报的应纳税所得额的 30%，可以从年终奖应纳税所得额中扣除。

筹划后小李年终奖应交个人所得税计算。

公益性捐赠 100 元＜应纳税所得额的 30%[144 012×30％ =43 203.6（元）]。

公益性捐赠 100 元可以全额从年终奖中扣除，则扣除公益性捐赠后年终奖个人所得税税率为 10%，每月分摊年终奖 =（144 012-100）÷12=11 992.67（元）。

小李年终奖应纳个人所得税 =（144 012-100）×10％ -210=14 181.2（元）。

筹划后个人所得税减少额 =27 392.4-14 181.2=13 211.2（元）。

考虑捐赠支出，个人所得税实际减少额 =13 211.2-100=13 111.2（元）。

其他税种的税务筹划是指在法律法规的许可范围内进行的，针对除增值税、所得税外的税种的筹划。纳税人在遵守国家法律及税收法规的前提下，在多种税务筹划方案中，做出选择税收利益最大化方案的决策，具有合法性。

任何一个人都有权自由安排自己的事业。如果某人依据法律所做的某些安排可以少缴税，那就不能强迫他多缴税。税务筹划就是在法律规定许可的范围内，通过对经营、投资、理财活动的事先筹划和安排，尽可能取得节税的经济利益的活动。

8.1 房产税的税务筹划解析

房产税是由产权所有人就其持有房产缴纳的一种财产税。其缴纳方式分为两种：从价计征，自用房产按照房产余值的 1.2% 缴纳；从租计征，出租房产按照租金收入的 12%（4%）从租缴纳。其征收特征是对产权所有人施行单一环节征税。

8.1.1 房产税的计税原理和基本规则

房产税以在征税范围内的房屋产权所有人为纳税人。房产税的计税原理和基本规则如下。

①房产税属于财产税中的个别财产税。

②征税范围限于城镇的经营性房屋。

③区别房屋的经营使用方式规定不同的计税依据。

④从价计征：适用税率为 1.2%。从租计征：适用税率为 12%（4%）。

⑤纳税期限：房产税实行按年计算、分期缴纳的征收办法。

⑥纳税地点：房产税在房产所在地缴纳。

8.1.2　房产与非房产的区别

房产与非房产的界定见图 8-1。

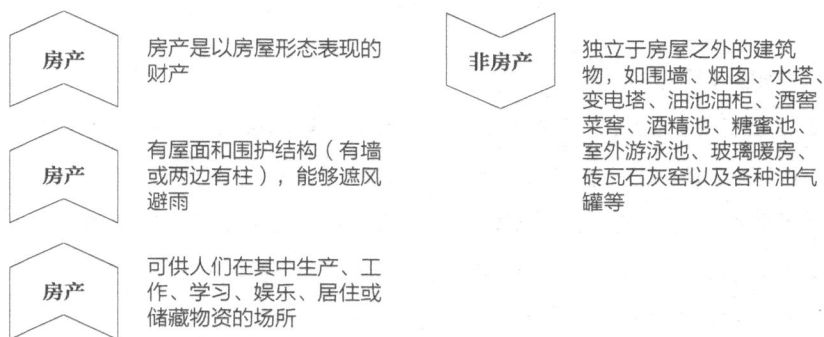

图 8-1　房产与非房产的界定

墙面出租是否需要缴纳房产税？

根据《房产税暂行条例》关于房产的定义，单纯的房屋外墙面出租不属于房产税的应税收入，此出租收入不需缴纳房产税。

8.1.3　房产税的征收范围和风险点

房产税征收范围见图 8-2。

图 8-2 房产税征收范围

房产税的风险点如下。

①将预售购房款挂在往来账面。将预售购房款记账，使得应该马上缴纳的税款变成往来流动资金，这是房地产开发企业普遍采用的一种手段。

②预收房款开具收据，不开具发票，隐瞒收入或不按收入原则确认收入。预售商品房收取的预收款，只给购房者开具收款收据，在账务处理上不做预收处理。

③不按照合同约定的时间确认收入。以各种理由，如未清算、未决算或者商品房销售没有全部完毕等原因拖延缴纳企业所得税。

④随意调整税款申报数额。有些房地产开发企业由于资金紧张，在年度内随意调整税款的申报数额。

⑤钻政策空子，不及时清算土地增值税。而部分房地产开发企业迟迟不结算或者故意留有一两套尾房，不进行整个项目的结算，影响土地增值税的及时足额入库。

⑥虚列开发成本，任意扩大成本开支范围，虚列工程成本。企业预收的售楼款，甚至收取的全部售房款，不计入收入或账外循环，从而少纳或不纳销售不动产增值税及附加等。

⑦以房抵债、商品房自用不按收入确认原则确认收入。以商品房抵顶工程款，只在与工程队的往来账上记载，而不做相应的收入调整。将代理销售商手续费支出直接从售楼款收入中抵减，而以从代理商处收取的售楼款净增额为计税营业额，以此少缴纳增值税。

⑧扩大拆迁安置补偿面积，减少可售面积，多转经营成本。

⑨无正当理由降低销售商品房价格。

⑩故意拖延项目竣工决算和完工时间。

8.1.4　如何界定房产原值和房产余值

房产余值是指依照税法规定按房产原值一次减除 10% 至 30% 的损耗价值以后的余额。

房产原值是指纳税人按照会计制度规定，在"固定资产"科目中记载的房产原价。

附属设备房产原值应包括与房产不可分割的各种附属设备或一般不单独计算价值的配套设施的原值。

哪些配套设施应并入房产原值征收房产税？

凡以房屋为载体，不可随意移动的附属设施和配套设施，如给排水、采暖、消防、中央空调、电气及智能化楼宇设备等，无论在会计核算中是否单独记账与核算，都应计入房产原值征收房产税。

更换房屋附属设备和配套设施的，在将其价值计入房产原值时，可扣减原来相应设备和设施的价值；对附属设备和配套设施中易损坏，需要经常更换的零配件，更新后不再计入房产原值，原零配件的原值也不扣除。

纳税人对原有房屋进行改建、扩建的，要相应增加房产原值。

8.1.5　新建办公楼的装修费用，如何征收房产税

新建办公楼的装修费用，如何征收房产税呢？通过案例来分析。

案例：某企业新建了一栋办公楼并进行装修，装修费用 800 万元记入"固定资产——固定资产装修"科目，并单独核算。

该企业发生的这笔装修费用是否需要并入房产原值计算缴纳房产税？

这笔 800 万元的装修费用在税务处理时要核实装修明细，分别对待。涉及前文列明的房屋附属设备和配套设施的，无论会计如何核算，都要并入房产原值缴纳房产税。如果房屋装修过程中不涉及前文列明的房屋附属设备和配套设施，仅涉及装饰性设施，则不需要并入房产原值。

8.1.6 旧房改造的装修费用，如何征收房产税

旧房改造的装修费用，如何征收房产税呢？通过案例来分析。

案例：某企业对办公楼卫生间进行了重新装修，更换了所有坐便器、洗手盆等卫生洁具以及瓷砖。装修费用 10 余万元，记入"长期待摊费用"科目。

此笔装修费用是否缴纳房产税？

该企业卫生间装修支出较大，属于固定资产后续支出中的更新改造支出，应计入固定资产原值计算缴纳房产税。

8.1.7 土地价值如何征收房产税

对按照房产原值计税的房产，无论会计上如何核算，房产原值均应包含土地价值，包括为取得土地使用权支付的价款、开发土地发生的成本费用等。容积率低于 0.5 的，按房产建筑面积的 2 倍计算土地面积并据此确定计入房产原值的土地价值。

案例：某工厂有一宗地，面积 2 000 平方米，支付土地价款及相关税费合计 2 000 万元，每平方米土地价值 1 万元。存在以下两种情况。

情况 1：地上房屋总建筑面积为 800 平方米。

情况 2：地上房屋总建筑面积为 1 200 平方米。

应并入的土地价值是多少？

情况 1：地上房屋总建筑面积为 800 平方米，该宗地容积率 =800÷2 000=0.4 ＜ 0.5。

因此应计入房产原值的土地价值 =800（总建筑面积）×2×1（土地单价）= 1 600（万元）。

情况 2：地上房屋总建筑面积为 1 200 平方米，该宗地容积率 =1 200÷2 000=0.6 ＞ 0.5。

因此应计入房产原值的土地价值为 2 000 万元。

8.1.8 契税是否计入房产原值

契税、耕地占用税是否计入房产原值？通过案例来分析。

案例：某企业购买一处房屋作为办公楼使用，其中办公楼价款 500 万元，支付

契税 25 万元。

在计算房产税时，契税 25 万元，是否计入房产原值计征房产税？

根据规定，外购的固定资产，以购买价款和支付的相关税费以及直接归属于使该资产达到预定用途发生的其他支出为计税基础。

因此，契税应当作为固定资产的计税基础，记入"固定资产"科目（或"无形资产"科目），房产税的房产原值是按照会计科目中记载的价值确定的，所以，契税也应计入房产原值计征房产税。

8.2　土地增值税的税务筹划解析

税法对土地增值税的征税范围做了明确规定，超出该范围，企业或个人的经济行为不征土地增值税。

8.2.1　以继承、赠与方式转让房地产

以继承、赠与方式转让房地产属于无偿转让房地产的行为，不属于征收土地增值税的范围。

8.2.2　房地产出租

房地产出租，出租人取得了收入，但没有发生房地产产权的转让，不属于征收土地增值税的范围。

8.2.3　房地产抵押

房地产在抵押期间不征收土地增值税。待抵押期满后，视该房地产是否转移产权来确定是否征收土地增值税。对于以房地产抵债而发生房地产产权转移的，属于征收土地增值税的范围。

8.2.4 房地产交换

交换房地产行为既发生了房产产权、土地使用权的转移，交换双方又取得了实物形态的收入，按照规定属于征收土地增值税的范围。但对个人之间互换自有居住用房地产的，经当地税务机关核实，可以免征土地增值税。

8.2.5 以房地产进行投资、联营

对于以房地产进行投资、联营的，投资、联营的一方以房地产作价入股进行投资或作为联营条件，将房地产转让到所投资、联营的企业中时，暂免征收土地增值税。对投资、联营企业将上述房地产再转让的，应征收土地增值税。

但对于以房地产作价入股进行投资或联营的，凡所投资、联营的企业从事房地产开发的，或者房地产开发企业以其建造的商品房进行投资和联营的，均不适用免征土地增值税的规定。

8.2.6 合作建房

对于一方出地，另一方出资金，双方合作建房，建成后按比例分房自用的，暂免征收土地增值税；建成后转让的，应征收土地增值税。

8.2.7 房地产开发公司的代建房行为

房地产开发公司的代建房行为是指房地产开发公司代客户进行房地产的开发，开发完成后向客户收取代建收入的行为。对于房地产开发公司而言，虽然取得了收入，但没有发生房地产权属的转移，其收入属于劳务收入性质，故不属于土地增值税的征税范围。

8.2.8 房地产的评估增值

房地产的评估增值，没有发生房地产权属的转移，不属于征收土地增值税的范围。

8.2.9 国家收回国有土地使用权、征用地上建筑物及附着物

国家收回或征用房地产，虽然发生了权属的变更，原房地产所有人也取得了

收入，但按照《土地增值税暂行条例》的有关规定，可以免征土地增值税。

此外，对于因城市实施规划、国家建设的需要而搬迁，由纳税人自行转让原房地产的，免征土地增值税。

案例　A 房地产开发企业土地增值税的计算

A 房地产开发企业（以下简称"A 企业"）建造普通商品房，发生以下成本费用：支付地价款及相关税费 5 000 万元，房地产开发成本 30 000 万元，利息 3 500 万元（利息能按房地产项目分摊，有金融机构贷款证明）。A 企业将商品房全部卖出，取得收入 80 000 万元，并按规定缴纳了增值税、城市维护建设税和教育费附加，征收率和税率分别为 5%、7% 和 3%。

A 企业应纳土地增值税分析计算过程如下。

①房地产开发费用 =（5 000+30 000）×5%+3 500=5 250（万元）。

②应纳增值税 =80 000×5%=4 000（万元），应纳城市维护建设税和教育费附加=4 000×（7%+3%）=400（万元），允许扣除税额 =4 000+400=4 400（万元）。

③加计扣除额 =（5 000+30 000）×20%=7 000（万元）。

④扣除项目金额 =5 000+30 000+5 250+4 400+7 000=51 650（万元）。

⑤增值额 =80 000–51 650=28 350（万元）。

⑥增值率 =28 350÷51 650×100%=54.89%，适用土地增值税税率 40%。

⑦应纳土地增值税 =28 350×40%–51 650×5%=8 757.5（万元）。

8.3　城镇土地使用税的税务筹划解析

所谓城镇土地使用税（以下简称"土地使用税"），就是对在城市、县城、建制镇和工矿区内使用土地的单位和个人，以其实际占用的土地面积为计税依据，按照规定的定额税率计算征收的一个税种。对于经营者来说，土地使用税虽然不与经营收入的增减变化相挂钩，但作为一种费用必然是经营收入的一个减项。

纵观现行土地使用税的法律、行政法规，土地使用税可以从以下几个方面进行筹划。

8.3.1　从经营范围考虑节税

一是在投资兴办企业的属性上进行选择，即是开办外资企业还是内资企业。根据相关规定："外资企业、机构在华用地不征收土地使用税。"

二是在经营范围或投资对象上考虑节税。根据《城镇土地使用税暂行条例》的规定，下列经营用地可以享受减免税的规定：①市政街道、广场、绿化地带等公共用地；②直接用于农、林、牧、渔业的生产用地（不包括农副产品加工场地和生活、办公用地）；③能源、交通、水利设施用地和其他用地；④民政部门举办的安置残疾人占一定比例的福利工厂用地；⑤集体和个人办的各类学校、医院、托儿所、幼儿园用地；⑥高校后勤实体。

三是当经营者租用厂房、公用土地或公用楼层时，在签订的合同中要有所考虑。根据相关规定："土地使用权未确定或权属纠纷未解决的，由实际使用人纳税"以及"土地使用权共有的，由共有各方分别纳税"等，经营者在签订合同时，应该考虑是否成为土地的法定纳税人。

8.3.2　从经营用地的所属区域上考虑节税

经营者占有并实际使用的土地，其所在区域直接关系到缴纳土地使用税的数额。因此经营者可以结合投资项目的实际需要在下列几方面进行选择。

一是在征税区与非征税区之间选择。

二是在经济发达与经济欠发达的省份之间选择。

三是在同一省份内的大、中、小城市以及县城和工矿区之间选择。在同一省份内的大、中、小城市，县城和工矿区内的土地使用税税额同样有差别。

四是在同一城市、县城和工矿区之内的不同等级的土地之间选择。

8.3.3　从所拥有和占用的土地用途上考虑节税

纳税人实际占有并使用的土地用途不同，可享受的土地使用税政策不同，主要如下。

①根据"对厂区以外的公共绿化和向社会开放的公园用地，暂免征收土地使用税"的规定，企业把原绿化地只对内专用改成对外公用即可享受免税政策。

②根据"对水利设施及其管护以及对兼有发电的水利设施用地，可免征土地使用税"的规定，企业可以考虑把这块土地的价值在账务核算上明确区分开，以达到享受税收优惠的目的。

8.3.4　从纳税义务发生时间上考虑节税

一是发生涉及购置房屋的业务时考虑节税。涉及房屋购置业务时，土地使用税规定了以下纳税义务发生时间。

①纳税人购置新建商品房的，自房屋交付使用的次月起纳税。

②纳税人购置存量房，自办理房屋权属转移、变更登记手续，房地产权属登记机关签发房屋权属证书之次月起纳税。

因此，对于购置方来说，应尽量缩短取得房屋所有权与实际经营运行之间的时间差。

二是新办企业或需要扩大规模的老企业，在征用土地时，可以在是否征用耕地与非耕地之间做筹划。因为政策规定，纳税人新征用耕地，自批准征用之日起满一年时开始缴纳土地使用税，而征用非耕地的，则需自批准征用的次月起纳税。

三是选择经过改造才可以使用的土地。政策规定，经批准开山填海整治的土地和改造的废弃土地，从使用月份起免征土地使用税 5 ~ 10 年。

8.3.5　从纳税地点上考虑节税

关于土地使用税的纳税地点，政策规定为"原则上在土地所在地缴纳"。但对于跨省份或虽在同一个省、自治区、直辖市但跨地区的纳税人的纳税地点，也是可以筹划的。

上述节税途径的实质就是尽可能选择税额标准低的地方纳税。这对目前不断扩大规模的集团性公司显得尤为必要。

8.4 契税的税务筹划解析

契税的适用税率，由省、自治区、直辖市人民政府在税法规定的幅度内按照本地区的实际情况确定，并报财政部和国家税务总局备案。

8.4.1 新免征契税政策

新免征契税政策如下。

（1）企业改制

企业按照《公司法》有关规定整体改制，包括非公司制企业改制为有限责任公司或股份有限公司，有限责任公司变更为股份有限公司，股份有限公司变更为有限责任公司，原企业投资主体存续并在改制（变更）后的公司中所持股权（股份）比例超过75%，且改制（变更）后公司承继原企业权利、义务的，对改制（变更）后公司承受原企业土地、房屋权属，免征契税。

（2）事业单位改制

事业单位按照国家有关规定改制为企业，原投资主体存续并在改制后企业中出资（股权、股份）比例超过50%的，对改制后企业承受原事业单位土地、房屋权属，免征契税。

（3）公司合并

两个或两个以上的公司，依照法律规定、合同约定，合并为一个公司，且原投资主体存续的，对合并后公司承受原合并各方土地、房屋权属，免征契税。

（4）公司分立

公司依照法律规定、合同约定分立为两个或两个以上与原公司投资主体相同的公司，对分立后公司承受原公司土地、房屋权属，免征契税。

（5）企业破产

企业依照有关法律法规规定实施破产，债权人（包括破产企业职工）承受破产企业抵偿债务的土地、房屋权属，免征契税；对非债权人承受破产企业土地、房屋权属，凡按照《劳动法》等国家有关法律法规政策妥善安置原企业全部职工规定，与原企业全部职工签订服务年限不少于三年的劳动用工合同的，对其承受所购企业土地、房屋权属，免征契税；与原企业超过30%的职工签订服务年限不少于三年的劳动用工合同的，减半征收契税。

（6）资产划转

对承受县级以上人民政府或国有资产管理部门按规定进行行政性调整、划转国有土地、房屋权属的单位，免征契税。

同一投资主体内部所属企业之间土地、房屋权属的划转，包括母公司与其全资子公司之间，同一公司所属全资子公司之间，同一自然人与其设立的个人独资企业、一人有限公司之间土地、房屋权属的划转，免征契税。

母公司以土地、房屋权属向其全资子公司增资，视同划转，免征契税。

（7）债权转股权

经国务院批准实施债权转股权的企业，对债权转股权后新设立的公司承受原企业的土地、房屋权属，免征契税。

（8）划拨用地出让或作价出资

以出让方式或国家作价出资（入股）方式承受原改制重组企业、事业单位划拨用地的，不属于上述规定的免税范围，对承受方应按规定征收契税。

（9）公司股权（股份）转让

在股权（股份）转让中，单位、个人承受公司股权（股份），公司土地、房屋权属不发生转移，不征收契税。

8.4.2　契税税务筹划思路

根据《契税暂行条例》的规定，在中华人民共和国境内转移土地、房屋权属，承受的单位和个人为契税的纳税人，应当缴纳契税。契税税率为 3%～5%。契税的适用税率，由省、自治区、直辖市人民政府在税法规定的幅度内按照本地区的实际情况确定，并报财政部和国家税务总局备案。目前大部分地区实行的是 3%的税率，如北京、上海等，个别地区实行 4% 的税率，如河北、辽宁、江苏、安徽、河南、湖北、湖南，只有吉林和黑龙江两省实行 5% 的税率。

契税的计税依据具体如下。

①国有土地使用权出让、土地使用权出售、房屋买卖，为成交价格。

②土地使用权赠与、房屋赠与，由征收机关参照土地使用权出售、房屋买卖的市场价格核定。

③土地使用权交换、房屋交换，为所交换的土地使用权、房屋的价格的差额。

成交价格明显低于市场价格且无正当理由的，或者所交换土地使用权、房屋的价格的差额明显不合理且无正当理由的，由征收机关参照市场价格核定。

由于契税的税率是确定的，因此税务筹划只能从交易金额入手。交易双方可以适当降低交易价款，以减少契税的税收负担，但不能作假，否则就无法达到减轻税收负担的目的。

自 2016 年 2 月 22 日起，除北京市、上海市、广州市、深圳市以外，对个人购买家庭唯一住房（家庭成员范围包括购房人、配偶以及未成年子女，下同），面积为 90 平方米及以下的，减按 1% 的税率征收契税；面积为 90 平方米以上的，减按 1.5% 的税率征收契税。对个人购买家庭第二套改善性住房，面积为 90 平方米及以下的，减按 1% 的税率征收契税；面积为 90 平方米以上的，减按 2% 的税率征收契税。家庭第二套改善性住房是指已拥有一套住房的家庭，购买的家庭第二套住房。纳税人也可以充分利用这一税收优惠政策来减轻契税负担。

契税的税务筹划见图 8-3。

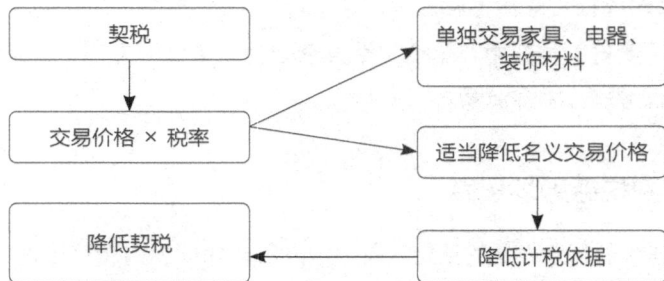

图 8-3　契税的税务筹划

案例　降低交易价格，降低契税

李先生与王先生签订了房屋销售合同，李先生将一套房屋以 100 万元（不含增值税）的价格销售给王先生。当地契税税率为 3%。请计算王先生应当缴纳的契税，并提出税务筹划方案。

王先生应当缴纳契税：100×3%=3（万元）。为了减轻契税税收负担，王先生可以与李先生修改合同，约定以 90 万元的价格购买该房屋，王先生通过其他方式给予李先生 10 万元补偿。这样，李先生获得的总价款仍然是 100 万元，但王先生只需要缴纳契税：90×3%=2.7（万元）。通过税务筹划，减轻税收负担：3-2.7=0.3（万元）。

案例 签订等价交换合同，享受免征契税政策

金信公司有一块土地，价值3 000万元，拟出售给南方公司，然后从南方公司购买其另外一块价值3 000万元的土地。契税税率为4%。双方签订土地销售与购买合同后，金信公司应缴纳契税=3 000×4%=120（万元），南方公司应缴纳契税=3 000×4%=120（万元）。

政策依据：根据《契税暂行条例》及其细则的规定，土地使用权、房屋交换，契税的计税依据为所交换的土地使用权、房屋的价格差额，由多交付货币、实物、无形资产或其他经济利益的一方缴纳税款，交换价格相等的，免征契税。

根据上述文件对免征契税的规定，税务筹划方案如下：金信公司与南方公司改变合同订立方式，签订土地使用权交换合同，约定以3 000万元的价格等价交换双方土地。根据契税的规定，金信公司和南方公司各自免征契税120万元。

案例 签订分立合同，降低契税

红叶实业公司拟出售其化肥生产车间给月星化工公司，该化肥生产车间有一幢生产厂房及其他生产厂房附属物，附属物主要为围墙、烟囱、水塔、变电塔、油池油柜、若干油气罐、挡土墙、蓄水池等，化肥生产车间总占地面积为3 000平方米，整体评估价为600万元（其中生产厂房评估价为160万元，3 000平方米土地评估价为240万元，其他生产厂房附属物评估价为200万元）。契税税率为4%。若月星化工公司按整体评估价600万元购买，应缴纳契税=600×4%=24（万元）。

政策依据如下。

①对于承受与房屋相关的附属设施（包括停车位、汽车库、自行车库、顶层阁楼以及储藏室，下同）所有权或土地使用权的行为，按照契税法律、法规的规定征收契税；对不涉及土地使用权和房屋所有权转移变动的，不征收契税。

②采取分期付款方式购买房屋附属设施土地使用权、房屋所有权的，应按合同规定的总价款计征契税。

③承受的房屋附属设施权属如为单独计价，按照当地确定的适用税率征收契税；如与房屋统一计价，适用与房屋相同的契税税率。

根据以上对免征契税的规定，在支付独立于房屋之外的建筑物、构筑物以及地面附着物价款时不征收契税，由此提出以下税务筹划方案。

红叶实业公司与月星化工公司签订两份销售合同，第一份合同为销售生产厂房及3 000平方米土地使用权的合同，销售合同价款为400万元，第二份合同为销售独立于房屋之外的建筑物、构筑物以及地面附着物（主要包括围墙、烟囱、水塔、变电塔、油池油柜、若干油气罐、挡土墙、蓄水池等）的合同，销售合同价款为200万元。

经上述筹划，月星化工公司只就第一份销售合同缴纳契税，应缴纳契税=400×4%=16（万元），节约契税8万元。

案例 改变抵债不动产的接收人，享受免征契税政策

H公司欠S公司货款2 000万元，准备以H公司原价值2 000万元的商品房偿还所欠债务。

S公司接受H公司商品房抵债后又以2 000万元的价格转售给Y公司，偿还所欠债务2 000万元。契税税率为4%。S公司接受H公司抵债商品房应缴纳契税=2 000×4%=80（万元），Y公司接受S公司抵债商品房应缴纳契税=2 000×4%=80（万元）。

税务筹划思路：S公司最终需将抵债商品房销售给Y公司抵债，H公司抵债商品房在S公司账面只是暂时存在，却需多缴纳契税80万元，在三方欠款均相等的情况下，进行税务筹划后可免征这80万元契税。

税务筹划方案如下。

S公司与H公司、Y公司签订债务偿还协议，由H公司将抵债商品房直接销售给Y公司，Y公司将房款汇给H公司，H公司收Y公司房款后再汇给S公司偿还债务，S公司收H公司欠款后再汇给Y公司偿还债务。

经上述筹划后，三方欠款清欠完毕，且S公司可享受免征契税政策，节约契税支出80万元。

案例 改变投资方式，享受免征契税政策

王明有一幢商品房价值500万元，李立有货币资金300万元，两人共同投资开办新华有限责任公司，新华有限责任公司注册资本为800万元。契税税率为4%。新华有限责任公司接受房产投资后应缴纳契税=500×4%=20（万元）。

政策依据如下。

非公司制企业，按照《公司法》的规定，整体改建为有限责任公司（含国有独资公司）或股份有限公司，或者有限责任公司整体改建为股份有限公司的，对改建

后的公司承受原企业土地、房屋权属，免征契税。

根据以上对免征契税的规定，提出的税务筹划方案如下。

第一步，王明到工商局注册登记成立王明个人独资企业，将自有房产投入王明个人独资企业，由于房屋产权所有人和使用人未发生变化，故无须办理房产变更手续，不需缴纳契税。

第二步，王明对其个人独资企业进行公司制改建，改建为有限责任公司，吸收李立投资，改建为新华有限责任公司，改建后的新华有限责任公司承受王明个人独资企业的房产，免征契税，新华有限责任公司减少契税支出 20 万元。

税务稽查是税收征收管理工作的重要步骤和环节，是税务机关代表国家依法对纳税人的纳税情况进行检查监督的一种形式。税务稽查的依据是具有法律效力的各种税收法律、法规及各种政策规定。税务稽查具体包括日常稽查、专项稽查和专案稽查。

9.1 税务风险与税务思维

税务风险是指没有遵循税收法律的规定，造成未来纳税的不确定性，这种不确定性会给企业带来额外的成本，导致企业利益受损。税务风险一方面是企业的纳税行为不符合税收法律法规的规定，应纳税而未纳税、少纳税，从而面临的补税、罚款、加收滞纳金、刑罚以及企业信用受损，甚至被追究刑事责任等风险；另一方面主要是企业经营行为适用税法不准确，没有用好有关优惠政策，多缴纳了税款，承担了不必要税收负担等风险。

9.1.1 税务风险的种类

税收无限期追踪制度及法人问责制度有利于让公司管理层意识到风险，关注公司的财务战略与财务风险。

税务风险的种类如下。

（1）政策风险：政策遵从的风险

政策风险包括：政策未能透彻理解；收入、成本、扣除的确认不准确；会计与税法差异的纳税调整不完整。

案例：某公司在 2017 年 9 月至 2020 年 12 月经营期间，被告人笪某指使被告人张某将该公司全部业务设置两套账进行核算，将企业经营业务人为分割核算。其中一套账记载的经营收支数据进行纳税申报，另外一套账记载的经营收支数据予以隐瞒，减少税款的缴纳。

被告单位该公司犯逃税罪，判处罚金人民币 200 万元。

被告人笪某犯逃税罪，判处有期徒刑 3 年 6 个月，并处罚金人民币 30 万元。

被告人张某犯逃税罪，判处有期徒刑 2 年，并处罚金人民币 10 万元。

（2）数据风险：纳税评估的风险

数据风险包括：不了解评估指标的含义及自我测评；未掌握税务约谈技巧。

案例：某矿业公司成立于 2005 年 12 月，主要业务是钼矿、铅矿、锌矿开采及精矿加工和销售，为增值税一般纳税人。该公司注册资金 1 000 万元，职工 130 人。

该公司 2016 年销售收入 394 万元，销项税额为 67 万元，进项税额为 71 万元，应纳税额 0。2017 年申报增值税销售收入 543 万元，销项税额 92 万元，进项税额 83 万元，上期留抵税额 23 万元，应纳税额 0，期末留抵税额 14 万元。

后被金税四期系统预警，原因如下。

①该公司连续 66 个月零收入申报，可能存在未如实申报的风险。

②该公司增值税税负低于同行业预警指标，增值税一般纳税人税负低于同行业预警税负指标，存在虚抵进项税额、隐瞒销售收入的风险。

③该公司属于有色金属矿采选业，进项税较大，且进项税占销项税比例较大，不符合行业常规，需要核查是否存在多列进项税的风险。

据此，该公司所在地税务机关将该公司作为重点评估对象。

经核查后，要求该公司补缴税款 34.3 万元、转出进项税 16.6 万元、冲减企业留抵 31.6 万元后，该公司实际入库增值税税款 19.3 万元，课征滞纳金 0.579 万元。目前，税款和滞纳金已全部入库，公司各项疑点指标值趋于正常。

（3）证据风险：证据不足的风险

首先，关联交易的转移定价调查风险：税务机关有权按照合理的方法进行调整；如何证明交易的合理性、必要性与公允性。

其次，报批、备案、自行扣除等项目的证据风险：提供的证据（资料）不充分，导致不能扣除或税务稽查；扣除项目的真实性、合法性、关联性（发票、凭证附件）。

案例：被告单位 W 市惠农粮食储备库与粮贩合谋，经被告人李某同意，由粮贩以 W 市惠农粮食储备库的名义开展购销粮食业务，粮贩实际经营且负责收购、运输、销售，W 市惠农粮食储备库负责开具发票，并从中挣取开票利润。

经查，被告人李某与用粮企业签订虚假的购销合同，被告人任某作为 W 市惠农粮食储备库会计，伪造大量的收购粮食入库、出库等单据，虚开增值税普通发票。其中，开具农产品收购发票 1 387 份，涉案金额 13 512 435.397 元，虚开增值税普通发票 219 份，涉案金额 22 051 550.5 元，以上共计虚开增值税普通发票 1 606 份，涉案金额 35 563 985.897 元，被告单位共计获利 5 余万元。

W 市惠农粮食储备库负责国有企业的粮食购销、储备业务，国有企业给 W 市惠农粮食储备库一定的保管费。

实际上 W 市惠农粮食储备库发票上收购的粮食没有实际入库，记账凭证上显示的过磅单、验资单、收购和销售发票都是虚假的。按照税务有关规定，W 市惠农粮食储备库必须从农民手中收购粮食，按单张收购票据不能超过 1 万元的标准开具收购发票和入库单据。

结局：被告单位 W 市惠农粮食储备库犯虚开发票罪，判处罚金人民币 50 万元，被告人李某犯虚开发票罪，判处有期徒刑 2 年，缓刑 3 年，并处罚金人民币 3 万元。被告人任某犯虚开发票罪，判处有期徒刑 2 年，缓刑 2 年，并处罚金人民币 2 万元。

9.1.2 企业产生税务风险的原因

企业产生税务风险的原因主要有以下几点

（1）税法体系复杂，税收政策变化频繁

目前，我国有 18 个税种，按性质和作用大致可分为流转税类、所得税类等。如此繁多的税种，财务人员难以全面掌握。

另外，近年来，一系列税法的修改和更正，使得税法体系越来越复杂、掌握难度越来越大。部分税收政策不是以法律的形式，而是以暂行条例的形式存在，随着经济形势的变化会不断修订，变动频繁。这种政策的不确定性给企业纳税带来了一定的税务风险。

（2）会计制度和税法规定存在差异，税收政策执行的不确定性

会计制度和税法规定存在差异，这也是产生税务风险的主要原因之一。当前企业会计准则实施之后，虽然我国企业的管理水平以及会计信息质量显著提高，但是就其实质性而言，当前会计制度和税法有着较为复杂的差异，在实际的工作过程中，难免判断失误，以至于企业税务风险逐渐增加。

我国税收政策的执行存在不确定性。由于经济发展形式的多样性以及交易成本的存在，税收政策难以对各个方面做出详细规定，在税收政策中往往将税收法规的解释权归结于各级税务机关，在实际执行中给予各级税务机关一定的自由裁量权，然而不同税务执法机构和人员对同一企业的同一涉税行为的判断和裁定往往存在不同看法，尤其是我国正处于经济社会转型时期，税务机关在涉税实务中具有的自由裁量权，会给企业造成一定的税务风险。

（3）纳税意识淡薄，人员专业素质低下

当一个企业的管理者缺乏正确的纳税意识、纳税风险观念淡薄、不重视财务与税务工作，导致企业财务管理水平下降时，企业将面临极高的税务风险。

企业所有者纳税意识薄弱、管理制度不健全会导致税务风险产生。比如，很多企业涉及关键环节业务时没有采纳财务人员提供的建议，进而产生企业决策失误引发的税务风险。

另外，财务人员的专业素质直接关系到纳税风险。财务人员不了解最基本的办税流程，不能准确计算税额；财务总监不了解最新的税收政策，滥用税法进行税务筹划；采购人员没有接受索要发票等方面的培训，致使企业无法获得相应的扣税凭证等。这些都将使企业面临极大的税务风险。

（4）信息不通，缺乏沟通

财务总监如果不能及时地了解最新的税收政策，或者虽然制定了相应的纳税管控制度，但是内部人员不能进行有效的沟通，不理解、不执行，企业就会面临税务风险。

例如，"营改增"实施后，有些企业没有及时更正相关的税收政策，致使多项税务处理沿用原来税法的规定，从而给企业带来了税务风险。

（5）商业模式的改变

随着互联网的发展，网购、团购成为现代生活的重要组成部分。这一方面给

企业提供了绝好的商业机会，另一方面，商业模式的改变也给企业带来了巨大的税务风险。我国税法规定，商品交易通常涉及增值税、城市维护建设税、教育费附加、印花税、所得税。如果在进行商品交易时没有依法纳税，那么，企业会有偷漏税风险。

9.1.3 错误的税务思维

企业税务风险主要来源于管理，业务不规范是造成税务风险最根本的原因。一些错误的税务思维见图9-1。

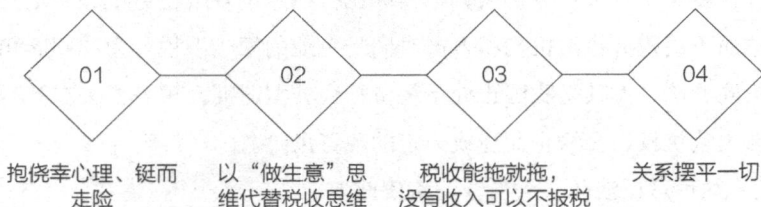

图9-1 错误的税务思维

企业要想持续发展，就要将企业建立在比较长久的持续经营的基础上，其中，一定要处理好企业与国家之间的关系，在合理合法的基础上做好税务筹划。

9.1.4 正确的税务思维

正确的税务思维见图9-2。

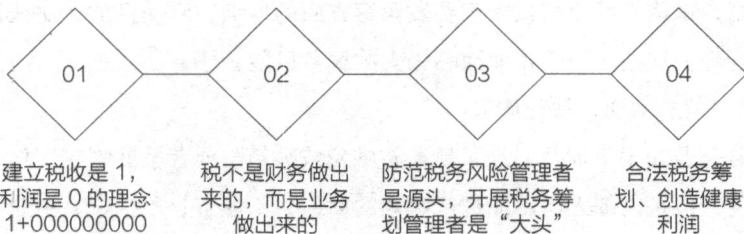

图9-2 正确的税务思维

税务监管的五方面。

第一，核心征管——申报纳税。

第二，防伪税控——一般纳税人。

第三，个人税收——身份证号（全员全额申报）。

第四，进出口——出口退税、关税。

第五，外部交换——借助互联网。

新的税务环境对企业税务筹划提出了更高的要求：按节税要求重塑业务流程；按节税要求规范会计核算；从风险控制角度完善证据；按适应征管要求严格手续。

纳税人办理业务环节风险监控事项及主要监控方式和应对措施见表 9-1。

表 9-1　办理业务环节风险监控事项及主要监控方式和应对措施

序号	办理业务环节风险监控事项名称	主要监控方式	主要应对措施
1	纳税人身份信息确认	资料审核、调查核实	服务提醒、更正提示
2	纳税人（扣缴义务人）身份信息报告	资料审核、调查核实	服务提醒、更正提示
3	自然人自主报告身份信息	资料审核、调查核实	服务提醒、更正提示
4	扣缴义务人报告自然人身份信息	资料审核、调查核实	服务提醒、更正提示
5	纳税人税收资格信息报告	资料审核、调查核实	服务提醒、更正提示、业务阻断
6	纳税人制度信息报告	资料审核、调查核实	服务提醒、更正提示
7	纳税人综合税源信息报告	资料审核、调查核实	服务提醒、更正提示
8	增量房房源信息报告	资料审核、调查核实	服务提醒、更正提示
9	建筑业项目报告	资料审核、数据校验、调查核实	服务提醒、更正提示
10	不动产项目报告	资料审核、数据校验、调查核实	服务提醒、更正提示
11	房地产税收一体化信息报告	资料审核、数据校验、调查核实	服务提醒、更正提示
12	跨区域涉税事项报验管理	资料审核、数据比对、调查核实	服务提醒、更正提示、业务阻断
13	纳税人税收减免备案	资料审核、数据比对、业务监控	服务提醒、更正提示
14	纳税人申报享受税收减免	资料审核、数据比对、业务监控	服务提醒、更正提示

序号	办理业务环节风险监控事项名称	主要监控方式	主要应对措施
15	非居民纳税人享受税收协定待遇	资料审核、数据校验、数据比对、调查核实	服务提醒、更正提示、业务阻断
16	跨境应税行为免征增值税报告	资料审核、数据校验、数据比对、调查核实	服务提醒、更正提示、业务阻断
17	停业登记	资料审核、调查核实	服务提醒、更正提示、业务阻断
18	注销税务登记	资料审核、业务监控、调查核实	服务提醒、更正提示、业务阻断
19	清税申报	资料审核、业务监控、调查核实	服务提醒、更正提示、业务阻断
20	税务注销即时办理	资料审核、业务监控、调查核实	服务提醒、更正提示、业务阻断
21	注销扣缴税款登记	资料审核、业务监控、调查核实	服务提醒、更正提示、业务阻断
22	发票领用	资料审核、业务监控、调查核实、数据比对	服务提醒、更正提示、业务阻断
23	发票代开及作废	资料审核、数据校验、数据比对	服务提醒、更正提示、业务阻断
24	发票验旧缴销	数据比对	服务提醒、更正提示
25	红字增值税专用发票开具及作废	资料审核、数据校验、数据比对	服务提醒、更正提示
26	增值税税控系统使用	资料审核、业务监控	服务提醒、更正提示、业务阻断
27	税费申报缴纳	资料审核、数据校验、数据比对	服务提醒、更正提示
28	申报错误更正	资料审核、数据校验、数据比对	服务提醒、更正提示
29	申报辅助信息报告	资料审核、数据校验、数据比对、调查核实	服务提醒、更正提示

续表

序号	办理业务环节风险监控事项名称	主要监控方式	主要应对措施
30	开具税收完税（费）证明	资料审核、数据校验、数据比对、调查核实	服务提醒、更正提示、业务阻断
31	中国税收居民身份证明	资料审核、数据比对、调查核实	服务提醒、更正提示、业务阻断
32	服务贸易等项目对外支付税务备案	资料审核、数据校验、数据比对、调查核实	服务提醒、更正提示
33	开具完税分割单	资料审核、数据校验、数据比对、调查核实	服务提醒、更正提示、业务阻断
34	出口退（免）税相关证明开具	资料审核、数据校验、数据比对、调查核实	服务提醒、更正提示、业务阻断
35	丢失增值税专用发票已报税证明单开具	资料审核、数据校验、数据比对	服务提醒、更正提示、业务阻断
36	境外注册中资控股企业居民身份认定申请	资料审核、调查核实	服务提醒、更正提示
37	非正户解除	资料审核、数据校验、数据比对、业务监控、调查核实	服务提醒、更正提示、业务阻断
38	税务行政许可事项申请	资料审核、调查核实、数据比对	服务提醒、更正提示、业务阻断
39	税收减免核准	资料审核、数据校验、数据比对、调查核实	服务提醒、更正提示、业务阻断
40	定期定额户申请核定及调整	资料审核、数据校验、数据比对、调查核实	服务提醒、更正提示、业务阻断
41	纳税人申请调整核定印花税	资料审核、数据校验、数据比对、调查核实	服务提醒、更正提示、业务阻断
42	环境保护税（调整）核定申请	资料审核、数据校验、数据比对、调查核实	服务提醒、更正提示、业务阻断
43	退抵税（费）申请	资料审核、数据比对、调查核实	服务提醒、更正提示、业务阻断
44	实名登记	资料审核、调查核实	服务提醒、更正提示

序号	办理业务环节风险监控事项名称	主要监控方式	主要应对措施
45	解除办税授权关系	资料审核、调查核实	服务提醒、更正提示、业务阻断
46	社保用人单位信息登记	资料审核、调查核实	服务提醒、更正提示
47	社保灵活就业人员信息登记	资料审核、调查核实	服务提醒、更正提示
48	开具社会保险费缴费证明	资料审核、数据校验、数据比对、调查核实	服务提醒、更正提示、业务阻断
49	社会保险费退费申请管理	资料审核、数据比对、调查核实	服务提醒、更正提示、业务阻断

严重失信行为清单见表9-2。

表9-2　严重失信行为清单

序号	严重失信行为
1	纳税人伪造、变造、隐匿、擅自销毁账簿、记账凭证，或者在账簿上多列支出或者不列、少列收入，或者经税务机关通知申报而拒不申报或者进行虚假的纳税申报，不缴或者少缴应纳税款100万元以上，且任一年度不缴或者少缴应纳税款占当年各税种应纳税总额10%以上的
2	纳税人欠缴应纳税款，采取转移或者隐匿财产的手段，妨碍税务机关追缴欠缴的税款，欠缴税款金额10万元以上的
3	骗取国家出口退税款的
4	以暴力、威胁方法拒不缴纳税款的
5	虚开增值税专用发票或者虚开用于骗取出口退税、抵扣税款的其他发票的
6	虚开增值税普通发票100份或者金额40万元以上的
7	私自印制、伪造、变造发票，非法制造发票防伪专用品、伪造发票监制章的
8	具有偷税、逃避追缴欠税、骗取出口退税、抗税、虚开发票等行为，经税务机关检查确认走逃（失联）的
9	重大税收违法案件当事人有履行能力但拒不履行纳税义务的
10	未按相关规定缴纳社会保险且拒不整改的
11	未如实申报社会保险缴费基数且拒不整改的
12	应缴纳社会保险费且具备缴纳能力但拒不缴纳的

续表

序号	严重失信行为
13	以"承诺制"容缺方式办理税务注销，但未按承诺时限办结相关涉税事项的
14	偷税、骗税、骗抵税，情节严重、达到重大税收违法失信案件标准的
15	冒用他人身份信息办理涉税事项，情节严重、达到重大税收违法失信案件标准的
16	恶意举报，情节严重、达到重大税收违法失信案件标准的
17	虚假申诉，情节严重、达到重大税收违法失信案件标准的
18	在进行个人所得税六项专项附加扣除信息报送时报送虚假专项附加扣除信息的
19	在进行个人所得税六项专项附加扣除信息报送时重复享受专项附加扣除的
20	在进行个人所得税六项专项附加扣除信息报送时超范围或标准享受专项附加扣除的
21	在进行个人所得税六项专项附加扣除信息报送时拒不提供留存备查资料的
22	非居民纳税人、扣缴义务人不配合税务机关进行非居民纳税人享受协定待遇的后续管理与调查，拒绝提供相关核实资料，或逃避、拒绝、阻挠税务机关进行后续调查的
23	申报缴纳契税不如实填报家庭成员、婚姻状况及住房套数等情况，不应享受而享受了税收优惠的

中高风险涉税费行为及主要应对措施见表 9-3。

表 9-3　中高风险涉税费行为及主要应对措施

序号	中高风险涉税费行为	主要应对措施
1	以暴力、威胁方法拒不缴纳税款	税务稽查
2	伪造、变造、隐匿、擅自销毁账簿、记账凭证，或者在账簿上多列支出或者不列、少列收入，或者经税务机关通知申报而拒不申报或者进行虚假的纳税申报，不缴或者少缴应纳税款	税务稽查
3	扣缴义务人采取伪造、变造、隐匿、擅自销毁账簿、记账凭证等手段，不缴或者少缴已扣、已收税款	税务稽查
4	纳税人欠缴应纳税款，采取转移或者隐匿财产的手段，妨碍税务机关追缴欠缴的税款	税务稽查
5	以假报出口或者其他欺骗手段，骗取国家出口退税款	税务稽查

序号	中高风险涉税费行为	主要应对措施
6	编造虚假计税依据，不进行纳税申报，不缴或者少缴应纳税款	税务稽查
7	未按照规定安装、使用税控装置，或者损毁或者擅自改动税控装置	税务检查
8	纳税人正常经营但长期未申报纳税或长期零申报	纳税评估、税务稽查
9	骗取已缴纳的税款	税务稽查
10	不符合优惠条件但享受税收优惠	纳税评估、税务稽查
11	纳税人享受税收优惠但未能按照税务机关要求提供留存备查资料，或者提供的留存备查资料与实际不符，无法证实符合优惠事项规定条件的，或者留存备查资料缺乏真实性、合理性，存在弄虚作假情况的	纳税评估、税务稽查
12	出口企业和其他单位拒绝税务机关检查或拒绝提供有关出口货物退（免）税账簿、凭证、资料	出口退（免）税评估、税务稽查
13	出口企业提供伪造或虚假备案单证	出口退（免）税评估、税务稽查
14	伪造或提供虚假的不能收汇原因或证明	出口退（免）税评估、税务稽查
15	冒用收汇凭证	出口退（免）税评估、税务稽查
16	直接走逃失踪不纳税申报，或虽然申报但通过填列增值税纳税申报表相关栏次，规避税务机关审核比对，进行虚假申报	纳税评估、税务稽查
17	取得异常凭证的出口企业办理退税达到一定金额以上的	出口退（免）税评估、税务稽查
18	走逃（失联）企业开具异常增值税扣税凭证	纳税评估、税务稽查
19	商贸企业购进、销售货物名称严重背离	纳税评估、税务稽查
20	生产企业无实际生产加工能力且无委托加工，或生产能耗与销售情况严重不符，或购进货物并不能直接生产其销售的货物且无委托加工的	纳税评估、税务稽查
21	非法印制发票	税务稽查

续表

序号	中高风险涉税费行为	主要应对措施
22	私自印制、伪造、变造发票，非法制造发票防伪专用品，伪造发票监制章	税务稽查
23	转借、转让、介绍他人转让发票、发票监制章或发票防伪专用品	税务稽查
24	知道或者应当知道是私自印制、伪造、变造、非法取得或者废止的发票而受让、开具、存放、携带、邮寄、运输	税务稽查
25	未按照规定缴销发票	税务检查
26	未按照规定存放和保管发票	税务检查
27	跨规定的使用区域携带、邮寄、运输空白发票，以及携带、邮寄或者运输空白发票出入境	税务检查
28	丢失发票	税务检查
29	擅自损毁发票	税务检查
30	非法代开发票	税务稽查
31	违反发票管理法规，导致其他单位或者个人未缴、少缴或者骗取税款	税务稽查
32	非法印制、转借、倒卖、变造或者伪造完税凭证	税务检查
33	为纳税人、扣缴义务人非法提供银行账户、发票、证明或者其他方便，导致未缴、少缴税款或者骗取国家出口退税款	税务稽查
34	拒绝提供有关出口退（免）税账簿、原始凭证、申报资料、备案单证	出口退（免）税评估、税务稽查
35	被国家商检、海关、外汇管理等对出口货物相关事项实施监管核查部门发现出口业务虚假、申报资料虚假或内容不实，并已被上述部门予以处罚	出口退（免）税评估、税务稽查
36	定期定额户的经营额、所得额超过定额但不自行申报实际经营情况	纳税评估、税务稽查
37	股权转让纳税人、扣缴义务人未按规定申报缴纳个人所得税	纳税评估、税务稽查
38	在办理税务注销前，未按规定完成企业所得税季度预缴、年度汇算以及企业所得税申报清算	纳税评估、税务稽查
39	扣缴义务人未按规定期限解缴税款经责令限期缴纳仍未缴纳的	税务检查

序号	中高风险涉税费行为	主要应对措施
40	非居民纳税人不当享受税收协定待遇	纳税评估、税务稽查
41	报送虚假个人所得税专项附加扣除信息，重复享受、超范围或标准享受个人所得税专项附加扣除，拒不提供个人所得税专项附加扣除留存备查资料	纳税评估、税务稽查
42	虚增期末留抵税额，办理期末留抵退税	纳税评估、税务稽查
43	土地增值税应清算未清算	纳税评估、税务稽查
44	个人从事其他生产、经营活动取得的所得，未按规定办理汇算清缴；从两处以上取得经营所得，未按规定办理年度汇总申报	纳税评估、税务稽查
45	基金缴纳义务人拒绝提供基金缴款凭证、增值税专用发票及清单、海关进（出）口货物报关单、代理出口货物证明、委托代理出口协议、委托加工协议、退货证明及其他相关资料，或拒绝接受税务机关监督检查	纳税评估、税务稽查
46	企业与其关联方之间的业务往来，不符合独立交易原则造成企业或者其关联方应纳税收入或者所得额减少	特别纳税调整
47	纳税人采取欺骗、隐瞒等手段提供担保，造成应交税款损失	纳税评估、税务稽查
48	扣缴义务人未按规定代扣代缴个人所得税	纳税评估、税务稽查

9.2 纳税评估概述及 7 类异常指标的监控

纳税评估是指税务机关运用数据信息对比分析的方法对纳税人、扣缴义务人纳税申报情况的真实性、合理性、准确性做出定性和定量的判断，评价和估算纳税人、扣缴义务人的纳税能力并采取进一步管理措施的管理行为。

纳税评估作为一种税收监控的有效管理手段，在完善税收征管、提高税收征管质量、诸塞税收征管漏洞、优化税收征管环境方面展现了独特的优势，是对纳税人履行纳税义务过程中进行的监督。

纳税评估仅仅是在资料分析的基础上对纳税人一般性的纳税申报问题进行认定和处理；税务稽查则是侧重于打击偷、漏、逃、骗税活动。实际实施中，纳税评估不能做出处罚决定；税务稽查可以做出处罚决定。

纳税评估确定的重点评估对象包括：通过审核比对分析发现有问题或有疑问的纳税人；上级指定的评估行业或企业；明显低于上级发布的宏观税负、行业税负的纳税人；连续三次及三次以上零申报的纳税人；纳税信用等级低的纳税人；日常管理和税务检查中出现较多问题的纳税人；其他需作为重点评估对象的纳税人。

经核实，发现纳税人有下列情形之一的，要移交稽查部门处理：涉嫌构成逃避缴纳税款的；涉嫌虚开、代开、伪造、倒卖发票的；涉嫌非法携带、邮寄、运输或存放空白发票的；涉嫌伪造、私自制作发票监制章、完税凭证的；涉嫌为其他纳税人非法提供银行账户、发票、证明，导致税款流失的；不接受纳税评估建议、不按规定调账或经评估再次发生同类涉税问题的；其他需移交稽查部门查处的。

评估、稽查新方法包括：大数据分析方法；税负分析法；投入产出比法；发票比例综合分析法；合理性分析法；现金流分析法；稽核比对分析法。

9.2.1　资金及往来异常指标

往来科目是企业中存在问题较多的科目，主要税务问题如下。

一是将收回的货款隐藏在该科目，从而达到少缴税款的目的。

二是虚开发票，不动用资金，企业实际只支付购票费用，一般不动用购货款。

对于该指标，共监控 12 项异常情况。其中重点指标 7 项，主要涉及应收账款、应付账款及预收账款和预付账款；一般指标 4 项，主要涉及其他应收款和其他应付款。

（1）当期新增应收账款大于销售收入的 80%

财务分析：应收账款是核算企业销售后未收回的货款，当期新增应收账款大于销售收入的 80%，说明本期销售的大部分货款没收回。这种只销售货物基本不收回货款的交易在现实中是不符合经营常规的，因为一个没有经营性现金流的企业是无法维持正常经营的，企业也没有足够的资金垫付。

因此,有理由怀疑其交易的真实性。如果其交易存在虚假或部分虚假的情况,则虚开发票的风险巨大。

(2)应收账款为负数

财务分析:应收账款为负数就是实际收回的货款多于应收的货款,即多收回了货款,正常情况下是不应出现的。出现这种情况一般有两种原因:一是企业为了隐瞒收入故意将收回的货款记在应收账款的贷方;二是企业乱用、错用科目,隐瞒其他真实业务事项,包括不设往来对应科目,应收应付均在一个科目核算等。

(3)当期新增应付账款大于销售收入的80%

财务分析:应付账款是核算企业购进货物应付未付的货款。当期新增应付账款大于销售收入的80%,说明企业当期购进的货物大部分没有付款,大部分货物不付款是不符合经营常规的。例如,某商贸企业从山东某商贸企业购进化工原料,全年销售收入1 200万元,累计欠山东企业900多万元,但仍从该企业进货,明显不正常,经查该企业存在违规经营行为。

(4)预收账款减少但未记收入

计算公式如下。

预收账款减少未记的收入 =(预收账款月初余额 − 预收账款月末余额)÷(1+ 适用税率)− 申报销售额

账务分析:应重点关注预收账款减少但未记收入情况,其原因主要如下。一是会计不能随意将"预收账款"科目与应付款类往来科目对冲,在财务报表上隐瞒企业实际经营情况,造成少记收入、迟记收入、延迟纳税或偷税的情况。二是以未达成交易为由虚假归还预收账款,利用自制凭证直接记预收账款减少或货币资金(或票据)减少。这样操作是错误的。

(5)预收账款占销售收入的20%以上

计算公式如下。

预收账款占销售收入的比例 = 评估期预收账款余额 ÷ 评估期全部销售收入×100%

账务分析:预收账款比例偏大,可能存在未及时确认销售收入行为。

预警值为20%。

检查重点:纳税人合同是否真实、款项是否真实入账,深入了解企业的行业规律,判断其是否存在未及时确认销售收入的情况。

（6）预付账款为负数

监控该指标的目的主要是监控企业是否存在利用预付账款隐瞒销售收入的情况。

账务分析：预付账款负数反映的是没有预付的货款而有多收回的货款，表明企业可能存在将收回的货款隐藏在其中以逃避纳税的行为。

（7）当期新增其他应收款大于销售收入的 80%

监控该指标的主要目的是监控企业是否存在故意错用核算科目，将应在应收账款中核算的款项在其他应收款中核算，有意逃避税收监管或隐瞒销售收入的情况。

账务分析：企业为了避开税收监管故意将有货物交易的本应计入应收账款的款项专门计入其他应收款，这样就要求将其他应收款比照应收账款的要求进行异常监控。当然，有时也可能存在企业将股权交易、资金拆借、分红分息、返利等形成的应税收入隐藏在"其他应收款"科目的情况。

（8）其他应收款为负数

参照"应收账款为负数"的说明。

（9）当期新增其他应付款大于销售收入的 80%

参照"当期新增应付账款大于销售收入的 80%"的说明。

9.2.2　货物异常指标

企业存货是企业生产经营的物质基础，相对于费用、往来类等科目而言，其具有双重核算和账实必须相符等不可隐瞒的特性。账面记载的货物必须与实际存货相符，同时企业对实物的管理必须设置保管岗位并设立库存明细账进行单独核算，这样才能保证实物领用存的账簿和实际相符。对货物的监控是发现企业税务问题的很关键的一环。

存货方面存在的主要问题：已销售货物不记收入，导致账实不符，隐瞒收入；多转成本导致库存负数或库存减少不记销售收入；低于进价销售等导致存货与留抵税金不匹配等情况。对于该指标，共监控 6 项异常情况。

（1）存货大于销售收入的 30%

账务分析：在企业存货周转率考核中，低于 3 的为不达标，即平均存货在销售成本 33% 以上的为不达标，反映存货太多，资金周转速度太慢。

相关计算公式如下。

存货周转率 = 当期累计销售成本 ÷ 平均存货

平均存货 = 当期累计销售成本 ÷ 存货周转率

假定当期累计销售成本为 100 元，若存货周转率最低为 3，则最大平均存货 =100÷3=33.33。

假定企业销售毛利率为 10%，则存货最多（剔除个别特殊企业）应占销售收入的 30%，超过 30% 则为异常情况。

（2）期末存货大于实收资本差异幅度异常

账务分析：纳税人期末存货额大于实收资本，生产经营不正常，可能存在库存商品不真实、销售货物后未结转收入等问题。评估时会检查纳税人的"应付账款""其他应付款""预收账款""短期借款""长期借款"等科目期末贷方余额是否有大幅度增加，对变化的原因进行询问并要求纳税人提供相应的举证资料，说明其资金的合法来源；实地检查存货是否与账面相符。

（3）期末存货与当期累计收入差异幅度异常

计算公式如下。

指标值 =（期末存货 − 当期累计收入）÷ 当期累计收入 ×100%

账务分析：正常生产经营的纳税人期末存货与当期累计收入对比异常，可能存在库存商品不真实，销售货物后未结转成本、未计收入等问题。

预警值为 50%。

检查重点：检查"库存商品"科目，并结合"预收账款""应收账款""其他应付款"等科目进行分析；如果"库存商品"科目余额大于"预收账款""应收账款"科目贷方余额、"应付账款"科目借方余额且长期挂账，可能存在少计收入问题；实地检查纳税人的存货是否真实，与原始凭证、账载数据是否一致。

（4）纳税人存货周转变动率与销售收入变动率弹性系数异常

计算公式如下。

指标值 = 存货周转变动率 ÷ 销售收入变动率

存货周转变动率 = 本期存货周转率 ÷ 上期存货周转率 −1

销售收入变动率 = 本期销售收入 ÷ 上期销售收入 −1

存货周转率 = 销售成本 ÷ 存货平均余额

存货平均余额 =（存货期初数 + 存货期末数）÷2

账务分析：正常情况下存货周转变动率与销售收入变动率应基本同步增长，弹性系数应接近 1。

①当弹性系数大于 1，且两者相差较大，两者都为正数时，企业可能存在少报或瞒报收入问题；二者都为负数时，无问题。

②弹性系数小于 1，二者都为正数时，无问题；二者都为负数时，企业可能存在少报或瞒报收入问题。

③当弹性系数为负数，存货周转变动率为正数，销售收入变动率为负数时，可能存在少报或瞒报收入问题；销售收入变动率为正数，存货周转变动率为负数时，无问题。

（5）存货为负数

账务分析：出现存货为负数情况的原因主要有以下几方面。

①人为抬高结转成本价格，其主要途径一般是通过抬高当期估价入库商品价格来抬高加权移动平均单价，从而达到多转成本的目的。

②人为多转数量，即记账凭证所记载的结转数量和原始凭证所载数量不一致，造成硬性多转成本。

③销售产品与实际结转产品的品种不一致，造成多转成本。如，销售了 5 个水杯，结转了 5 个轮胎等。

④有的企业将库存转入损失、转入非生产经营用成本或支出、虚假退货等，也会造成存货为负数。

（6）存货与留抵税金不匹配：留抵税金 > 存货 × 适用税率

账务分析：企业留抵税金是反映存货中所含的税金，其最大数额不应大于存货 × 适用税率。造成留抵税金大于存货 × 适用税率的原因主要如下。

①企业销售价格低于进货成本，使成本大于收入。

②非成本因素的税金抵扣过大，如固定资产、运费、成品油、其他杂费等。

③进项发票不能及时取得，即估价入库的货物已销售，但进项发票滞后取得，造成下期存货与留抵税金不匹配。

无论出现以上哪种情况，税收上都存在明显疑点。

9.2.3 收入异常指标

收入是计税的基础，因此收入的确定至关重要。企业为了抵扣进项税一般将相关物资入账形成存货，只要有存货，那么，销售时就应该形成收入，这样收入就有据可查。

收入方面存在的问题：存货减少但未形成收入；收入在短期内暴增；相关报表反映的收入不一致。对于该指标，共监控 10 项异常情况。

（1）理论少记销售收入

账务分析：按照"期初库存＋本期购进－期末库存＝本期销售成本"的原理，企业在一定期限内理论上的销售收入应该大于"期初库存＋本期购进－期末库存"的金额（因为收入中含有进销差价，或称毛利），如企业结转的销售成本（或申报的销售收入）小于此金额，则企业可能存在少计销售收入的可能。

计算公式如下。

理论少记销售收入＝期初库存＋（本期进项税额－本期农产品抵扣税额－本期运费抵扣税额－本期固定资产抵扣税额－本期电力支出抵扣税额）÷13%＋本期农产品抵扣税额 ÷9%－本期农产品进项税额－期末库存

（2）主营业务收入成本率异常

计算公式如下。

指标值＝（收入成本率－全市行业收入成本率）÷全市行业收入成本率

收入成本率＝主营业务成本 ÷ 主营业务收入

如果主营业务成本变动率超出预警值范围，可能存在销售未计收入、多列成本费用、扩大税前扣除范围等问题。预警值：工业企业，－20% ~ 20%；商业企业，－10% ~ 10%。

账务分析：主营业务收入成本率明显高于同行业平均水平的，应判断为异常，需查明纳税人有无多转成本或虚增成本。

检查重点：检查企业原材料的价格是否上涨，企业是否有新增设备、设备出现重大变改以致影响产量等；检查企业原材料结转方法是否发生改变，产成品与在产品之间的成本分配是否合理，是否将在建工程成本计入生产成本等。

（3）主营业务收入费用率异常

计算公式如下。

指标值＝（主营业务收入费用率－全市平均主营业务收入费用率）÷全市平均主营业务收入费用率 ×100

主营业务收入费用率＝本期期间费用 ÷ 本期主营业务收入

账务分析：主营业务收入费用率明显高于行业平均水平的，应判断为异常，需要查明纳税人有无多提、多摊相关费用，有无将资本性支出一次性在当期列支。

（4）新办商贸一般纳税人短期内销售异常（3 个月销售收入超过 3 000 万元或 6 个月销售收入超过 6 000 万元）

账务分析：按正常规律，新认定一般纳税人经营初期由于资金、市场营销经验、客户忠诚度等原因短期内销售收入一般不会很大。对在短期内销售收入暴增的新开业户应注意其经营业务的真实性，防止虚开发票突然注销以及走逃。

（5）商业零售企业无票收入低于总收入的 30%

账务分析：商业零售企业，特别是经营终端消费品的烟酒、食品、手机、家电、服装、汽车修理等企业一般应该有无票收入，根据过去已发案件统计和省局纳税服务处对个体零售纳税人调查及国有商业零售企业无票收入占总销售收入比例等资料，绝大部分商业企业无票收入高于销售收入的 30%，其无票收入一般在总收入的 30% ~ 70%。

（6）流转税申报收入与所得税申报收入及利润表收入不一致

账务分析：流转税申报收入与所得税申报收入及利润表收入不一致一般是由以下情况造成的。

①企业是兼营单位，纳税人发生的应税行为既包括销售货物、应税劳务、应税服务，又包括转让不动产、无形资产。但是，不同应税行为不同时发生在同一购买者身上，即不发生在同一项销售行为中。这种单位经营的业务适应不同的增值税项目，导致申报收入不一致，如增值税申报中没申报交通运输、建筑安装收入等。

②税务机关评估、稽查中查出的少计收入部分只补充申报了流转税，没有补充申报所得税。

③人为因素或计算错误。有的企业将销售材料收入、下脚料收入、废品收入等故意不申报增值税，只申报所得税等，造成三者不一致和少缴税款。

（7）销售额变动率与应纳税额变动率弹性系数异常

计算公式如下。

指标值 = 销售额变动率 ÷ 应纳税额变动率

销售额变动率 =（本期销售额 − 上期销售额）÷ 上期销售额

应纳税额变动率 =（本期应纳税额 − 上期应纳税额）÷ 上期应纳税额

账务分析：判断企业是否存在实现销售收入而不计提销项税额或扩大抵扣范围而多抵进项的问题。

正常情况下销售额变动率与应纳税额变动率应基本同步增长，弹性系数应接近 1。若弹性系数 >1 且二者都为正数，行业内纳税人可能存在本企业将自产产品或外购货物用于集体福利、在建工程等，不计收入或未做进项税额转出等问题；若弹性系数 <1 且二者都为负数，可能存在上述问题；若弹性系数 <1，二者都为正数，无问题，二者都为负数时，可能存在上述问题；若当弹性系数为负数，销售额变动率为正数，应纳税额变动率为负数，可能存在上述问题；若应纳税额变动率为正数，销售额变动率为负数，无问题。

（8）有长期投资或短期投资但无投资收益

账务分析：企业有长期投资或短期投资一般应该有投资收益。

①如果没有投资收益则可能已将投资进行了重组、转让、出售、抵债等，即实际已没有投资了，那么重组、转让、出售、抵债等形成的货物销售和逾价收益则可能少缴了增值税和所得税。

②企业可能隐瞒了全部投资的实际情况，形成账外经营。

（9）营业外收入超过销售收入的 1% 或绝对额超过 50 万元

账务分析：营业外收入是与企业生产经营无直接关系的收入。若企业营业外收入数额较大，就需要查清该部分收入到底是什么收入，是否有应该纳税的收入，防止有的企业故意将应税收入计入营业外收入以逃避纳税。

（10）补贴收入超过销售收入的 1% 或绝对额超过 50 万元

账务分析：补贴收入主要核算税费返还和财政补贴款，以及上级部门补贴款、结余费用返还等。补贴收入中财政补贴是免税的，但返还的税费是要合并缴纳所得税的，如福利企业退还的增值税及企业上级部门的各种费用性返还等要合并纳税。

9.2.4　成本费用异常指标

成本费用的核算环节是企业核算的中间环节，上承收入下接利润，其变化直接影响增值税和所得税的税基，利用其变化还可以间接证明收入、价格、毛利是否存在问题。

成本费用中存在的问题主要有：成本费用过大造成的异常；成本费用异常反证出的收入和毛利异常；税收及毛利异常反证出的成本费用异常。对于该指标，共监控 14 项异常情况。

（1）理论多转成本

计算公式如下。

理论多转成本＝期初库存＋（本期进项税额－本期农产品抵扣税额－本期运费抵扣税额－本期固定资产抵扣税额－本期电力支出抵扣税额）÷13%＋本期农产品抵扣税额 ÷9%－本期农产品进项税额－期末库存

账务分析：按照"期初库存＋本期购进－期末库存＝本期销售成本"的原理，如果企业"期初库存＋本期购进－期末库存＜实际销售成本"，则企业存在多转成本的可能。

（2）销售成本大于销售收入

账务分析：造成销售成本大于销售收入的原因主要如下。

①低于进价销售，由于市场行情，企业短期或个别交易可能存在低于成本价销售的情况，但如果某企业长期存在低于成本价销售的情况，则存在较大异常——企业上下游勾结串通，人为压低开票价格，使较长时期内成本大于收入，从而逃避纳税。

②多转成本，即企业销售收入没有少计，人为多转成本造成成本大于收入。

③总代理或包销企业低价销售隐瞒了生产企业的返利，这些商业企业一般与生产企业签订了按销量目标返利的合同，这部分返利能抵消商业企业低于进价销售的损失，但这部分返利企业往往不记账。

（3）商贸企业期间费用总额大于销售收入的 20%

账务分析：造成这种情况的原因主要如下。

①商贸企业毛利率一般不会超过 20%（个别企业除外），如果期间费用大于销售收入的 20%，则企业根本无利可图，是不能正常运转的，因此可能存在虚假业务和虚开发票情况。

②企业期间费用大于 20% 一般是非正常费用计入造成的，最常见的有多列运费，多列成品油，多列过桥过路费、修理费，虚构工资津补贴、个人高息借款利息等不用发票的项目，以及多列其他各项杂费等。其中许多项目既多抵进项税又多列支费用。

（4）财务费用占借款的比例异常

账务分析：企业列支的财务费用应不高于同期贷款利息，按中长期贷款计算一般不应高于年利息的6%，因此，若企业的财务费用高于长期借款和短期借款之和的6%，则可认为企业可能多列了财务费用。

（5）商贸企业（不含商业零售企业）税负超过3.4%

账务分析：商贸企业税负超过3.4%，则企业毛利要达到20%以上，从增值税税负的角度反算，企业的毛利率超过了正常水平。

造成这种情况主要有以下原因。

①这些企业税负高并不是毛利高造成的，而是不能取得合法有效的进项抵扣发票所致，还有一部分原因是白条入账。由于最原始的核算依据失真，因此企业虚开发票的嫌疑很大。

②存在较多不合理、不规范的进货成本发票和费用发票。

（6）商贸企业毛利率大于20%（不含商业零售企业），税负低于2.5%

账务分析：

①如果毛利率大于20%，则企业的毛利超过正常水平，是不正常的，有可能存在虚假经营和虚开发票的情况。也就是说，企业为了使虚开发票收益最大化，购买进项发票时为了少付买票费，多开数量（为以后向外大量虚开制造进销数量相符的假象）、低开进价、少开金额（为了少付买票费），而向外虚开发票时则高开销售价格、多开金额（为了多收卖票费）。

②企业高毛利率正常情况下应该对应着高税负，如果企业税负低于相配比的2.5%，则可能存在在三项费用中虚抵、乱列费用项目的情况。

计算公式如下。

毛利率=（本期收入-本期成本）÷本期收入

（7）实现的增值税与毛利不匹配

实现的增值税大于本期毛利。

造成实际实现毛利小于应实现毛利的原因主要如下。

①人为多转成本，造成少实现毛利。

②存在低于进价销售、返利不记账、往来隐瞒、库存隐瞒等少计销售收入行为。

③预缴或多缴增值税造成实现的增值税与毛利不匹配。

总之，只要出现实现的增值税和实现的毛利不匹配的情况，则收入、成本、实现的增值税三者中至少有一个是存在问题的。

（8）预提费用超过销售收入的 1% 或绝对额在 50 万元以上

账务分析：造成该异常的原因主要如下。

①擅自扩大预提范围，将不属于预提的事项进行预提，如预提运费、预提工资、预提电费等，造成核算期预提费用较大。

②人为提高预提标准。各项预提都是有标准的，要以实际发生和相关税收政策作为计提的依据，有的纳税人故意自定提取标准，多预提费用，对不同属期的费用进行人为调节，如以很高的利率预提个人借款利息，以个人合同为依据以脱离实际的大金额预提场地租赁费等。

（9）待摊费用超过销售收入的 1% 或绝对额在 50 万元以上

账务分析：待摊费用主要包括开办费、预付的租金、保险费、修理费等。如果待摊费用金额过大，则很可能存在企业将不属于待摊费用的项目混入了待摊费用或自定标准形成了较大的待摊费用的行为。如将基建支出、与生产经营无关的摊派、集资款、捐献，以及运费、统筹费、违约金等各种杂费列入待摊项目。

案例：某煤炭经销企业，根据租赁双方的租赁合同，年初以现金一次支付山西某村民场地租赁费 110 万元，形成待摊费用，在全年分月摊销。经市局审核，该煤炭企业转出了该项费用。

（10）年初存在资产减值损失未做调整

设立该指标的目的是监控企业乱提减值损失和汇算时不进行纳税调整的情况。

账务分析：资产减值损失是指因资产的实际价值低于其账面价值而造成的损失。资产减值的核算范围主要是固定资产、无形资产以及除特别规定外的其他资产减值的处理。

（11）资产损失异常

账务分析：资产损失核算各类资产（包括流动资产、固定资产、无形资产）的盘亏、报废、损毁、失效等应转销处理的损失。资产损失中既涉及损失货物的真假判断，又涉及已抵扣税金的进项税是否转出及核销列支时减少应税所得是否合理等，因此对形成的损失应查清具体形成原因和处理是否正确。

（12）营业外支出超过销售收入的 1% 或绝对额超过 50 万元

账务分析：营业外支出是核算与生产经营无直接关系的各项支出，如果其金额较大，则可能存在应由税后列支的各种费用直接计入营业外支出的情况，如各种罚款、滞纳金、违约金、赞助、捐赠、各种赔款等。同时对应列入营业外支出的固定资产、流动资产净损失，各种减值准备等要查看其计算是否正确、是否存在多列支出的现象。

（13）工业企业电力支出金额超过销售收入的 90%

账务分析：如果工业企业电力支出金额占销售收入的 90% 以上，则是极其不正常的。出现这种情况的企业可能存在以下情况。

①企业很可能存在将使用本单位电表的其他单位发生的电费用于多抵进项的行为。

②企业可能存在账外经营，或隐瞒部分经营项目。

③购进电力用于非应税项目多抵电费。

④存在一些特殊情况，如停产企业转售电不计提销项的现象、停产企业为维持矿井抽水等而发生电费、新办企业在未形成产能前耗电等。

（14）工业企业电力支出金额小于销售收入的 0.05%

账务分析：工业企业特别是农产品加工企业的电力支出金额占销售收入的比例小于 0.05%，则企业电力支出金额根本不足以支持正常生产。因此，如果企业存在电力支出较小和销售收入规模较大的不匹配情况，则可能存在虚假抵税或虚假开具发票的现象。

9.2.5　税负异常指标

税负不仅反映税务机关税收管理水平和工作成果，也反映区域税负是否公平、单个企业税负是否合理。因此加强税负监控和分析十分重要。

税负方面存在的主要问题：存在理论少缴税款；企业长期超低税负或零税负。对于该指标，共监控 5 项异常情况。

（1）理论少缴税款

计算公式如下。

商业企业理论少缴税款 =（销售收入 - 销售成本）× 适用税率 - 申报应纳税额 - 运费抵扣 - 固定资产抵扣 -[（期初留抵 - 期末留抵）]- 电费抵扣

工业企业理论少缴税款 =（销售收入 − 销售成本 ×95%）× 适用税率 − 申报应纳税额 − 运费抵扣 − 固定资产抵扣 −[（期初留抵 − 期末留抵）]− 电费抵扣

账务分析：对企业理论少缴税款的计算解决了用行业平均税负进行监控导致的疑点不准确和操作性不强的问题。例如，某企业毛利率是 20%，税负预计为 2.6%（20%×13%），而税务机关对该企业所在行业的平均税负监控值为 1.8%，但该企业通过各种作弊手段使自己的税负始终在 2.1% 左右，虽然该企业实际税负较低，但该企业的偷税率仍在 19.23%[（2.6%−2.1%）÷2.6%×100%]。对这类企业，通过理论少缴税额的计算可使其处于税务监管之下。

（2）增值税一般纳税人税负变动异常

计算公式如下。

指标值 = 税负变动率

税负变动率 =（本期税负 − 上期税负）÷ 上期税负 ×100%

税负 = 应纳税额 ÷ 应税销售收入 ×100%

增值税一般纳税人税负变动异常，表明可能存在以下问题：账外经营、已实现纳税义务而未结转收入、取得的进项税额不符合规定、享受税收优惠政策期间购进货物不取得可抵扣进项税额发票或虚开发票等。

预警值：30%。

检查重点：检查纳税人的销售业务，从原始凭证到记账凭证、销售、应收账款、货币资金、存货等将本期与其他各时期进行比较分析，对异常变动情况进一步查明原因，以核实是否存在漏记、隐瞒或虚记收入的行为；检查企业固定资产抵扣是否合理、有无将外购的存货用于职工福利、个人消费、对外投资、捐赠等情况。

（3）商业销售超过 500 万元，工业销售超过 100 万元，但不实现增值税

设立该指标的目的是监控有关企业、有恶意税务筹划企业及虚抵虚开企业常年不实现税款的现象。

账务分析：出现该异常情况，一般有以下几种原因。

①开业初期进货量大，所以在留抵未抵完之前没实现税款。

②国家控制价格的公用事业企业的产品，如水、电等长年低于进价销售导致不实现税款。

③各地区代理商、总经销等企业，低于进价销售主要是为了返利。区域总代

理和生产厂家之间存在关联关系，其长期不实现税款也是不正常的。

④长期低于进价销售或大笔出现低于进价销售的情况，形成价格倒挂，导致一个时期内不实现增值税。

⑤通过库存、往来等隐瞒销售收入，导致不实现增值税。

⑥一些关系户存在明显的税收问题，但常年管理缺位，导致不实现税款。

无论什么情况，全年不实现税款都存在着较大的风险。

（4）增值税税负率超低企业，工业和商业零售企业低于0.6%，商业批发企业低于0.07%

账务分析：对工业、商业零售、商业批发三大类上市公司的公开财务数据进行统计得出，95%的工业和商业零售企业的毛利率在7%以上，95%的商业批发企业毛利率在0.8%以上。

因此，正常经营的工业和商业零售企业的增值税税负率应在0.91%以上（7%×13%），商业批发企业增值税税负率应在0.104%以上（0.8%×13%）。

为了提高准确性，把上述最低税负率减半，低于减半税率的企业为超低税负企业，当然非正常经营和亏损企业不适用。

（5）所得税贡献率超低企业，工业和商业零售企业低于0.5%，商业批发企业低于0.06%

账务分析：对工业、商业零售、商业批发三大类上市公司的公开财务数据进行统计得出，95%的工业和商业零售企业的毛利率在7%以上，商业批发企业的最低毛利率为0.8%；企业费用率占毛利率的比例一般为30%～40%，此处按高费用率40%计算，毛利中至少有60%是净利润，即工业的净利润率为4.2%（7%×60%×100%），商业的净利润率为0.48%（0.8%×60%×100%），那么，工业和商业零售企业的所得税贡献率最低应为1.05%（4.2%×25%×100%），商业批发企业的所得税贡献率最低应为0.12%（0.48%×25%×100%）。此处采用的毛利率数值只是一般正常情况下大多数企业的取值，特殊企业不足以影响指标的实用性。

为了提高准确性，把上述最低所得税贡献率减半，低于减半贡献率的企业为超低贡献率企业，当然非正常经营和亏损企业不适用。

9.2.6　抵扣异常指标

抵扣项目作为计算增值税的减项，直接影响增值税的结果，企业为了少缴税款，往往想尽办法多抵进项，常会导致以下问题：从成本方面多抵进项，主要存在于纳税人自持收购票单位和接受虚开发票单位，如农产品、化工产品、建材产品单位等；费用方面多抵进项，主要是多抵成品油费、运费、委托加工费以及好找进项发票的其他杂费等。对于该指标，共监控 9 项异常情况。

（1）理论多抵进项税额

计算公式如下。

理论多抵进项税额 ＝ 申报税额 －（ 当期购进货物进项税额 ＋ 运费进项税额 ＋ 电费进项税额 ＋ 固定资产进项税额 ）

账务分析：企业可抵扣的合理进项税额主要包括购进货物的进项税额、运费进项税额、电费进项税额、固定资产进项税额。如果企业申报的进项税额大于四项进项税额之和，就认为企业可能存在多抵不合理进项税额的情况。考虑到企业可能存在其他小的抵扣项目，将申报进项税额大于四项进项税额 2 万元的作为疑点。

（2）进项税额大于进项税额控制额

计算公式如下。

指标值 ＝（ 本期进项税额 ÷ 进项税额控制额 －1 ）×100%

进项税额控制额 ＝（ 本期期末存货金额 － 本期期初存货金额 ＋ 本期主营业务成本 ）× 本期外购货物税率 ＋ 本期运费进项税额合计

账务分析：将纳税人申报进项税额与进项税额控制额进行比较，若申报进项税额大于进项税额控制额，则可能存在虚抵进项税额的情况，应重点核查以下问题。纳税人购进固定资产是否抵扣；用于非应税项目、免税项目、集体福利、个人消费的购进货物或应税劳务及非正常损失的购进货物是否按照规定做进项税额转出；是否存在取得虚开的增值税专用发票和其他抵扣凭证问题。

预警值：10%。

检查重点：评估时检查纳税人"在建工程""固定资产"等科目的变化，判断是否存在将外购的不符合抵扣标准的固定资产发生的进项税额申报抵扣的情况，结合"营业外支出""待处理财产损溢"等科目的变化，判断是否将存货损失转出进项税额；结合增值税纳税申报表附列资料（二）分析运费、银行存款等第三方信息，判读是否存在虚假抵扣进项税额问题。

实地检查原材料等存货的收发记录，确定用于非应税项目的存货是否做进项税额转出；检查是否存在将外购存货用于职工福利、个人消费、无偿赠送等而未转出进项税额问题；检查农产品发票的开具、出售人资料、款项支付情况，判断是否存在虚开发票问题。

（3）农产品抵扣异常

农产品收购企业的农产品抵扣超过总进项的98%，其他企业农产品抵扣超过总进项的10%。

账务分析：

①对持有和使用农产品收购发票的农产品初加工企业和粮食购销企业进行检查，主要包括棉花、花生、粮食、油菜籽食品加工、酿酒、畜禽屠宰等企业，如果农产品抵扣税额超过总进项税额的98%，则可能存在企业利用收购发票虚抵进项的可能。

②对使用农产品作为原辅材料或添加剂的工业企业，农产品抵扣比例超过全部进项税额的10%的要进行详细检查，检查有无使用收购发票虚抵的现象。

（4）运费抵扣额超过销售收入的2%

账务分析：各种商品的吨公里运费都有比较固定的价格，虽然有一定波动，但波动不会太大。对运费抵扣额占销售收入2%以上的企业，其运费金额一般超过了正常范围，应予以检查。

（5）农产品抵扣税额增长比例大于销售收入增长比例

账务分析：对自己开具农产品收购发票和从外部获取农产品普通发票的一般纳税人，如果农产品抵扣税额增长比例大于销售收入增长比例，无论是正向不同步还是反向不同步，都要查明农产品抵扣税额增长比例大于销售收入增长比例的真正原因，要结合实际分析其购销存数量的真实性，判断企业是否存在利用收购发票多抵进项和虚开发票的现象。

（6）成品油抵扣税额超过总进项税额的10%

账务分析：成品油作为一种运输燃料，除专业运输企业以外，其他企业耗用一般较小，如果其抵扣税额超过总进项税额10%以上，其抵扣成品油的总金额就较为异常，应予以检查。

（7）商贸企业进销税率不一致

账务分析：商贸企业进销税率不一致，即购进 9% 税率货物占全部进项的比例超过 50%，销售 13% 税率货物占全部销售收入比例超过 50%。

如果商贸企业一般纳税人购进货物中适用 9% 税率的占到 50% 以上，说明购进货物以低税率货物为主，但该企业销售时适用 13% 税率的货物占到 50% 以上，这说明该企业销售货物以高税率货物为主，这样企业购销品种就存在明显的不匹配现象，据此判断企业可能存在利用农产品收购发票或取得增值税普通发票抵扣进项税额的行为，通过委托加工业务（或虚拟委托加工）来销售适用 13% 税率的货物，以达到虚抵进项少缴税款或虚开增值税专用发票的目的。

（8）有在建工程又有留抵税金

账务分析：有在建工程的企业，其工程材料往往与生产经营的原材料、库存商品等在同一账户核算、在同一仓库存放，很容易混淆，存在的问题主要如下。

①在建工程领用材料的进项税进行了抵扣。

②在建工程领用材料摊入生产成本。

③基建发生的工资、运费、利息等在生产经营费用中列支等。

④将部分土建以购进固定资产的名义进行抵扣。

因此，凡有在建工程的企业均应对其进行详细检查。

（9）固定资产大额抵扣，导致当期不实现增值税

账务分析：按照政策规定，企业购进的生产设备及运输设备等是可以抵扣的，但土建部分以及非生产用固定资产是不能抵扣的，因此有大额固定资产抵扣的企业要进行详细检查。

（10）海关进口专用缴款书抵扣税额超过总进项税额的 40%

账务分析：海关进口专用缴款书没有与金税系统联网，且海关进口专用缴款书防伪也没有专用发票严密，有些企业就利用海关进口专用缴款书虚抵进项。因此对用海关进口专用缴款书抵扣税额超过总进项税额 40% 的企业应加以重视，说明该企业经营的商品或消耗的原料中从国外进口的占比较大。

9.2.7　其他异常指标

此处将前面 6 项指标不能包含的指标归类为其他异常指标。对于该类指标，

共监控 3 项异常情况。

（1）一般纳税人增票异常

账务分析：按正常规律，一般纳税人经营情况大部分时间是正常的，出现销售波动时要求增票也是合理的，但若企业在一个月内出现三次增票且增票总数超过 240 份（平均每次超过 80 份），就认为企业经营波动太大，不符合经营常理，应对企业进行检查，防止其虚开发票后突然注销以及走逃。

（2）增值税专用发票用量变动异常

计算公式如下。

指标值 = 一般纳税人专用发票使用量 − 一般纳税人专用发票上月使用量

账务分析：增值税专用发票用量骤增，除正常业务变化外，可能有虚开现象。

预警值：工业企业纳税人开具增值税专用发票的数量超过上月的 30%；若为商业企业，则为上月的 120%（含）以上。

检查重点：一般会检查纳税人的购销合同是否真实，查看纳税人的生产经营情况是否与签订的合同情况相符并实地检查存货等，主要检查原材料、产成品以及"银行存款""库存现金""应收账款""预收账款"等科目。

（3）客户离散度异常

设立该指标的目的是监控企业虚假交易和虚开发票情况。

账务分析：因为每个企业的实力都是有限的，过散过多的客户往往意味着企业销售范围较大，但实际上一个企业受地域、成本限制，其较大范围的交易很多情况下是不现实的。

例如：增值税税负波动大或连续 3 个月零申报及长期税负水平低于同行业；增值税税负高但所得税税负低。

纳税评估风险管理训练见图 9-3。

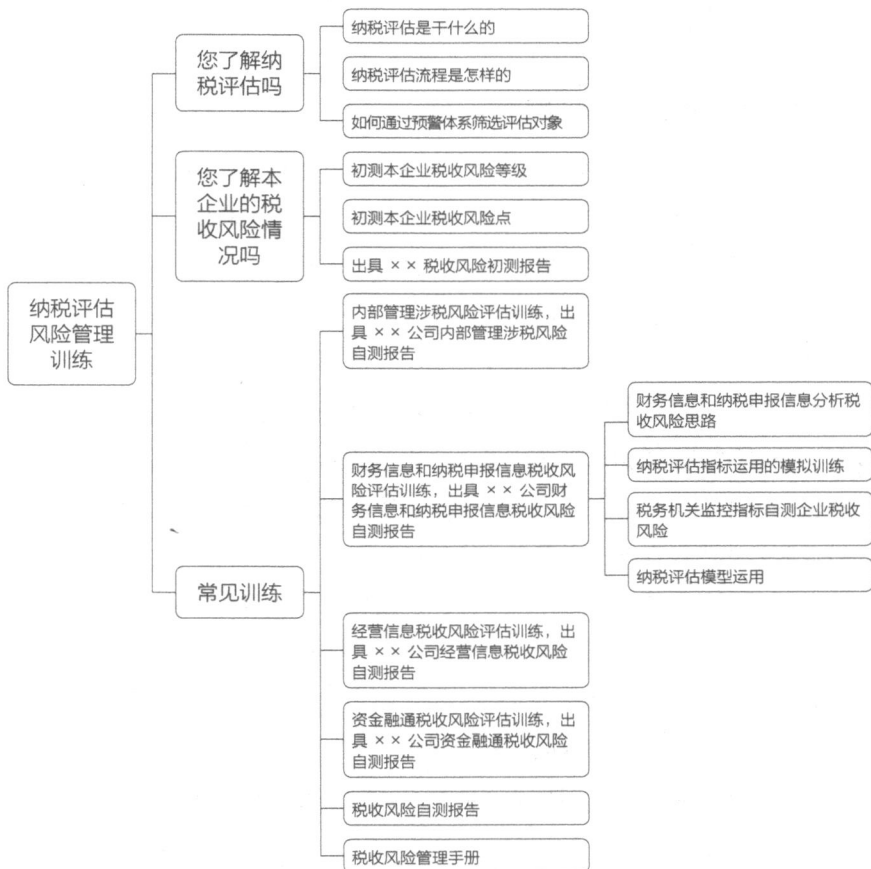

图 9-3 纳税评估风险管理训练

9.3 企业纳税评估风险点

纳税评估是税务机关运用数据信息对比分析的方法，对纳税人和扣缴义务人纳税申报（包括减免缓抵退税申请）情况的真实性和准确性做出定性和定量的判断，并采取进一步征管措施的管理行为。

企业纳税评估风险点包括以下几类。

9.3.1 财务报表层面的风险点

财务报表层次的重大错报风险与财务报表整体存在广泛联系，可能影响多项认定，此类风险可能与控制环境有关，也可能与其他因素有关。财务报表层次重大错报风险是高度汇总后的错报，是不能归属于某类认定的，应该把重要性水平按照风险导向分配到各类认定层次。

财务报表层次重大错报风险是于整体财务报表而言的，它不是与特定财务报表项目相关的；具体认定层次的错报则与特定财务报表的项目相关。比如，企业的收入入账时间不正确，则影响的是与交易相关的认定。如果被审计单位管理层存在舞弊，则影响整个财务报表的认定。从以上叙述能够看出，区别这两个层次重大错报风险的主要标准就是看重大错报风险能否影响到具体的认定层次（财务报表项目），如果影响的是具体认定层次，则属于认定层次的重大错报风险；若没有影响到具体认定层次，则属于财务报表层次的重大错报风险。

财务报表层面的风险点共 18 个。

①税负率明确低于同地区同行业水平。

②成本结构明显区别于同行业同类产品。比如可抵扣进项的成本明显偏高，可能被视为多转了成本。

③成本结构与产品配方不符。比如有的企业发生一个产品耗用多个包装盒的低级错误。再比如，投入材料与产品没有关系。

④成本结构发生明显变化，而又没有推出新配方产品。

⑤毛利率年与年之间、月与月之间起伏明显，又没有合理的解释。

⑥毛利率或纯利率远远高出同行业水平，或者远远低于同行业水平，都可能被重点检查。

⑦期间费用率偏高，大部分毛利被费用冲销，导致企业实现微利或亏损，很容易被发现隐瞒收入。或者，期间费用明显偏低，则可能有"另一本账"，大量白条费用做在"另一本账"上面。

⑧制造费用存在异常。比如水电费与产能不配比、外加工支出与产量不配比。

⑨资产负债表结构异常，有形资产多，产值却很小可能有"另一本账"。

⑩物流费用占比偏高，可能存在隐瞒收入的情况。

⑪现金流呈负数，可能存在"另一本账"。

⑫存货账实差异大，账多存少（虚库），或者存货在库时间太长，一直没被动用。

⑬生产环节在产品账多实少，可能被视为多转了成本。

⑭产能分析出现异常，包括设备产能评估、人工产能评估、材耗产能评估、制造费用产能评估、期间费用产能评估，这些产能如果明显低于同行业水平，可能存在隐瞒收入的情况。

⑮公司一直亏损或仅有微利，股东却大量借钱给公司，可能存在销售收入直接归股东所有的情况。

⑯预收账款挂账时间太长，被强行要求确认收入并履行纳税义务。

⑰频繁出现大额现金收支，以及大额现金长期挂在账上，可能存在账外收支。

⑱股东几乎没有缴纳个人所得税，而股东个人资产很多，提示股东可能有"账外收入"。

9.3.2　账务层面的风险点

账务层面的风险点如下。

①股东个人费用，在企业报销。这种情况，被视为分红，企业须代扣代缴个人所得税。

②用企业资金购买资产，资产所有人写成股东，资产涉及的费用、折旧却在企业列支。这里有多个要点：股东涉嫌挪用企业资金，股东变相分红应当缴纳个人所得税，股东资产涉及的费用、折旧在企业列支也将被视为分红，须缴纳个人所得税。

③没有成立工会，却计提工会经费，发生支出时，没有取得工会组织开具的专用凭据。

④跨年度列支费用。比如上年 12 月的票据，在本年列支。

⑤不按标准计提折旧。

⑥制造企业结转完工产品成本、结转销售成本时，无相关附件，或者存在随意性，或者不能给出合理解释。

⑦以现金支付工资时，无相关人员签字。

⑧工资名单与社保名单、合同名单不一致。

⑨商业保险计入费用，在税前列支。

⑩生产用原材料暂估入账，把进项税额也暂估在内，虚增成本。

⑪过期发票、套号发票、连号发票、假发票等入账列支费用。

⑫货款收回后，挂在往来科目中，长期不确认收入。

⑬非正常损失材料、非经营性耗用材料，没有做进项转出。

⑭捐赠、发福利等视同销售行为，没有确认销售收入。

⑮福利性质旅游和奖励性质旅游混在一起。前者属于福利费，后者属于工资性收入。

⑯非本企业人员在本企业报销费用。比如帮助客户、领导、外部专家报销机票、旅游开支等。

⑰产品移库处理不当，被要求确认收入。

⑱母公司与子公司、总公司与分公司之间存在价格转移，被税务要求按市场定价确认收入。

⑲未经批准，总公司与分公司合并纳税。

⑳应征消费税的小汽车抵扣进项。

㉑打折销售、买一送一、销售返利等处理不当，导致税收增加。

㉒股东借支，长期不归还，被视为变相分红，要求缴纳个人所得税。

㉓直营店缺乏独立营业执照，涉税事项涉及总公司；另外，本来可以按个体工商户身份纳税的门店，却要求和总公司一起查账征收。

㉔对外投资协议不完善，被税务认定为借款，因此所得税的投资收益须再缴纳一次所得税。

㉕借款给关联企业，不收利息，或者利息不入账。不收利息，属于利益输出；利息不入账，属于隐瞒收入。

㉖固定资产或待摊销支出，没有取得正规发票，折旧和摊销额不能税前列支。

㉗费用项目混淆，业务招待费等有扣除限额的费用，是重点检查项目。

㉘边角余料销售收入明显较高。

㉙财政补贴性资金核算不当导致税务风险。

㉚关系法人之间无偿划转资产，包括设备以及房产等，均要视同销售或租赁，

确认收入纳税。

㉛应收账款、预收账款、应付账款、预付账款等科目存在虚假户头，并且长期挂账，可能存在"另一本账"。

㉜非生产经营性资产，比如接送员工上下班的班车抵扣进项税。

㉝非企业名下车辆，费用在企业报销列支（租给企业的除外）。

㉞不同法人主体之间借货还货，虽然不涉及货币收支，但依然是销售行为，应当缴纳增值税。

㉟企业将银行借款或自有资金无偿借给关联企业，或非关联企业，涉及税务风险。

㊱宣传活动赠送礼品，未代扣代缴个人所得税。

㊲资本公积转增资本，如果涉及个人股东，须代扣代缴个人所得税。股东个人借款转增资本，也做类似处理。

㊳"外账"附件与"内账"明显不一样，包括版式、纸张、签名等。

㊴几乎没有白条，提示可能有"另一本账"。

㊵差旅费、业务招待费等很少，明显与企业规模不符，提示可能因为现金流不足，有大量费用没有入账，或者，有大量白条费用被记入"另一本账"。

9.3.3　发票层面的风险点

为保护纳税人合法权益，防范税务风险，避免税务风险产生的损失，此处整理列举了发票层面的税务风险点，纳税人可以对照查看自身是否存在相应的税务风险。

①收到增值税专用发票，却没有用于抵扣，也没有入账。

②供应商不能开增值税专用发票，供应商让它的上游企业开增值税专用发票给企业。这种增值税专用发票，不能用于抵扣。

③增值税专用发票所列商品品名与实际清单不符，或者没有清单。

④得到的是假发票、套号发票或废票。

⑤客户方涉税，或者国有企业受反腐调查，可能牵连企业。

⑥第三方开发票，有委托付款的风险。增值税法规要求，必须"票、款、物"三统一。

9.3.4 账户管理层面的风险点

银行账户管理是指银行账户的开立、注销管理。银行账户管理是结算管理的一部分，它包括中央银行对商业银行的管理及商业银行对开户单位的管理，是一项涉及国民经济各部门的艰巨而又复杂的系统工程。

账户管理层面的风险点如下。

①在银行开立辅助账户，不向税务机关申报，收入记入这个账户，账面不确认收入。

②个人卡长期用于收款，且金额进出很大，累计金额也很大。

③个人卡用于收取货款，也用于支付供应商款。

④股东个人卡信息被泄露。

9.3.5 税务稽查风险应对与案例探讨

税务稽查是税务机关依法对纳税人、扣缴义务人履行纳税、扣缴义务等情况所进行的稽核、检查和处理工作的总称。税务稽查侧重于打击违法活动，维护税法的严肃性，是对纳税人履行纳税义务的事后监督，对查出的问题既要求补税又罚款，符合移送标准的还要移送司法机关。

常见的税务稽查疑问如下。

疑问一：公司员工的工资怎么都是 5 000 元？每月都没有变动吗？员工也从来不缺勤或加班吗？怎么有的月份员工工资都是 0 元？公司现在是用现金发放工资吗？

疑问二：公司账面上怎么经常有婴儿奶粉、纸尿裤、儿童游戏书籍、计生用品等的增值税专用发票抵扣？是否与公司的日常经营有关？

疑问三：这么多员工收到了工资怎么都没有申报个人所得税？被发工资的员工是否是公司的正式人员？签订劳动合同了吗？

疑问四：公司销售办公家具，怎么进项都是通信设备？进项和销项怎么差距这么大？

疑问五：公司账面上的存货金额怎么这么大？仓库中真有这么多库存吗？

疑问六：公司今年怎么取得了这么多个人代开的劳务费的发票，公司作为支付方是否履行了代扣代缴个人所得税的义务？

疑问七：公司怎么一直亏损，难道一直不挣钱吗？为什么营业收入很多且一直增长，但是亏损越来越大？账面上列支的上千万元的咨询费、推广费等主要咨询什么，怎么推广？

遇到稽查先要看以下 3 点。

一看证件：看有没有出示检查证件。

二看人员：应当由两名以上检查人员共同实施。

三看文书：看有没有出示税务检查通知书。

被稽查的原因如下。例行检查，被稽查选案随机抽到；群众举报；专项检查或行业检查；数据指标异常，风控办或评估移送；因其他企业涉税问题而被延伸检查；协查发现税收违法线索；上级直接推送案件而被检查；其他单位发现问题推送税务稽查。

稽查选案分类见图 9-4。

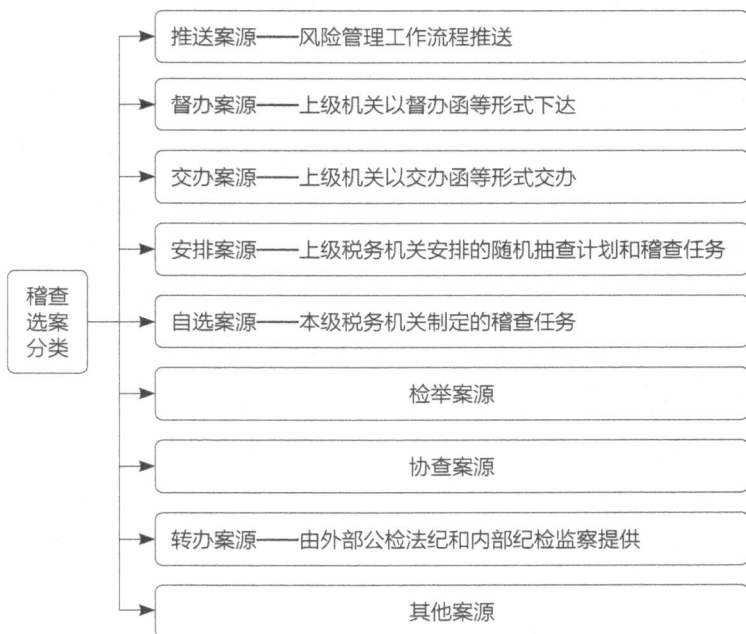

图 9-4　稽查选案分类

（1）被稽查原因分析——数据指标异常

①税负率。

小规模纳税人税负率基本就是征收率。

一般纳税人增值税税负率计算公式如下。

一般纳税人增值税税负率 = 当期应纳增值税 ÷ 当期应税销售收入

注意：对实行免抵退税的生产企业而言，应纳增值税包括出口抵减内销产品应纳税额。

通常情况下，计算公式如下。

当期应纳增值税 = 应纳增值税明细账"转出未交增值税"累计数 + "出口抵减内销产品应纳税额"累计数

所得税税负率，为年度缴纳所得税税额占该企业收入总额的百分比。每月预缴的企业所得税也要算在内，即一个年度缴纳的所有企业所得税税额都要算在内。

②收入成本配比。

相关计算公式如下。

主营业务收入变动率 = （本期主营业务收入 − 基期主营业务收入）÷ 基期主营业务收入 ×100%

主营业务成本变动率 = （本期主营业务成本 − 基期主营业务成本）÷ 基期主营业务成本 ×100%

主营业务费用变动率 = （本期主营业务费用 − 基期主营业务费用）÷ 基期主营业务费用 ×100%

主营业务费用率 = 主营业务费用 ÷ 主营业务收入 ×100%

结论：收入成本配比不正常时，可能存在销售未计收入、多列成本费用、扩大税前扣除范围等问题。

③资产指标配比。

相关计算公式如下。

应收（应付）账款变动率 =[本期应收（应付）账款 − 基期应收（应付）账款]÷ 基期应收（应付）账款 ×100%

存货周转率 = 主营业务成本 ÷ 平均存货 ×100%

结论：资产指标配比不正常时，可能产生坏账，可能存在隐瞒收入、虚增成本问题。

案例：某铁厂为增值税一般纳税人，主要业务是铸造生铁。2020 年 1—6 月实现销售收入 125 828 200 元，申报抵扣进项税额 18 710 653.34 元，缴纳增值税

2 680 140.66 元，税负 2.13%。税务机关制定的该行业增值税税负预警下限为 2.37%。

经核实，该厂 2020 年 1—6 月用电 9 906 604.04 千瓦·时，行业单位产品耗电定额为 150 千瓦·时/吨。账载期初库存产成品 232 吨，期末库存产成品 11 980 吨，产品平均销售单价 2 485 元/吨（不含税）。

（2）被稽查原因分析——账簿报表异常

被稽查原因分析如下：单位职工人数、经营场地与报表的收入规模不符；设备规模、用电、用水与营业收入不配比；其他应收款、其他应付款金额大，而且往来频繁，长期挂账；存货逐月增长无减少；短期借款无增长或增长不大，财务费用却暴增。

案例：某民营纺织企业 2016 年度和 2017 年度分别实现 2 036 万元和 6 853 万元的利润。该纺织企业在 2018 年 3 月决定再投资新建 1 万元纱锭的前纺车间，仅土建部分的投资就将达到 21 500 多万元。如此大的基建投资不能一次性在缴纳企业所得税前进行扣除，而企业每年还要缴纳上千万元的企业所得税。

根据财务部门的报告，2018 年 1—9 月，企业已经实现利润 6 400 多万元，预计到年底全年将实现 7 800 万元的利润。于是，财务总监与财务负责人商量，看如何才能将今后的利润降下来。

经过反复的推敲，他们决定一方面将外购的土建材料先全部记入"原材料"科目，然后再将部分土建费用混成生产费用，在领用时的会计凭证和账簿摘要栏里只写"领用材料"，不写领用哪种原材料，将基建工程领用的材料混入生产成本进行税前扣除；另一方面，在购进成套设备时，让销货方将成套设备分成若干零配件开具增值税专用发票，在安装时以"领用"的名义混入生产成本。

2020 年 8 月，当地税务局稽查局进行检查时，通过对财务报表的分析发现，该纺织企业自 2018 年 10 月以后，产品单位生产成本增长异常，利润下降也异常，甚至有的月份出现巨额亏损的现象，这与其实际生产经营情况明显相悖。

于是，稽查人员重点对 2018 年 10 月以后生产成本中材料领用情况进行逐笔审查，发现该企业将大量基建材料，如圆钢、木材等直接计入生产成本，2018 年度混入生产成本的基建材料共 1 086 万元，2019 年度混入生产成本的基建材料高达 5 072 万元。

接着，稽查人员还通过对生产成本中材料领用情况的逐笔审查发现，该企业领用的"机器配件"的数量十分蹊跷，一批领用的配件恰巧可以组成一台（条）或者数台（条）设备（生产线）。为了得到进一步的证实，稽查人员不远千里到达南方某市，在该市税务部门的大力配合下，稽查人员终于从该纺织企业购进所谓"机器配件"的供应商处得到了纺织企业让供应商将成套设备"化整为零"开具发票的证据。

数据异常是税务稽查发现问题的线索。时代发展，信息通畅，稽查人员可以十分容易地发现偷漏税证据，企业应在法律允许的范围内做税务筹划。

案例：深圳市税务局在对某银行实施立案稽查时，发现该银行存在未按税法规定扣缴个人所得税的税务违法问题，遂依法责令该银行补扣缴了少代扣代缴的个人所得税 118 万元，并处以罚款 59 万元。

据悉，稽查人员在检查该银行纳税情况时，发现存在三个方面的问题。

一是按照上年职工月平均工资单位和个人各 20% 的比例为员工缴存住房公积金，未将超过法定扣除比例和扣除上限额标准的住房公积金并入员工当月工资、薪金所得计算缴纳个人所得税。

二是将四个季度发放的绩效工资合并总额按全年一次性奖金申报缴纳个人所得税，而未将其中三次发放的绩效工资并入当月工资、薪金所得计算缴纳个人所得税。

三是发放补贴、过节费等未并入员工当月工资、薪金所得计算缴纳个人所得税。

上述问题导致少代扣代缴个人所得税合计 118 万元。针对上述违法事实，深圳市税务局依法做出了处理。

负有代扣代缴义务的企业不能掉以轻心。若企业未按规定扣缴个人所得税，税务机关可以对扣缴义务人处以 0.5 ~ 3 倍的罚款。不要让员工直接以各类发票抵税，虚开增值税普通发票最终也会涉及刑事责任。

案例：某鞋帽生产公司，2020 年当地税务稽查局接到协查线索后对其进行立案检查，检查后发现对方并没有出现协查所显示的发票问题，但是发现了其他问题。

该企业的凭证非常简单，费用方面除了人员工资外没有任何支出，利润表却显示亏损一百多万元。

经询问，企业负责人说有其他费用，因为是家族企业，觉得入不入账都无所谓。然后拿出了一个大箱子，经检查，里面有各种费用凭证。稽查人员很纳闷，费用支出基本不入账，为什么却连年亏损呢？经过进一步检查，发现两个疑点：第一是成本中的直接人工支出较大，第二是原材料总是暂估入账，下月冲减。

最终，经过仔细核对，稽查人员发现企业冲减原材料时有几笔业务没有调整差异。

企业负责人觉得很委屈，认为自己主观不想犯错，只是财务意识不强，家族式经营管理，根本没有把财务和纳税当作重要的事情。

日常费用正常支出应该入账，非正常支出不要虚列；家族企业负责人事前多准备，胜过事后后悔；尤其要注重财务能力的提升和财务管理。

案例：2017年1月，某省税务局稽查局接到国家税务总局稽查局转来的举报信，举报某食品有限公司（以下简称"T公司"）涉嫌巨额偷税。

T公司属于有限责任公司，为增值税一般纳税人，有职工近500人。2013年扩大生产经营规模，注册资本增加到200万元，2014年搬迁到新厂址。T公司主要生产经营品牌调料、火锅底料，近两年开发出多种规格型号的调味品、小食品、肉食品、蔬菜制品、非酒精饮料等产品。公司下设行政、生产、财务、配送、销售、研发等部门。销售部下设4个办事处，分片区负责国内30多个销售点的经销业务。企业基本情况：企业规模大、数据多。

检查组调阅了T公司有关税收申报资料，排查出有价值的案件线索。

一是T公司税负偏低。调味品企业成长性强、市场广阔，且T公司创立了自己的品牌，品牌效益突出，产品覆盖面广。公司成立3年多时间里，资产规模扩大到1500多万元。近5年T公司综合税负率却在2%左右，各年末均无留抵进项税额。

二是纳税申报存在疑点。T公司增值税纳税申报表及其附表均申报的是开具发票（包括增值税专用发票和普通发票）的销售收入，没有申报未开销售发票的销售收入，这与一般情况不符。因为T公司产品销售对象主要是超市和私营企业、个体批发商等，相当一部分经销对象不需要发票，应该有未开发票的销售收入存在。

检查组明确了检查方向与手段，决定先派人到T公司实地调查，掌握公司机构设置和分布情况，然后突击调账检查，并明确检查重点是财务部、销售部、生产车间及保管配送中心等，检查资料以账簿凭证等书证为主，对电子数据要求复制存储并打印。稽查人员共分3组实施检查：第一小组检查财务部，重点提取财务数据，用移动硬盘现场复制计算机数据库；第二小组检查销售部，重点收集客户档案资料、销售统计报表、业绩考核表等资料；第三小组检查生产车间和保管配送中心，重点检查生产记录、产成品库存，看是否账实相符。（突击调账检查：如果检查前通知有碍检查，可以不通知直接检查）

2017年1月22日，检查组按计划对T公司实施突击调账检查。公司对税务检查积极配合，检查组没有发现正常会计核算资料以外的涉案书证、物证。检查组调取了账簿凭证，分类统计分析产品、包装、材料购进数据，另外梳理了银行账户资料、管理记录、生产材料等资料。（公司态度大方，欢迎税务机关随便查、随意查、随时查）

对包装物与产成品的统计分析发现以下问题。一是包装袋购进量大、规格复杂，无法准确统计。T公司2015年就有38种规格的常用小型包装袋，购进包装袋的计量单位有件、箱、斤、袋、个等，个别购进发票没有数量只有金额，会计账簿只核算大类，没有分品种、分规格核算，未记录明细账。二是包装用量与成品计量单位对应关系复杂，难以从包装用量推算产品出厂情况。T公司成品出入库与销售结转均以"件"为单位，不同系列产品每一大件内又有不同规格、不同数量的小包装。如火锅底料产品有168g、200g、330g、400g等型号，从包装用量上无法精确统计和定量分析，因此从账务核算上直接发现问题有一定难度。（检查思路清晰，奈何对应关系复杂，难以发现问题）

为了打破僵局，稽查人员决定到超市、集贸市场收集T公司不同品名、规格和型号的调味产品，与账簿记录的产品包装品名、规格、型号等进行比对分析。终于，稽查人员在一个小包装袋上发现该公司除在税务机关登记的生产地址、电话外，另有一个销售部电话号码。（另辟蹊径，柳暗花明又一村）

检查组分析认为，这个销售部很可能是公司的核心总部或其账外经营的销售核算地。于是稽查人员从发现的销售部电话号码入手，到电信部门查询电话使用人登记信息，发现该电话号码是以个人名字登记的，地址在某某路16号。稽查人员到某某路16号，通过与小区物管联系，找出了电话号码所在的大楼及楼层门牌号，并到现场调查销售部办公室。（思维发散，多向发展，只要作假，终有痕迹）

2017年1月29日，检查组对该销售部实施突击检查。当稽查人员突然现身T公司销售部并出示检查手续和证件依法展开调查时，现场气氛骤然紧张。公司员工神情慌张，有的急忙收拾资料、关闭计算机，说话支支吾吾。稽查人员从现场一台计算机中发现T公司一批商品出入库统计和各片区市场营销布局、销售业绩考核等重要数据，当即对相关数据进行打印并交当事人签字盖章。稽查人员复制固定计算机数据资料，并对各办公室的涉税资料进行仔细收集和归类。

稽查人员用从该销售部计算机中提取的2015—2016年各销售片区收入业绩考核的统计数据，与会计账簿记载的收入数据进行比对，发现该销售部的销售统计数明显大于会计账簿记账数，判断T公司可能有隐瞒销售收入的情况。但从该销售部除了取得上述销售统计数据外，没有提取到其他账外涉税凭证。（已发现苗头，下

一步就是固定证据）

检查组人员分为两组：一组继续从销售部收集的经营资料入手，重点查找整理违法线索；另一组从购货方入手，收集 T 公司隐匿收入的证据。稽查人员在该公司客户群中选出一批购货商，从购货商逆向调查该公司的商品流、资金流，收集销售发票、购销合同、银行凭证等涉税资料。经过努力，在上述购货商提供的货款支付凭证中，发现几张银行转账支付凭证回单，收款方开户银行是某农行分理处，收款单位是 T 公司，但这个账户不是 T 公司登记注册的结算银行账户，说明 T 公司还另有一条资金流渠道。稽查人员当即开具税务机关检查银行存款许可证明，从银行查明这就是 T 公司的账户，该账户从 2014 年开设以来，发生大量资金往来，从该账户的银行原始凭证中可看出，许多销售货款被汇入该账户。T 公司偷税违法事实浮出水面。（天网恢恢，疏而不漏）

处理结果：根据《增值税暂行条例》第一条、第二条第（一）项、第五条、第六条第一款和《税收征收管理法》（以下简称《征管法》）第六十三条第一款的规定，对该公司追缴增值税税款 675 万元（2017 年增值税率为 17%，与现行增值税率不同），并处少缴税款 50% 的罚款。（为什么没有提到企业所得税、城市维护建设税和教育费附加呢）

根据《征管法》第三十二条的规定，加收滞纳金 161 万元。

该案上述违法行为已涉嫌触犯《刑法》第二百零一条的规定，根据《征管法》第六十三条第一款、第七十七条第一款以及国务院《行政执法机关移送涉嫌犯罪案件的规定》第三条的规定，依法将该案移送公安机关处理。

9.3.6　财务报表隐藏的税务风险点及应对措施

大数据时代，企业财务报表与增值税申报、所得税申报数据等的各种数据都将更加透明化，各种隐藏风险也将无所遁形。企业的财务报表是稽查机关实施纳税检查的"听诊器"，在大量而错综复杂的数据背后是企业经营状况与潜在的涉税信息。财务报表中许多项目都与税收有关，资产负债表中的固定资产项目与房产税、车船税、印花税、增值税、城镇土地使用税等税种相关。利润表中营业收入与资源税、增值税、消费税、印花税等税种相关。

使用金税四期系统，可以通过企业财务报表了解企业的财务状况和经营情况，掌握税收变化规律，发现纳税的疑点线索，进而有针对性地开展税务稽查。

优秀的财务与税务人员，不仅要懂做财务报表，还要懂提前巧妙合法地规避相关风险，或者从中分析隐藏的风险，提前应对。

以下是易触发税务稽查，反避税调查的重要信息。

①营业额大但长期亏损或微利经营。

②长期亏损但生产经营规模不断扩大（如不断增资、从股东或其他企业不断借入款项、固定资产规模不断增大、营业收入稳步增长等）。

③营业额大且微利经营但销售对象或订单来源单一。

④常规判断有边角料、废品等出售但无其他业务利润。

⑤长期不做盘盈、盘亏处理。

⑥有直接长期股权投资或其他关联关系但不进行关联往来申报。

⑦税收优惠期间利润高，优惠期满后利润率大幅下降。

⑧工程施工企业营业额高但应收账款不符合正常比例。

⑨增值税税负波动大或连续3个月零申报及长期税负水平低于同行业。

⑩增值税税负高但所得税税负低。

⑪常规判断属于一般常规性企业但无形资产金额较大并呈成长态势（支付专利、非专利费）。

⑫资本公积项目余额大。

⑬其他应收款等往来项目余额大。

⑭预收、预付账款项目余额大。

⑮存货项目余额大且不断增长。在资产负债表中存货金额居高不下，有时会超过实收资本，一般情况下会出现账实不符的情形，企业在销售商品后没有结转收入和成本，导致已售存货堆积在账面上。

⑯增值税留抵税额大但存货余额小且明显不匹配。

⑰常规判断企业为进料加工企业但内销收入增长较快。

⑱常规判断企业盈利能力强但个人所得税申报金额较小。

⑲财务报表及纳税申报表项目关系存在错误。

⑳拥有不动产（尤其是土地）的企业但进行股权转让的，同时关注股权的转让方与受让方。

㉑未分配利润项目的余额大幅度下降。

㉒房地产开发企业利润表申报的利润率长期与预缴所得税采用的预计利润率趋同。

㉓有明显迹象拥有或使用较多不动产但未申报房产税及城镇土地使用税。

㉔营业外收入、财务费用、投资收益项目金额变化较大。

㉕在年度内发生重组并购交易。

㉖向境外（或关联企业与个人）大额支付商标使用权费、管理服务费等非实质性劳动支出。

㉗营业收入大但印花税申报金额小。

㉘关联交易迹象明显的。

（1）财务报表中蕴含的税务风险

货币资金财务报表项目涉及的各项税务风险见图 9-5。

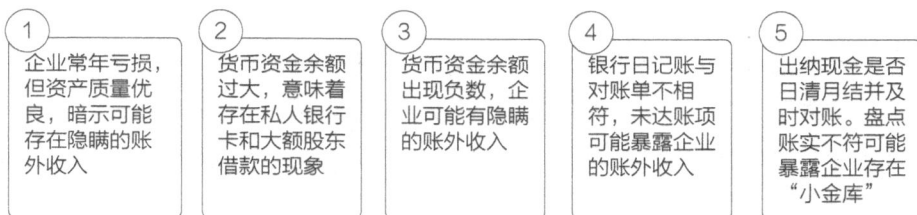

1	2	3	4	5
企业常年亏损，但资产质量优良，暗示可能存在隐瞒的账外收入	货币资金余额过大，意味着存在私人银行卡和大额股东借款的现象	货币资金余额出现负数，企业可能有隐瞒的账外收入	银行日记账与对账单不相符，未达账项可能暴露企业的账外收入	出纳现金是否日清月结并及时对账。盘点账实不符可能暴露企业存在"小金库"

图 9-5　货币资金财务报表项目涉及的各项税务风险

（2）应收及预付款项税务风险

应收及预付款项的税务风险见图 9-6。

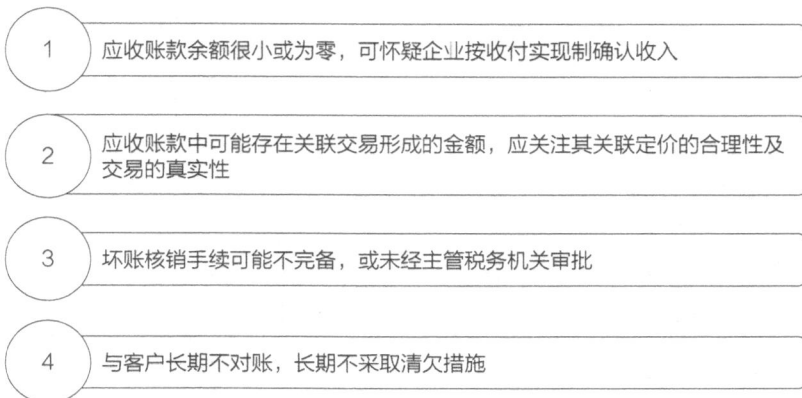

1	应收账款余额很小或为零，可怀疑企业按收付实现制确认收入
2	应收账款中可能存在关联交易形成的金额，应关注其关联定价的合理性及交易的真实性
3	坏账核销手续可能不完备，或未经主管税务机关审批
4	与客户长期不对账，长期不采取清欠措施

图 9-6　应收及预付款项的税务风险

预付账款挂账多年，未取得发票，应采取哪种方法？遇到这种情况，一般做法是先转入其他应收款，对其计提坏账准备，等到取得了充分、适当的核销证据后再进行核销处理。

其他应收款的税务风险见图9-7。

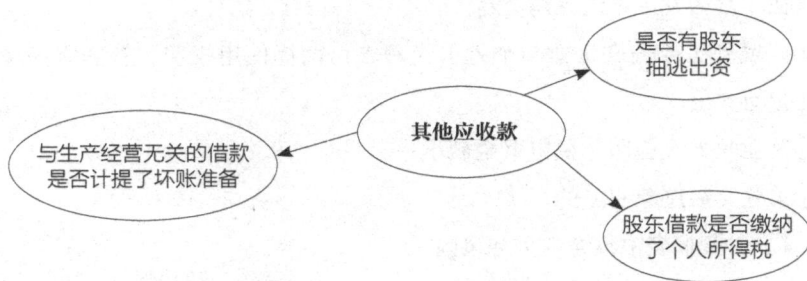

图9-7　其他应收款的税务风险

根据相关规定："纳税年度内个人投资者从其投资企业（个人独资企业、合伙企业除外）借款，在该纳税年度终了后既不归还，又未用于企业生产经营的，其未归还的借款可视为企业对个人投资者的红利分配，依照'利息、股息、红利所得'项目计征个人所得税。"

（3）待处理流动资产的税务风险排查及合法票据的识别与风险分析

待处理流动资产的税务风险排查及合法票据的识别与风险分析见图9-8。

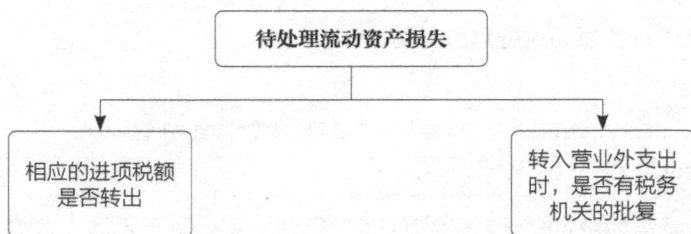

图9-8　待处理流动资产的税务风险排查及合法票据的识别与风险分析

（4）应付及预收款项的税务风险

应付、预收款项的税务风险见图9-9和图9-10。

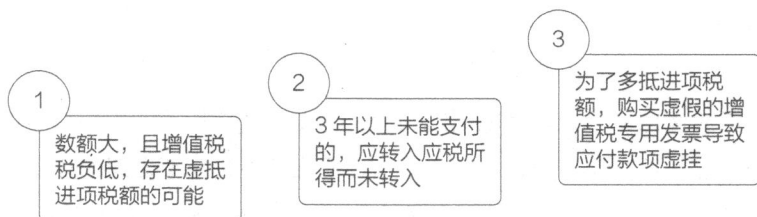

图 9-9 应付款项的税务风险

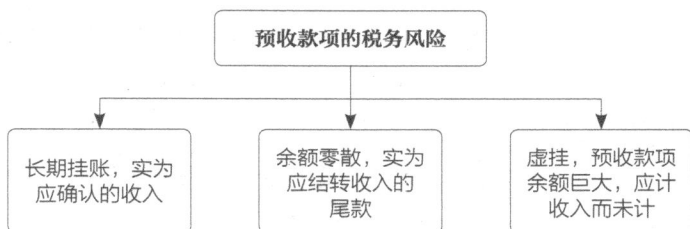

图 9-10 预收款项的税务风险

9.3.7 税务稽查手段

税务稽查手段如下。

（1）调查分析法

①根据企业经营产品特点、用途、销售对象、销售方式，分析判断企业是否可能存在销售不开发票的现象和现金结算的情况。

②分析企业账面反映的盈利能力是否与企业实际的生产能力一致。

③分析是否有必须发生，而账面没有反映的费用支出。

（2）投入产出分析法

结合企业的生产工艺、流程，查找相关的产品料、工、费耗用定额指标。例如，原材料耗用数量，煤、电、水、气的耗用数量，包装物的耗用数量，都与产品产量有较强的关联性。

（3）逻辑分析法

从货物流向的角度进行研究，根据被查对象的财务核算指标和生产业务流程进行分析论证，通过对资料之间的比率或趋势进行分析，从而发现资料间的异常关系和某些数据的意外波动，从而发现异常资金流动和货物流动不匹配的现象，为检查账外经营提供分析依据。

（4）异常情况分析法

在认真检查企业各种账证之间的钩稽关系，仔细分析每一处疑点的基础上，结合企业产品的性能和用途，了解和熟悉企业生产中各环节之间的钩稽关系，发现企业会计核算中不合乎产品生产经营实际、不合乎常规的疑点和问题，从而快速找到检查的切入点。

（5）突击检查法

对可能存在账外经营、隐藏销售收入的企业，宜采取突击检查的方法，在第一时间尽可能多地获取纳税人的涉税资料，收集有效的证据。

（6）重点检查法

运用调查、核实、分析多种方法综合进行检查，具体如下。

①将"库存商品"明细账与仓库保管员的实物账进行比对。

②盘点现金。

③核实与货物生产数量存在"一对一"关系的关键性配件购进、耗用和结存情况。

④调查纳税人在银行设立的账户（包括以主要负责人名义开的个人银行卡）。将其资金到账情况与"银行存款"明细账相核对。

⑤利用金税工程比对信息和海关比对信息发现滞留未抵扣的增值税。

⑥关注企业账面反映的从非金融机构借入的资金，核查其真实性。

⑦对需由有关部门审核批准才能外运的产品，可到相关部门调查核实其实际销售数量。

（7）外围查证法

在采用其他方法分析、排查出涉税疑点的基础上，进行外围取证、固定证据。外围查证法是检查账外经营直接和有效的方法。

①对资金流向进行检查。

②对货物流向进行检查。物流的调查取证分为对销售货物、购进货物和支付费用等方面的查证。检查中注意收集掌握企业货物流转的线索与证据，通过对相关企业调查落实，鉴别被查企业账簿记录的真伪和购销业务的真实性。

第 10 章
虚开发票的风险及防范

"金税四期"上线以后，打击虚开、骗税等违法犯罪行为成了税务机关重点工作之一。作为企业管理者、财税人员，需要及时掌握虚开发票带来的涉税风险。通过对实际案例进行剖析，帮助纳税人明确发票虚开的法律风险，应对虚开发票带来的风险。

10.1　以票管税——国家税收征管理念的切入点

以票管税是指利用发票的特殊功能，通过加强发票管理，强化财务监督，对纳税人的纳税行为实施约束、监督和控制，以达到堵塞税收漏洞、增加税收收入、提高税收征管质量的目的。以票管税，要做到"查税必查票""查账必查票""查案必查票"三点。

10.1.1　通过增值税发票管理新系统开具的发票和其他发票

通过增值税发票管理新系统开具的发票主要有增值税专用发票、普通发票、机动车销售统一发票、二手车销售统一发票。

增值税专用发票分为三联版和六联版，基本联次分为记账联、抵扣联、发票联，六联版中第六联在纳税人办理产权过户手续时使用。

增值税普通发票分为增值税普通发票（折叠票）、增值税普通发票（卷票）、增值税电子普通发票。

没有通过增值税发票管理新系统开具的其他普通发票：税务机关发放的现有卷式发票、门票、过路（过桥）费发票、定额发票、客运发票（出租车、火车客票，航空客票电子行程单）。

10.1.2 可抵扣的发票和不可抵扣的发票

可抵扣的发票包括：增值税专用发票（含税控机动车销售统一发票）、从海关取得的海关进口增值税专用缴款书、购进农业生产者自产农产品取得（开具）的农产品收购发票或销售发票、自税务机关或扣缴义务人取得的解缴税款的完税凭证、收费公路通行费增值税电子普通发票、旅客运输服务的发票。

不可抵扣的发票分为两类。

第一，增值税发票管理新系统开具的普通发票：增值税普通发票（折叠票）、增值税普通发票（卷票）（含冠名）、二手车销售统一发票。

第二，其他普通发票：税务机关发放的现有卷式发票、门票、过路（过桥）费发票（ETC 电子普通发票可抵扣）、定额发票、客运发票（没有载明旅客身份信息的）。

（1）取得增值税专用发票不按票面税额抵扣——可多抵

从小规模纳税人处购进农产品时取得的增值税专用发票，如果购进农产品分别核算用于生产销售 13% 税率货物和其他货物服务的农产品进项税额，可按 9% 抵扣（可抵扣税额＝增值税专用发票上注明的金额 ×9%）；如果未分别核算，则仅按专用发票票面税额抵扣。

将购进的农产品用于生产销售或委托受托加工适用 13% 税率货物时加计扣除。纳税人购进农产品时，应按照农产品抵扣的一般规定，按照 9% 税率计算可抵扣进项税额。在领用农产品环节，如果农产品用于生产或者委托加工适用 13% 税率的货物，则再加计 1% 进项税额。

（2）取得增值税专用发票不按票面税额抵扣——不可抵

下列项目的进项税额不得从销项税额中抵扣。

①用于简易计税方法计税项目、免征增值税项目、集体福利或者个人消费的购进货物、加工修理修配劳务、服务、无形资产和不动产。其中涉及的固定资产、

无形资产、不动产，仅指专用于上述项目的固定资产、无形资产（不包括其他权益性无形资产）、不动产。纳税人的交际应酬消费属于个人消费。

②非正常损失的购进货物，以及相关的加工修理修配劳务和交通运输服务。

③非正常损失的在产品、产成品所耗用的购进货物（不包括固定资产）、加工修理修配劳务和交通运输服务。

④非正常损失的不动产，以及该不动产所耗用的购进货物、设计服务和建筑服务。

⑤非正常损失的不动产在建工程所耗用的购进货物、设计服务和建筑服务。纳税人新建、改建、扩建、修缮、装饰不动产，均属于不动产在建工程。

⑥购进的旅客运输服务（2019 年 4 月 1 日起纳入可抵扣范围）、贷款服务、餐饮服务、居民日常服务和娱乐服务。

⑦财政部和国家税务总局规定的其他情形。

（3）增值税普通发票可以进项抵扣——农产品发票

农产品销售发票和收购发票可作为扣税凭证，仅限于纳税人从农业生产者处购入自产免税农产品，自开的农产品收购发票或农业生产者开具的销售发票。其他情况下，一律以增值税专用发票作为扣税凭证。

10.1.3　不合规发票的辨识及风险防范

涉税无小事，发票审核责任重大，须确保发票的来源、形式符合国家法律、法规等相关规定。

（1）发票审核的要点

发票形式是否合规，一直以来都是财务审核的要点。在实际工作中，可以从以下十个方面来审核，把握关键点。

①发票的种类。

发票的种类见图 10-1。

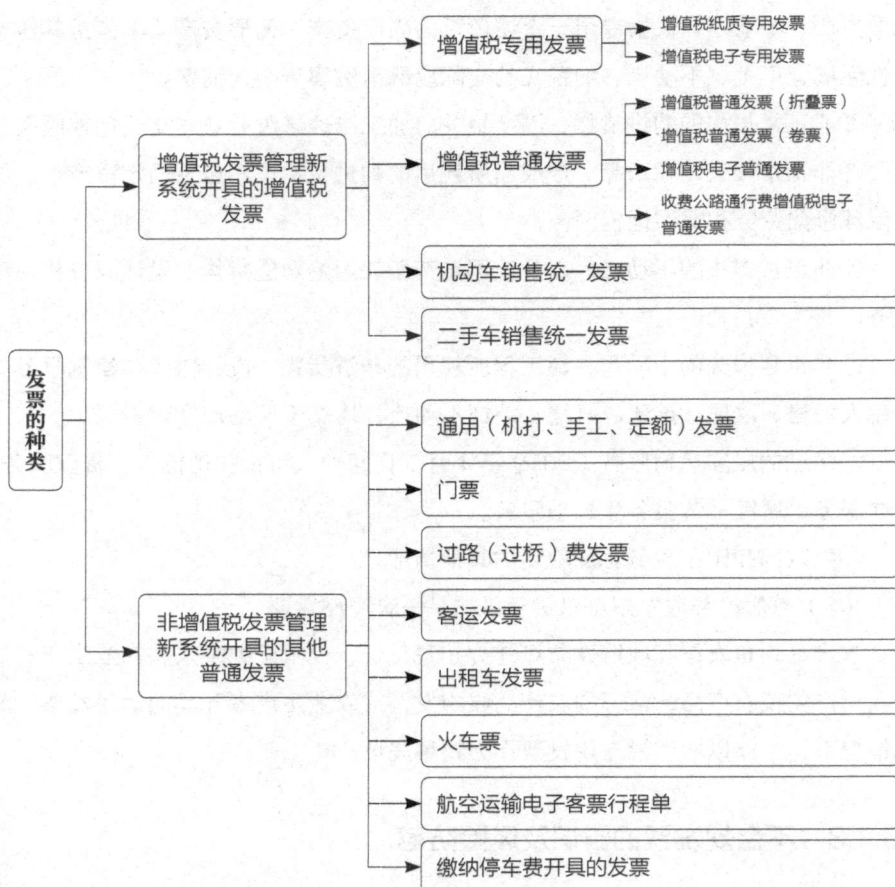

图 10-1　发票的种类

②新发票监制章。

新发票监制章见图 10-2。

图 10-2　新发票监制章

③购买方信息。

购买方信息见图 10-3。

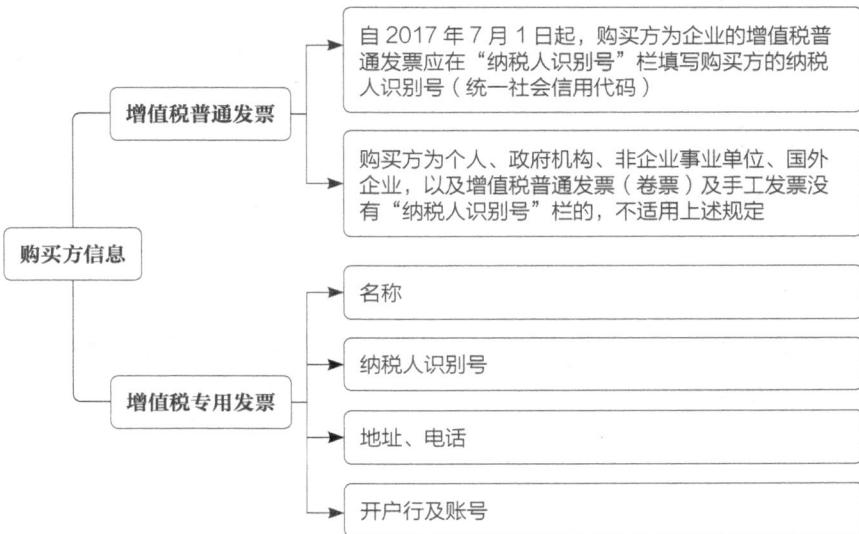

图 10-3　购买方信息

④货物或应税劳务、服务信息。

货物或应税劳务、服务信息见图 10-4。

增值税发票	"货物或应税劳务、服务信息"栏要有商品和服务税收分类编码简称

图 10-4 货物或应税劳务、服务信息

⑤规格型号、单位、数量、单价

开具发票应当按照规定的时限、顺序、栏目，全部联次一次性如实开具，并加盖发票专用章。根据规定，单位和个人在开具发票时，必须做到按照号码顺序填开、填写项目齐全、内容真实、字迹清楚、全部联次一次打印、内容完全一致，并在发票联和抵扣联加盖发票专用章。

自 2018 年 3 月 1 日起，所有成品油发票均须通过增值税发票管理新系统中成品油发票开具模块开具。通用机打或冠名的成品油发票，在 2018 年 2 月 28 日以后开具的不可用。

成品油专用发票、普通发票、电子普通发票"单位"栏应填写"吨"或"升"，蓝字发票的"数量"栏为必填项且不为"0"，普通发票（卷票）无"单位"栏，默认数量单位"升"。成品油专用发票、普通发票、电子普通发票左上角打印"成品油"字样，普通发票（卷票）无此要求。

⑥发票税率

审核发票税率选择是否正确，要关注经济业务、税收分类编码和适用税率是否相符。

⑦发票备注

审核发票是否应该填写"备注"栏但未填写，填写是否规范。发票"备注"栏应注明的信息见图 10-5。

货物运输服务：起运地、到达地、车种车号、运输货物信息等内容（如内容较多可另附清单）

建筑服务：建筑服务发生地县（市、区）名称及项目名称

销售不动产：不动产的详细地址

出租不动产：不动产的详细地址

销售或出租不动产，税务机关按照核定计税价格征税的：注明"核定计税价格，实际成交含税金额 ××× 元"

保险机构代收车船税开具增值税发票：代收车船税税款信息，包括保险单号、税款所属期（详细至月）、代收车船税、滞纳金、合计等

中国铁路总公司及其所属运输企业（含分支机构）提供货物运输服务：铁路运输企业受托代征的印花税税信息

销售预付卡：注明"收到预付卡结算款"

个人保险代理人汇总代开增值税发票：注明"个人保险代理人汇总代开"，证券经纪人、信用卡和旅游等行业的个人代理人比照执行

适用差额征税办法缴纳增值税，且不得全额开具增值税发票的：自动打印"差额征税"

为跨县（市、区）提供不动产经营租赁服务、建筑服务的小规模纳税人（不包括其他个人）代开增值税普通发票：自动打印"YD"

互联网物流平台企业代开货物运输专用发票：符合条件的货物运输业小规模纳税人的纳税人名称和统一社会信用代码

生产企业代办退税的出口货物，向综服企业开具的增值税专用发票：注明"代办退税专用"

税务机关代开：注明纳税人名称和纳税人识别号

纳税人自行开具或者税务机关代开增值税发票时，应在"备注"栏注明的相关信息

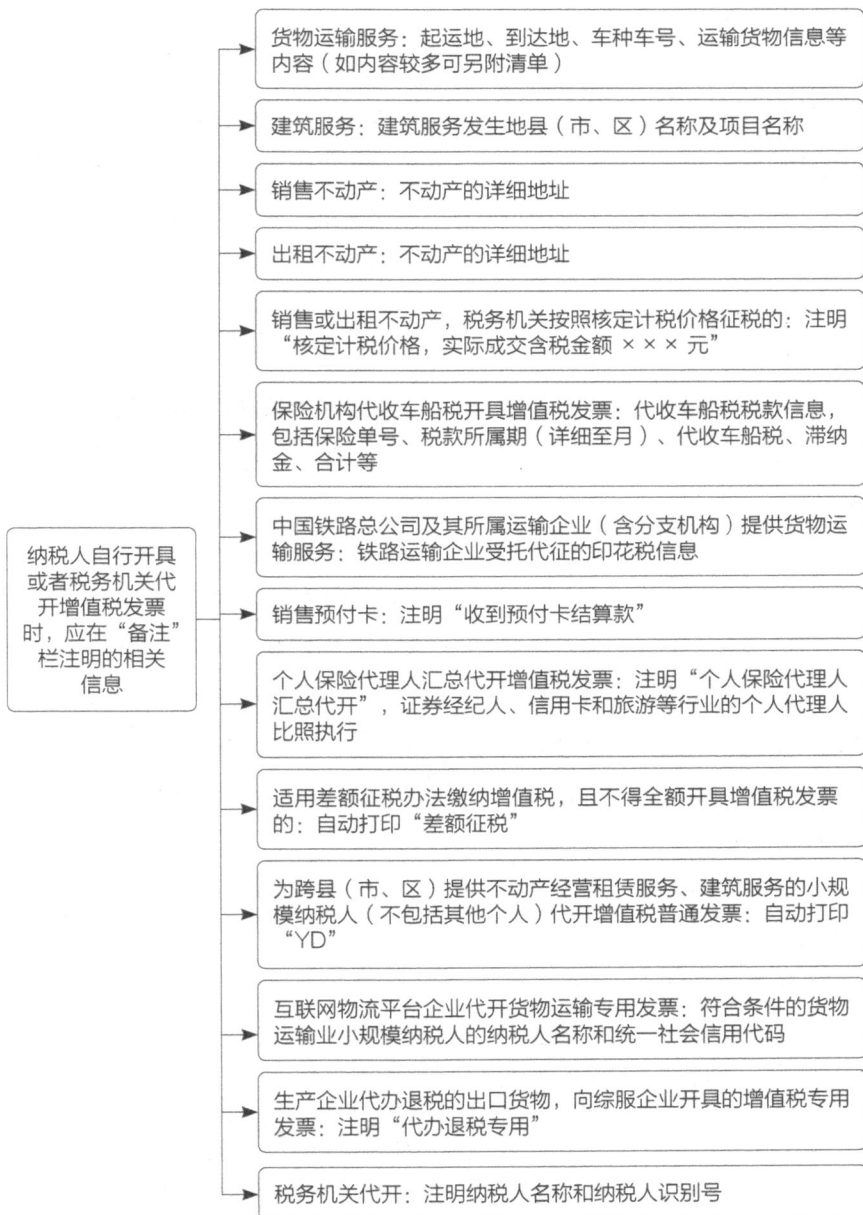

图 10-5　发票"备注"栏应注明的信息

⑧发票清单。

审核发票记载是否与票据附件相一致。开具汇总办公用品、食品等发票，必须附上由税控系统开具的《销售货物或提供应税劳务清单》并加盖发票专用章。

自行使用 A4 纸打印清单无效。

⑨发票印章。

审核发票及附件是否加盖了发票专用章或税务机关代开发票专用章。增值税电子发票不需要另外加盖发票专用章；机动车销售统一发票应在发票联加盖发票专用章，抵扣联和报税联不得加盖印章。发票专用章加盖不清晰或不完整，可将发票作废或红冲。对在旁边补盖（不可与原印章重叠）是否有效问题，各地税务局规定不一致。

⑩发票票面

审核发票票面是否有压线、错格现象。增值税专用发票不得压线、错格，机动车销售统一发票打印内容压线或者出格的，若内容清晰完整，无须退还重新开具。

（2）不合规发票的风险

自 2017 年 7 月 1 日起，购买方为企业的，索取增值税普通发票时，应向销售方提供纳税人识别号（统一社会信用代码）；销售方为购买方开具增值税普通发票时，应在"购买方"的"纳税人识别号"栏填写购买方的纳税人识别号（统一社会信用代码）。不符合规定的发票，不得作为税收凭证。

所称企业，包括公司、非公司制企业法人、企业分支机构、个人独资企业、合伙企业和其他企业。

不符合规定的发票，不得作为税收凭证用于办理涉税业务，如计税、退税、抵免等。

常见不合规发票的形式如下。

①票面格式开具有误的发票。发票打印字迹不清楚、票号错误、压线错格、二维码和密码区与表样原有内容重叠等。

②未填开购买方全称的发票。购买方全称应当与企业营业执照上的名称一致，不能用简称代替，如果企业名称确实太长，超过了税控机可以显示的字数，可以向当地主管税务机关申请备案规范的简称。

③未按规定填写购买方纳税人识别号（统一社会信用代码）的发票。

④虚开的发票。

⑤假发票。

⑥大头小尾发票。

⑦已作废版本继续开具的发票。

⑧跨地区开具发票。除国务院税务主管部门规定的特殊情形外，任何单位和个人不得跨规定的使用区域携带、邮寄、运输空白发票。因此，如果企业在一处领取发票，却到外地的经营机构开具发票是不可以的。

⑨变更品名的发票。

⑩"备注"栏应填未填，或者填写的内容不规范的发票。

⑪税率或征收率错误的发票。

⑫发票专用章不合规的发票。自开的发票，自 2011 年 2 月 1 日起，所有发票必须加盖发票专用章，不得再加盖财务专用章。各类代开发票应加盖的印章如下。

第一，专用发票：纳税人发票专用章（为其他个人代开的特殊情况除外）。

第二，普通发票：税务机关代开发票专用章。

第三，为其他个人代开专用发票：税务机关代开发票专用章。

⑬票面信息不全或者不清晰的发票。发票上所有项目都应当在开具时一次性如实填写，如果有填写不全或者填写不清楚的情形，企业有权拒收并要求对方重新开具发票。

⑭涂改票面信息的发票。这种发票也是比较常见的，比如购买方名称中一个字填写错误，开票方提出在此处修正并加盖发票专用章，这种方式是不可取的。如果发票项目在填写过程中出现填开错误的情形，应当作废并重新开具发票，不得手工涂改发票信息，存在此情形的，受票方有权拒收并要求对方重新开具发票。

⑮机打发票采用手工开具的。开票方以开票机故障为由，直接手工开具发票，这种方式是不可取的。如果确实存在开票机故障的情形，可以等修好后开具或者申请税务机关代开发票。

⑯未按规定填写商品编码，或编码未选到最末一级的。《国家税务总局关于增值税发票管理若干事项的公告》（国家税务总局公告 2017 年第 45 号）规定，自 2018 年 1 月 1 日起，纳税人通过增值税发票管理新系统开具增值税发票（包括增值税专用发票、增值税普通发票、增值税电子普通发票）时，商品和服务税收分类编码对应的简称会自动显示并打印在发票票面"货物或应税劳务、服务名称"栏次中。目前只有电信服务及国家税务总局明确的其他服务，开具发票时可以选择上级节点开票，具体要求：开具增值税专用发票时，项目名称可按照"基

础电信服务""增值税电信服务"汇总项开具;开具增值税普通发票时,可以按照"电信服务"汇总项开具。

⑰发票监制章过期的发票。新机构挂牌后,应启用新的税收票证式样和发票监制章。

(3)打击发票违法犯罪活动的规定

国家税务总局就打击发票违法犯罪活动的规定如下。

一是各地税务机关要继续将发票整治工作与税收各类检查工作有机结合起来,把发票使用情况的检查工作作为税收检查的必查环节和必查项目,做到"查税必查票""查账必查票""查案必查票",同时也要做到"查票必查税"。各级税务稽查部门要注意合理调配稽查力量,妥善安排各项检查工作。

二是要继续充分采集、分析、利用税收征管信息、税务稽查数据信息和相关部门情报交换的第三方信息,根据不同的行业特点、经营规模、企业类型等因素制定检查工作方案,有计划、有针对性地开展发票整治工作。

三是要继续做好对纳税人的税收政策辅导、查前告知或约谈等工作,引导、鼓励纳税人主动开展发票使用情况的自查自纠,查找问题,纠正过错,规范用票行为。

四是要重点检查"一定金额"以上发票及其业务的真实性,要求逐票比对、逐票核查。特别是药品、医疗器械行业发票以及列支项目为"会议费""餐费""办公用品""佣金"和各类手续费的发票,要通过资金、货物等流向和发票信息的审核分析,检查其业务是否真实,是否存在未按规定开具发票、开具虚假发票或虚开发票的行为。

五是对检查过程中发现的其他涉税问题,要一并进行认真查处。对检查发现的虚假发票,一律不得用于税前扣除、抵扣税款、办理出口退(免)税和财务报销、财务核算。

10.1.4 区别增值税合法有效的抵扣凭证与所得税税前扣除凭证

增值税合法有效的抵扣凭证包括:增值税专用发票,税控系统开具的机动车销售统一发票,海关进口增值税专用缴款书,农产品收购发票与农产品销售发票,解缴税款完税凭证,出口货物转内销证明,通行费电子发票,桥、闸通行费发票。

企业所得税税前扣除的各类凭证包括内部凭证和外部凭证。

内部凭证是指企业自制用于成本、费用、损失和其他支出核算的会计原始凭证。内部凭证的填制和使用应当符合国家会计法律、法规等相关规定。

外部凭证是指企业发生经营活动和其他事项时，从其他单位、个人取得的用于证明其支出发生的凭证，包括但不限于发票、财政票据、完税凭证、收款凭证、分割单等。

10.1.5　从开票方看，需要开具与无须开具发票的行为

需要开具发票的增值税应税项目包括：销售货物（有形动产）、销售劳务（加工修理修配劳务）、销售服务（"营改增"应税服务）、销售无形资产、销售不动产、销售进口货物。

不属于增值税应税项目的是否开具发票？

全面"营改增"后，纳税人的所有经营活动都应缴纳增值税。增值税应税行为应同时具备发生在境内、属于经营性的业务活动、为他人提供、有偿等四个条件。

10.1.6　从取票方看，需要取得发票与无须取得发票的行为

从取票方看，需要取得发票与无须取得发票的行为如下。

（1）增值税应税项目的发票取舍

企业在境内发生的支出项目属于增值税应税项目（以下简称"应税项目"）的，对方为已办理税务登记的增值税纳税人，其支出以发票（包括按照规定由税务机关代开的发票）作为税前扣除凭证；对方为依法无须办理税务登记的单位或者从事小额零星经营业务的个人，其支出以税务机关代开的发票或者收款凭证及内部凭证作为税前扣除凭证，收款凭证应载明收款单位名称、个人姓名及身份证号、支出项目、收款金额等相关信息。

小额零星经营业务的判断标准是个人从事应税项目经营业务的销售额不超过增值税相关政策规定的起征点。

国家税务总局对应税项目开具发票另有规定的，以规定的发票或者票据作为税前扣除凭证。

自然人向企业提供服务，是否需要到税务局代开增值税普通发票，企业凭票入账是否应向该自然人支付报酬？

销售商品、提供服务以及从事其他经营活动的单位和个人，对外发生经营业务收取款项，应当向其开具发票。个人无法自行开具发票的，可以按照《国家税务总局关于纳税人申请代开增值税发票办理流程的公告》（国家税务总局公告2016年第59号）规定的流程向税务机关申请代开。

（2）增值税非应税项目的发票取舍

企业在境内发生的支出项目不属于应税项目的，对方为单位的，以对方开具的发票以外的外部凭证作为税前扣除凭证；对方为个人的，以内部凭证作为税前扣除凭证。

企业在境内发生的支出项目虽不属于应税项目，但按国家税务总局规定可以开具发票的，可以发票作为税前扣除凭证。

企业从境外购进货物或者劳务发生的支出，以对方开具的发票或者具有发票性质的收款凭证、相关税费缴纳凭证作为税前扣除凭证，具体规定见图10-6。

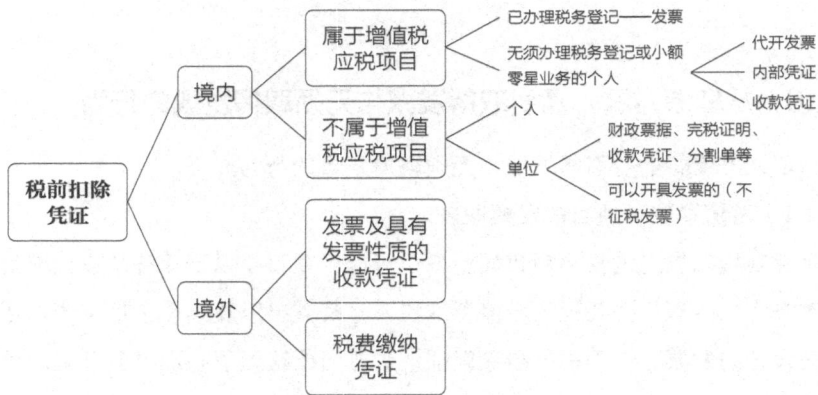

图 10-6　税前扣除凭证

（3）无票的分摊支出的税前扣除凭证

企业与其他企业（包括关联企业）、个人在境内共同接受应纳增值税劳务（以下简称"应税劳务"）发生的支出，采取分摊方式的，应当按照独立交易原则进行分摊，企业以发票和分割单作为税前扣除凭证，共同接受应税劳务的其他企业以企业开具的分割单作为税前扣除凭证。

企业与其他企业、个人在境内共同接受非应税劳务发生的支出，采取分摊方式的，企业以发票外的外部凭证和分割单作为税前扣除凭证，共同接受非应税劳务的其他企业以企业开具的分割单作为税前扣除凭证。

企业租用（包括企业作为单一承租方租用）办公、生产用房等资产发生的水、电、燃气、冷气、暖气、通信线路、有线电视、网络等费用，出租方作为应税项目开具发票的，企业以发票作为税前扣除凭证；出租方采取分摊方式的，企业以出租方开具的其他外部凭证作为税前扣除凭证。

无票的分摊支出的税前扣除凭证见图 10-7。

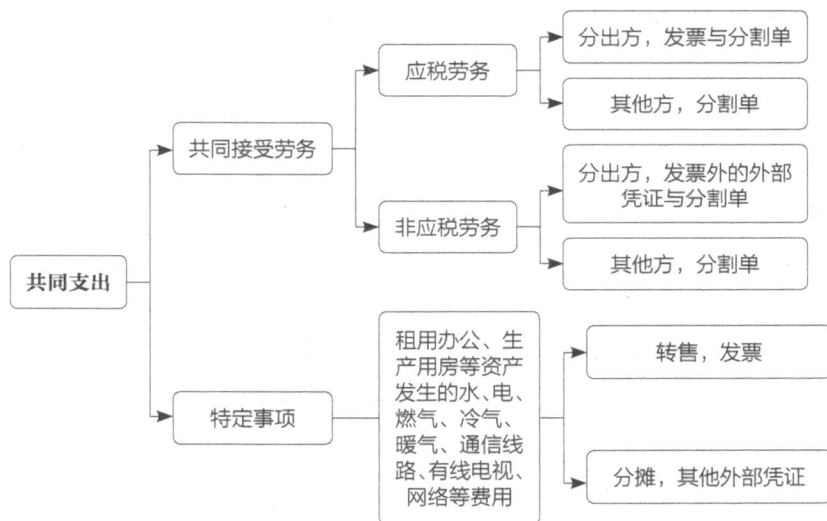

图 10-7　无票的分摊支出的税前扣除凭证

10.2　发票开具与票据入账概述

发票开具是指法律、法规的规定下开具发票，基于证明商品和资金所有权转移的需要、进行会计核算的需要和进行税收管理的需要，发票应在发生经营业务确认营业收入时由销售方向购买方开具，特殊情况下，由购买方向销售方开具。

同时，开具发票的范围与发票使用的范围是一致的。因此，用票人发生非经营性业务时不得开具发票；单位内部各部门间发生业务往来结算款项时亦不得开具发票，可使用内部结算凭证。

发票开具是实现发票使用价值、反映经济业务活动的重要环节，发票开具是否真实、完整、正确，直接关系到能否达到发票管理的预期目的。

10.2.1　发票开具的注意事项

发票是财务收支的法定凭证，是会计核算的原始凭证，也是审计机关、税务机关执法检查的重要依据，开发票时的注意事项如下。

（1）按时开具

销售商品、提供服务以及从事其他经营活动的单位和个人，对外发生经营业务收取款项，销售方应当向购买方开具发票；特殊情况下，由购买方向销售方开具发票。

（2）开具打印

单位和个人在开具发票时，必须做到按照号码顺序填开、填写项目齐全、内容真实、字迹清楚、全部联次一次性打印、内容完全一致，并在发票联和抵扣联加盖发票专用章。

（3）购买方信息

开具发票时购买方单位名称不得漏字、不得有错字，纳税人识别号为统一社会信用代码，地址、电话为注册地址（非经营地址）及在税务机关登记的电话，开户行及账号为企业基本开户行及账号。上述四者缺一不可。

（4）发票号及开票日期

税控系统发票号应与纸质发票上的号码相对应，开票日期为开具发票当天。

（5）密码区

密码区不能压线或错格，如超出区域视为无效发票。

（6）货物或应税劳务、服务名称

货物或应税劳务、服务名称应按照实际情况填写，要与实际业务相符，与税率相符，不可以填写办公用品、日用品、食品等。

（7）规格型号、单位、数量、单价

货物等实物有规格型号、单位、数量、单价必填，且必须与实际相符；服务及劳务如视为无规格型号、单位、单价，则可不填。

（8）税率

应与实际业务编辑码相符。

（9）销售方信息

开具发票时销售方单位名称不得漏字，不得有错字；纳税人识别号为统一社会信用代码；地址、电话为注册地址及在税务机关登记的电话；开户行及账号为企业基本开户行及账号。四者缺一不可。

名称，纳税人识别号，地址、电话，开户行及账号在企业购买税控盘完成时，进行税控信息录入，录入时应确保信息的准确性，在后期开发票给购买方的信息需完整无误。

（10）备注

如发票（货物运输、建筑服务、出租，销售不动产、差额征税、个人保险代理人汇总等代开的专票）"备注"栏有要求，则为必填项。

（11）收款人、复核、开票人

发票底部的复核和开票人为必填项，收款人为购买方的购货人，开票人不能是管理员（复核和开票人最好不要是同一个人）。

（12）销售方（章）

发票专用章处不得加盖单位公章或财务章，必须加盖发票专用章，章上必须刻有销售方的名称和纳税人识别号。注意盖的章不能压住发票上的金额；也不能把章盖出发票外，如盖出视为无效发票，需作废。

（13）打印纸质发票

打印纸质发票时应确定好发票与打印机的格式，一般为 10 ~ 15 厘米，如果不设置格式直接打印纸质发票，打印出来的发票就会出格，不能完整体现该张发票信息，应当立即作废并重新开具。

（14）增值税普通发票

增值税普通发票由基本联次或者基本联次附加其他联次构成，基本联次为两联：发票联和记账联。增值税专用发票由基本联次或者基本联次附加其他联次构成，基本联次为三联：第一联，记账联；第二联，抵扣联（购买方用来抵税）；

第三联，发票联（购买方用来记账）。

10.2.2　不同行业开票的特殊规定

不同行业开具发票的类型可能不一样，所适用的开票规定也不一样。

（1）房地产企业销售自行开发的房地产

一般纳税人向其他个人销售自行开发的房地产项目，不得开具增值税专用发票。采用预收款方式销售的，开具不征税发票。

（2）销售不动产

销售不动产，纳税人自行开具或者税务机关代开增值税发票时，应在发票"货物或应税劳务、服务名称"栏填写不动产名称及房屋产权证书号码（无房屋产权证书的可不填写），在"单位"栏填写面积单位，在"备注"栏注明不动产的详细地址。

（3）提供建筑服务

提供建筑服务，纳税人自行开具或者税务机关代开增值税发票时，应在发票的"备注"栏注明建筑服务发生地县（市、区）名称及项目名称。

（4）提供货物运输服务

增值税一般纳税人提供货物运输服务，使用增值税专用发票和增值税普通发票，开具发票时应将起运地、到达地、车种、车号以及运输货物信息等内容填写在发票"备注"栏中，如内容较多可另附清单。

（5）收购农产品

收购发票应按下列要求开具。

①项目齐全，与实际经营业务相符。

②"销售方"的"名称"栏填写销售方的姓名，仅限于未领取营业执照或未办理税务登记的自然人，由收购单位确认并承担责任；"纳税人识别号"栏填写销售方的身份证（或其他有效证件）号码；"地址、电话"栏和"开户行及账号"栏如实填写。

③"开票日期"栏填写增值税纳税义务发生时间。

④"货物或应税劳务、服务名称"栏填写收购的货物名称，属于农业产品的，仅限于种植业、养殖业、林业、牧业、水产业生产的各种植物、动物的初级产品。

农业产品的征税范围按财政部、国家税务总局的规定确定。可选择相应的商品和服务税收分类与编码。

⑤ "单价"栏填写收购货物价格，不包含收购单位另行发生并支付的运输费、装卸费、中介费等杂费。

⑥按销售方逐笔开具，当日同一销售方可汇总开具，不得按多个销售方汇总开具；单笔收购金额为 5 000 元或当月累计收购金额在 2 万元以上的，应将销售方身份证影印件存档并列入固定收购对象名册。

不符合上述要求的，属于不按规定开具。

（6）适用差额征税办法

按照现行政策规定适用差额征税办法缴纳增值税，且不得全额开具增值税发票的（财政部、国家税务总局另有规定的除外），纳税人自行开具或者税务机关代开增值税发票时，通过增值税发票管理新系统中差额征税开票功能，录入含税销售额（或含税评估额）和扣除额，系统自动计算税额和不含税金额，"备注"栏自动打印"差额征税"字样。不应与其他应税行为混开发票。

（7）提供旅游服务

全面推开营业税改征增值税试点纳税人提供旅游服务，可以选择以取得的全部价款和价外费用，扣除向旅游服务购买方收取并支付给其他单位或者个人的住宿费、餐饮费、交通费、签证费、门票费和支付给其他接团旅游企业的旅游费用后的余额为销售额。

选择上述办法计算销售额的试点纳税人，向旅游服务购买方收取并支付的上述费用，不得开具增值税专用发票，可以开具增值税普通发票。

（8）提供劳务派遣服务

一般纳税人提供劳务派遣服务，可以选择差额纳税，以取得的全部价款和价外费用，扣除代用工单位支付给劳务派遣员工的工资、福利和为其办理社会保险及住房公积金后的余额为销售额，按照简易计税方法依 5% 的征收率计算缴纳增值税。

小规模纳税人提供劳务派遣服务，可以选择差额纳税，以取得的全部价款和价外费用，扣除代用工单位支付给劳务派遣员工的工资、福利和为其办理社会保险及住房公积金后的余额为销售额，按照简易计税方法依 5% 的征收率计算缴纳增值税。

纳税人提供劳务派遣服务，选择差额纳税的，向用工单位收取用于支付给劳务派遣员工工资、福利和为其办理社会保险及住房公积金的费用，不得开具增值税专用发票，可以开具增值税普通发票。

纳税人提供安全保护服务，比照劳务派遣服务政策执行。

（9）提供金融商品转让业务

金融商品转让，按照卖出价扣除买入价后的余额为销售额。

金融商品转让，不得开具增值税专用发票。

（10）提供人力资源外包服务

纳税人提供人力资源外包服务，按照经纪代理服务缴纳增值税，其销售额不包括受客户单位委托代为向客户单位员工发放的工资和代理缴纳的社会保险及住房公积金。

纳税人提供人力资源外包服务，向委托方收取并代为发放的工资和代理缴纳的社会保险及住房公积金，不得开具增值税专用发票，可以开具增值税普通发票。

（11）提供保险服务

保险机构作为车船税扣缴义务人，在代收车船税并开具增值税发票时，应在增值税发票"备注"栏中注明代收车船税税款信息，具体包括：保险单号、税款所属期（详细至月）、代收车船税金额、滞纳金金额、金额合计等。该增值税发票可作为纳税人缴纳车船税及滞纳金的会计核算原始凭证。

为自然人提供的保险服务不得开具增值税专用发票，可以开具增值税普通发票。

（12）提供不动产租赁业务

个人出租住房，应按照 5% 的征收率减按 1.5% 计算增值税应纳税额。

纳税人自行开具或者税务机关代开增值税发票时，通过增值税发票管理新系统中征收率减按 1.5% 征收开票功能，录入含税销售额，系统自动计算税额和不含税金额。不应与其他应税行为混开发票。

（13）提供物业管理服务

提供物业管理服务的纳税人，向服务接受方收取的自来水水费，以扣除其对外支付的自来水水费后的余额为销售额，按照简易计税办法依 3% 的征收率计算缴纳增值税。

纳税人可以按 3% 的税率或征收率向服务接受方开具增值税专用发票或增值

税普通发票。

案例：A 公司为一般纳税人，出售其 2020 年 4 月 30 日前购入房产 1 套给 B 公司，取得含税收入 200 万元，房产购入原价 120 万元，选择简易计税方法，开具增值税专用发票。怎么开票？

第一步，进入开票页面，点击页面上方"差额"按钮。

第二步，录入扣除额 120 万元。

第三步，在发票"金额"栏录入含税销售额 200 万元，系统自动计算金额（不含税）和税额，填写在相应栏次。

税额 =（2 000 000−1 200 000）÷（1+5%）×5%=38 095.24（元）

销售额（不含税）=2 000 000−38 095.24=1 961 904.76（元）

10.2.3　如何开具红字发票

纳税人开具增值税发票后，发生销货退回、开票有误、应税服务中止等情形但不符合发票作废条件，或者发生销货部分退回及发生销售折让，应开具红字发票。

（1）开具流程

红字发票开具流程见图 10-8。

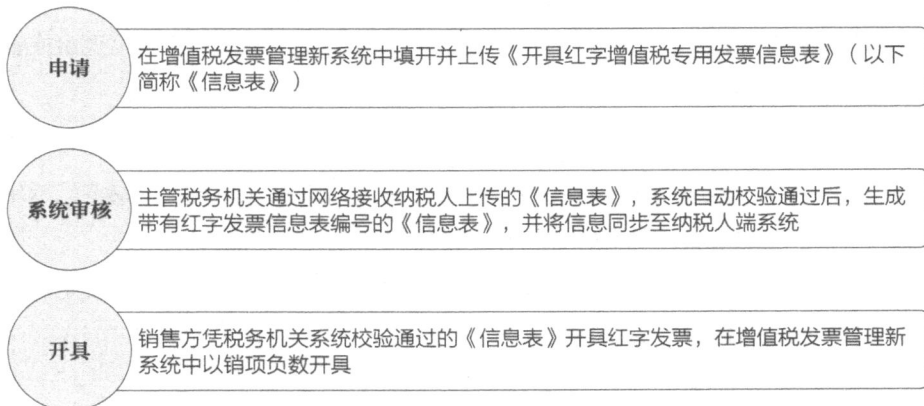

申请	在增值税发票管理新系统中填开并上传《开具红字增值税专用发票信息表》（以下简称《信息表》）
系统审核	主管税务机关通过网络接收纳税人上传的《信息表》，系统自动校验通过后，生成带有红字发票信息表编号的《信息表》，并将信息同步至纳税人端系统
开具	销售方凭税务机关系统校验通过的《信息表》开具红字发票，在增值税发票管理新系统中以销项负数开具

图 10-8　红字发票开具流程

（2）开具主体

第一种情况：纳税人自行开具的发票（销售方开具红字发票）。

申请主体。

①购买方取得增值税专用发票已用于申报抵扣的，购买方可在增值税发票管理新系统（以下简称"新系统"）中填开并上传《信息表》，在填开《信息表》时不填写相对应的蓝字专用发票信息，应暂依《信息表》所列增值税税额从当期进项税额中转出，待取得销售方开具的红字发票后，与《信息表》一并作为记账凭证。

②购买方取得增值税专用发票未用于申报抵扣、但发票联或抵扣联无法退回的，购买方填开《信息表》时应填写相对应的蓝字专用发票信息。

③销售方开具增值税专用发票尚未交付购买方，以及购买方未用于申报抵扣并将发票联及抵扣联退回的，销售方可在增值税发票管理新系统中填开并上传《信息表》。销售方填开《信息表》时应填写相对应的蓝字专用发票信息。

第二种情况：税务机关代开的发票（税务机关代开红字发票）。

申请主体：代开发票的纳税人。税务机关为小规模纳税人代开增值税专用发票，需要开具红字发票的，按照一般纳税人开具红字发票的方法处理。

（3）开具时限

我国目前未明确规定红字发票的开具时限。

小规模纳税人以外的纳税人（以下称"一般纳税人"）因销售货物退回或者折让而退还给购买方的增值税，应从发生销售货物退回或者折让当期的销项税额中扣减；因购进货物退出或者折让而收回的增值税，应从发生购进货物退出或者折让当期的进项税额中扣减。

一般纳税人销售货物或者应税劳务，开具增值税专用发票后，发生销售货物退回或者折让、开票有误等情形，应按国家税务总局的规定开具红字发票。未按规定开具红字发票的，增值税不得从销项税额中扣减。

由此可见，如果是因销售货物退回或者折让而开具红字发票应该在发生购进货物退出或者折让当期开具。

10.2.4　票据入账的实战操作要点

票据入账的实战操作要点如下。

①原始凭证必须具备的内容：原始凭证的名称、填制凭证的日期、填制凭证

的单位名称和填制人姓名、经办人员的签名或盖章、接受凭证单位的名称、经济业务的内容、数量、单价和金额。

②外来原始凭证（如发票、收据等），必须盖有填制单位的发票专用章，同时具有套印的税务部门或有权监制部门的专用章以及填制人员的签名或盖章；从个人取得的原始凭证，必须有填制人员的签名或者盖章，同时应写明住址，必要的应注明身份证号码。

③自制原始凭证（如入库单、领料单等）必须有经办单位负责人（或其指定的人员）和经办人签名或者盖章。

④凡需填写大写和小写金额的原始凭证，大写与小写金额必须相符。购买实物的原始凭证，必须有实物验收证明；支付款项的原始凭证，必须有收款单位和收款人的收款证明。

⑤一式多联的原始凭证，应当注明各联的用途，只能以一联作为报销凭证，必须用双面复写纸（发票和收据本身具备复写纸功能的除外）套写，并连续编号。作废时应当加盖"作废"戳记，连同存根一起保存，不得撕毁。

⑥发生销货退回的，除填制退货发票外，还必须有退货验收证明；退款时，必须取得对方的收款收据或者汇款银行的凭证以及当地主管税务机关开具的进货退出或索取折让证明单，不得以退货发票代替收据。

⑦职工因公借款的借据，必须附在记账凭证之后。收回借款时，应当另开收据或者退还借据副本，不得退还原借款收据。

⑧经上级有关部门批准的经济业务，应当将批准文件作为原始凭证附件。如果批准文件需要单独归档，应当在凭证上注明批准机关名称、日期和文件字号。

⑨原始凭证发现错误或无法辨认的，不得涂改、挖补。未入账的原始凭证，应退回填制单位或填制人员补填或更正，更正处应当加盖开出单位的公章；发现有违反财经纪律和财会制度的，应拒绝受理，对弄虚作假、营私舞弊、伪造涂改等违法乱纪的，应扣留凭证，报告领导处理。已经入账的原始凭证，不能抽出，应另外以正确原始凭证进行更正。

⑩原始凭证不得外借。其他单位如因特殊原因需要使用原始凭证时，经本单位领导批准，可以复制，复制时，须有财务人员在场。向外单位提供的原始凭证复制件，应在专设的登记簿上登记，并由提供人员和收取人共同签名或盖章。

⑪附在办理收付款项的记账凭证后的原始凭证，在办理完收付款项后，必

须加盖"收讫""付讫"戳记。

案例　F公司发票的报销与入账审核

稽查人员审阅了重庆F公司的电子账目，在分析管理费用时，一笔业务引起了其注意：F公司2020年8月的7号凭证、22号凭证显示，该企业通过银行向北京X公司分别支付咨询服务费400万元、390万元。企业为何要向X公司支付790万元的大额咨询服务费？

稽查人员随即要求重庆F公司提供这两套凭证及后附的详细原始附件资料。

审阅原始附件发现，790万元咨询服务费由9张增值税普通发票组成，由北京X公司于2020年8月26日开具，凭证后附的银行转账支票存根联表明，重庆F公司于8月31日将790万元汇入了北京X公司账户。

对于这项支出，重庆F公司的解释是，因为北京X公司为其策划并代理了一个借款业务项目，这是按照市场行情向其支付的中介服务费。稽查人员没有轻信其解释，继续对该业务各方信息进行审核分析。

经查，重庆F公司采用假发票入账、伪造银行转账存根等方式，虚构与北京三家企业的咨询服务业务，虚列成本，共隐匿收入1 116万元。针对该公司违法行为，税务机关依法对其做出补缴税款、加收滞纳金并处1倍罚款，共计760余万元的处理决定。

政策依据。

纳税人在生产经营过程中只要发生纳税义务，依法应当申报缴纳税款的，就必须履行申报缴纳税款的义务。而有少数纳税人为了逃避纳税义务，采取种种违法手段达到少缴甚至不缴税款的目的，其中，采取以虚假发票列支成本费用进行虚假纳税申报就是一种典型的偷逃税方式。

《税收征收管理法》第六十三条规定：纳税人伪造、变造、隐匿、擅自销毁账簿、记账凭证，或者在账簿上多列支出或者不列、少列收入，或者经税务机关通知申报而拒不申报或者进行虚假的纳税申报，不缴或者少缴应纳税款的，是偷税。

同时，根据上述法律规定，对纳税人偷税的，由税务机关追缴其不缴或者少缴的税款、滞纳金，并处不缴或者少缴的税款百分之五十以上五倍以下的罚款；构成犯罪的，依法追究刑事责任。

10.3　虚开发票概述

虚开发票是不如实开具发票的一种舞弊行为。纳税单位和个人为了达到偷税的目的或者购货单位为了某种需要在商品交易过程中开具发票时，在商品名称、数量、单价以及金额上采取弄虚作假的手法，甚至利用比较熟悉的关系，虚构交易事项、虚开发票。

10.3.1　虚开发票的情形

企业虚开发票的情形如下。

虚开增值税专用发票或者虚开用于骗取出口退税、抵扣税款的其他发票，是指违反国家税收征管和发票管理规定，为他人虚开、为自己虚开、让他人为自己虚开、介绍他人虚开增值税专用发票或者用于骗取出口退税、抵扣税款的其他发票的行为。

虚开普通发票，是指违反国家税收征管和发票管理规定，为他人虚开、为自己虚开、让他人为自己虚开、介绍他人虚开增值税普通发票用于企业虚列成本，造成利润减少，少缴企业所得税的行为。

如纳税单位和个人为了达到偷逃税收的目的，在开具发票时采取"大头小尾"的手法，即发票联金额大而存根联金额小；购买方为了获取好处而向单位多报销，销货单位为了拉业务，在开具发票时采取"小头大尾"或者"上假下真"的手法，即存根联真实地反映商品交易的真实情况，而发票联根据购买方的需要虚开。

税法规定，对利用发票弄虚作假、偷逃税收的行为，税务机关除按照发票管理办法规定处以一定的罚款外，还要求企业照章补缴所偷逃的税款，并处以 5 倍以下的罚款。

案例　4 张发票，涉及近 6 万元税款，4 人被判刑

被告单位青岛某某金属制品有限公司因缺少进项增值税发票，经被告人翟某（法定代表人）同意，由被告人王某某（会计）联系被告人尹某某（中间人），以向尹某某（另案起诉）支付 7.2% 开票费的方式，从青岛某某商贸有限公司开具增值税专用发票 4 张，总金额为人民币 350 429.28 元，总税额为 59 572.97 元（当时适用税率为 17%）。认证并抵扣税款，后将该税款补缴。

被告单位青岛某某金属制品有限公司、被告人翟某、王某某、尹某某均系自首且自愿认罪认罚，均依法予以从轻处罚。被告单位已将税款补缴，在量刑时酌情予以从轻处罚。

判决：

被告单位青岛某某金属制品有限公司犯虚开增值税专用发票罪，判处罚金人民币20 000元。（被告单位青岛某某金属制品有限公司向胶南市税务局已缴纳的罚款与罚金折抵）

被告人翟某犯虚开增值税专用发票罪，判处拘役2个月，缓刑4个月。

被告人王某某犯虚开增值税专用发票罪，判处拘役2个月，缓刑4个月。

被告人尹某某犯虚开增值税专用发票罪，判处拘役2个月，缓刑4个月，并处罚金人民币20 000元。

案件警示：

在当前金税四期系统上线以及增值税发票管理新系统日趋完善的背景下，税务部门、公安部门联合查处虚开增值税发票犯罪力度明显加大。企业应合法合规经营。

案例　某会计，因涉嫌虚开增值税专用发票，被判14年，并处罚40万元

被告人苑某为A公司、B公司、C公司的兼职会计，在所在单位与某某无实际业务往来的情况下，从D公司、E公司虚开增值税专用发票272张，税款合计人民币1 345余万元。

苑某在明知无真实业务的情况下，介绍上述公司从D公司、E公司虚开增值税专用发票405张，税款合计1 005余万元，案发前已抵扣税款1 000余万元。

被告人苑某作案后被查获归案。上述公司均另案处理。

被告人苑某犯虚开增值税专用发票罪（单位），判处有期徒刑12年；犯虚开增值税专用发票罪，判处有期徒刑12年……决定执行有期徒刑14年，剥夺政治权利3年，并处罚金人民币40万元。

10.3.2　什么是虚开发票

根据《发票管理办法》第二十二条，开具发票应当按照规定的时限、顺序、栏目，全部联次一次性如实开具，并加盖发票专用章。

任何单位和个人不得有下列虚开发票行为：为他人、为自己开具与实际经营业务情况不符的发票；让他人为自己开具与实际经营业务情况不符的发票；介绍他人开具与实际经营业务情况不符的发票。

虚开发票的核心：与实际经营业务情况不符。

虚开发票构成要件包括客体要件和客观要件。

（1）客体要件

虚开增值税专用发票罪侵犯的客体是国家对增值税专用发票和可用于出口退税、抵扣税款的其他发票的监督管理制度。这是虚开增值税专用发票罪区别于其他破坏社会主义经济秩序罪的本质特征。《发票管理办法》规定，开具发票应当按照规定的时限、顺序、逐栏、全部联次一次性如实开具，并加盖发票专用章，任何单位和个人不得转借、转让、代开发票。

（2）客观要件

虚开增值税专用发票罪在客观方面表现为没有货物购销或者没有提供或接受应税劳务而为他人、为自己、让他人为自己、介绍他人开具增值税专用发票或用于出口退税、抵扣税款的其他发票或者即使有货物购销或提供或接受了应税劳务但为他人、为自己、让他人为自己、介绍他人开具数量或者金额不实的增值税专用发票或用于骗取出口退税、抵扣税款的其他发票或者进行了实际经营活动，但让他人为自己代开增值税专用发票或用于骗取出口退税、抵扣税款的其他发票的行为。

所谓虚开，既包括在没有任何商品交易情况下的凭空填写，也包括在有一定商品交易情况下的不实填写。

前一种是虚假注册公司，从税务部门领购到真实发票以后，给需要发票而没有发票的人凭空填开。其按发票面额收取款项，但收取后并不缴纳税款，而是走逃。

后一种是正常的公司（或企业）收取一定费用，利用自己的发票给别人代开发票（就是所说的走票）。这种虚开的前提是营业执照上有此业务，而且由受票方负担税金。这样发票开具单位不仅不用缴税还能得到一定好处。《刑法》第三章第六节"危害税收征管罪"中有妨害发票管理的犯罪行为处罚情况。

10.3.3　虚开发票的行政、刑事责任

依据《刑法》第二百零五条规定，犯虚开增值税专用发票、用于骗取出口退

税、抵扣税款发票罪的，处3年以下有期徒刑或者拘役，并处2万元以上20万元以下的罚金；虚开的数额较大或有其他严重情节的，处3年以上10年以下的有期徒刑，并处5万元以上50万元以下的罚金；虚开的数额巨大或有其他特别严重情节的，处10年以上有期徒刑或无期徒刑，并处5万元以上50万元以下的罚金或没收财产；虚开的数额特别巨大或有其他特别严重情节的，处无期徒刑或者死刑，并处没收财产。

根据最高人民法院对《全国人民代表大会常务委员会关于惩治虚开、伪造和非法出售增值税专用发票犯罪的决定》的有关司法解释，虚开增值税专用发票税款数额1万元以上或者虚开增值税专用发票致使国家税款被骗取5 000元以上，即应认定为犯罪，否则不是犯罪。在无新的司法解释之前，这一标准可供参考。

善意取得虚开增值税专用发票不构成犯罪。

我国现行法律法规以规范性文件的方式确认了善意取得虚开的增值税专用发票制度。

国家税务总局曾颁布4个有关纳税人取得虚开的增值税专用发票的规范性文件，规定了善意取得虚开的增值税专用发票以及非善意取得虚开的增值税专用发票的认定、法律后果等。

纳税人善意取得虚开的增值税专用发票指购买方与销售方存在真实交易，且购买方不知取得的增值税专用发票是以非法手段获得的。

善意取得虚开的增值税专用发票，应当满足以下条件。

第一，购买方与销售方存在真实的交易。

第二，销售方使用的是其所在省（自治区、直辖市和计划单列市）的增值税专用发票。

第三，增值税专用发票注明的销售方名称、印章、货物数量、金额及税额等全部内容与实际相符。

第四，没有证据表明购买方知道销售方提供的增值税专用发票是以非法手段获得的。

善意取得虚开的增值税专用发票的，不以偷税或者骗取出口退税论处。但应按有关规定不予抵扣进项税款或者不予出口退税；已经抵扣的进项税款或者取得的出口退税，应依法追缴，不加收滞纳金。

购买方能够重新从销售方取得防伪税控系统开出的合法有效增值税专用发

票的，准予抵扣进项税款或者出口退税。

实践中，虚开方往往已经被控制或因其他原因无法开具合法有效增值税专用发票，导致善意取得方难以重新取得合法有效的增值税专用发票。因此，善意取得方往往不能抵扣进项税额。

10.3.4　虚开增值税专用发票的情况及具体行为方式

属于虚开增值税专用发票的情况如下。

没有货物购销或者没有提供或接受应税劳务而为他人、为自己、让他人为自己、介绍他人开具增值税专用发票，即无货虚开。

有货物购销或者提供或接受了应税劳务但为他人、为自己、让他人为自己、介绍他人开具数量或者金额不实的增值税专用发票，即有货虚开。

进行了实际经营活动，但让他人为自己代开增值税专用发票。

如只是虚设开票人或不按规定时限提前或滞后开具日期等，虽属违法不实开具，但仍不是本质意义上的虚开，对此不能以虚开增值税专用发票罪论处。

虚开增值税专用发票的具体行为方式有以下四种。

①为他人虚开增值税专用发票，指合法拥有增值税专用发票的单位或者个人，明知他人没有货物购销或者没有提供或接受应税劳务而为其开具增值税专用发票，或者即使有货物购销或提供了应税劳务但为其开具数量或者金额不实的增值税专用发票或用于骗取出口退税、抵扣税款的其他发票的行为。

②为自己虚开增值税专用发票，指合法拥有增值税专用发票的单位和个人，在本身没有货物购销或者没有提供或接受应税劳务的情况下为自己开具增值税专用发票，或者即使有货物购销或提供或接受了应税劳务但为自己开具数量或者金额不实的增值税专用发票的行为。

③让他人为自己虚开增值税专用发票，指没有货物购销或者没有提供或接受应税劳务的单位或者个人要求合法拥有增值税专用发票的单位或者个人为其开具增值税专用发票，或者即使有货物购销或者提供或接受了应税劳务但要求他人开具数量或者金额不实的增值税专用发票，或者进行了实际经营活动，但让他人为自己代开增值税专用发票的行为。

④介绍他人虚开增值税专用发票，指在合法拥有增值税专用发票的单位或者

个人与要求虚开增值税专用发票的单位或者个人之间沟通联系、牵线搭桥的行为。

虚开增值税专用发票需达到法定情节才能构成犯罪。虚开税款数额1万元以上的或者虚开增值税专用发票或可用于出口退税、抵扣税款的其他发票致使国家税款被骗取5 000元以上的，应当依法定罪处罚。

虚开发票违法行为的十大典型特征：企业人员登记信息雷同；注册地址不符合经营常规；企业成立时间短，并在短期内大量领用发票，集中顶额开票；每月大量开票，月末大量作废；冒用他人身份信息注册企业；企业的购销业务与生产经营情况不符；企业购销业务迥异，发票进销项不匹配；交易账户资金回流；企业税负率远低于行业正常水平；企业购销"两头在外"。

10.3.5　虚开增值税专用发票罪的发展历程

虚开增值税专用发票罪的发展历程如下。

①投机倒把罪。

1994年6月3日最高人民法院和最高人民检察院联合发布了《关于办理伪造、倒卖、盗窃发票刑事案件适用法律的规定》。以营利为目的，非法为他人代开、虚开增值税专用发票抵扣税额累计在5万元以上的，以投机倒把罪追究刑事责任。

②确立虚开增值税专用发票罪。

国家将虚开犯罪从偷逃税罪分离出来单独成罪，并设置死刑。1995年10月30日发布并实施的《全国人民代表大会常务委员会关于惩治虚开、伪造和非法出售增值税专用发票犯罪的决定》（以下简称《决定》）确立了虚开增值税发票犯罪罪名，对数额特别巨大、情节特别严重、给国家利益造成特别重大损失的，处无期徒刑或者死刑，并处没收财产。

③虚开增值税专用发票、用于骗取出口退税、抵扣税款发票罪。

1997年《刑法》将该罪放入第三章第六节"危害税收征管罪"。自1995年《决定》颁布后，最高法院以虚开增值税专用发票罪（或投机倒把罪）核准了大量的死刑案件。

2011年施行的《刑法修正案（八）》取消了部分死刑，保留无期徒刑。

④《刑法》第二百零五条规定了虚开增值税专用发票、用于骗取出口退税、抵扣税款发票罪和虚开发票罪。

在司法实践中发现，出于各种目的开具增值税专用发票的情况日益复杂，表现形式各不相同，其中包括许多只有虚开行为而并无骗税目的的情况。比如，为虚增业绩、申请银行承兑汇票而"对开""互开""环开"增值税专用发票，以及交易方式创新、交易多方介入而导致的增值税专用发票开具受票情况复杂。

在理论和实践中对虚开增值税专用发票罪构成条件，出现了行为犯、目的犯、结果犯、抽象危险犯、具体危险犯等不同观点和学说，由此导致实务中判决不统一。

10.3.6　"对开"和"环开"增值税专用发票是否有罪

某些商业企业为了完成销售指标或销售排名，在没有真实商品交易的情形下，通过两方或者多方之间"对开""环开"金额相等或相近的增值税专用发票，虚增营业额。

案例：某国有大型集团公司下属 A 公司、B 公司和 C 公司，为了完成总公司下达的销售指标，三家公司在没有真实商品交易的情形下，互相为对方虚开增值税专用发票，即先由 B 公司开给 A 公司，然后由 A 公司开给 C 公司，再由 C 公司开给 B 公司，三家公司均如实缴纳了税款，超额完成了总公司的销售指标。A 公司从 B 公司取得进项发票，于同日开票给 C 公司，C 公司再立即开具发票给 B 公司。

这三家公司在无实际货物交易的情况下，开具增值税专用发票，且金额巨大，严重违反了发票管理办法及其实施细则的规定，破坏了增值税专用发票管理秩序，对其应按虚开发票的行为定性、处罚，并移送公安机关。

从目的犯的角度来看，对于虚开增值税专用发票罪的认定上行为人主观上需有偷逃税款的目的。"对开""环开"增值税专用发票行为其主观目的并不是偷逃税款，且实际上也不存在偷逃税款的可能性，因此不应将"对开""环开"增值税专用发票的行为认定为虚开增值税专用发票罪。

从结果犯的角度来看，虚开行为实际造成国家税款的损失并达到法定数额才构成犯罪。"环开""对开"增值税专用发票的行为在增值税抵扣链条上并不存在造成国家税款流失的可能性，该罪所侵害的法益即国家税权，如果不存在法益侵害后果，就不应当认定为虚开增值税专用发票罪。

从抽象危险犯的第一种观点来看，判断是否构成虚开时必须以是否具有骗取国家税款的可能性为依据。"环开""对开"增值税专用发票的行为是为了虚增销售收入，粉饰经营业绩，不存在骗取国家税款的可能性。因此不应当将"对开""环开"增值税专用发票的行为认定为虚开增值税专用发票罪。

从具体危险犯的角度看，该观点以虚开行为"造成国家税款流失的危险"为客观要件。显然，"不以偷逃税款为目的"的"对开""环开"增值税专用发票的行为不存在造成国家税款流失的可能性，不应认定为虚开增值税专用发票罪。

从行为犯的角度来看，只要实施虚开增值税专用发票的行为，不论数额大小均构成犯罪。虽然"对开""环开"增值税专用发票的行为不以偷逃税款为目的，但其存在虚开增值税专用发票的事实行为，在不考虑行为目的、法律后果的前提下，应当将该行为认定为虚开增值税专用发票罪。

从抽象危险犯的第二种观点来看，不需要判断主观上是否具有骗取国家税款的目的与意图，也不需要损害结果的出现，只需实施虚开的行为，与行为犯的构成要件相似。

综上所述，无论是从目的犯、结果犯，还是从行为犯等角度考量，都需要对该罪进行实质性的解释。立法者之所以将虚开行为规定为犯罪，主要是因为这种行为侵犯了税收征管制度，《刑法》第二百零五条将骗取税款的行为包含在本罪中也说明了这一点。因此，如果行为人主观上没有抵扣税款的目的，只是一般的虚开，它不会侵犯税收征管制度，是一般的违反发票管理的行为，不能构成本罪。

10.3.7 "三流合一"的由来和风险防范

"三流"是指与购销（提供／接受服务）业务相关的货物流、发票流和资金流。

"三流合一"必须与开具抵扣凭证的销货单位、提供劳务的单位一致，才能够申报抵扣进项税额；若不一致，则不予抵扣。

10.3.8 如何防范虚开发票风险

针对虚开发票问题，纳税人应当树立正确的观念，认识到虚开发票的违法性，依法纳税，筑起法律与思想道德的防线。很多市场上的合法经营者，会在无意中取得虚开的发票，因此纳税人需以积极主动的态度采取有效的防范措施。

防范虚开发票风险，需要做好以下几点。

一是仔细核对发票内容，包括货物内容、开票单位和汇款账户等信息，是否与业务实际发生情况和实际销售单位相符。

二是警惕违法从事虚开发票的"中间人"，主观上拒绝诱惑，同时对供货单位以及相关业务联络人员的实际情况进行更细致的了解。

三是及时查验发票的真实有效性，增值税专用发票可通过发票认证或全国增值税发票查验平台辨认真伪，增值税普通发票则可在主管税务机关的官方网站查询真伪。

虚开发票风险具体如下。

风险点一："富余票虚开"，小心"馅饼"变"陷阱"。

为什么会产生"富余票"？

企业在日常经营活动中，会存在部分消费者未索取发票的情况，当企业按实际销售额申报增值税时，企业申报的销售额会大于发票开票金额，由此就产生了"富余票"。

"富余票虚开"大多发生在自然人消费者较多的行业，如加油站、超市、住宿、手机批发零售等行业。这些行业企业的消费者大多为自然人，消费者未要求开票时，有的企业就不再开具发票，导致有较多不开票销售收入。部分企业经受不住经济利益的诱惑，虚开"富余票"，赚取开票费。

案例：手机批发零售行业因其行业特点，"富余票"规模往往较大，一些不法分子动起了歪心思。广州市税务稽查部门查处的 J 公司虚开发票案就是该类型的案件。

J 公司在没有真实交易的情况下，为 K 公司虚开增值税专用发票，按票面金额 7% 收取开票费。短短几个月，J 公司老板通过虚开 3 000 万元增值税专用发票，赚取了 210 万元开票费。

在 J 公司老板高兴之际，广州市税务稽查部门运用大数据分析发现 J 公司有重大虚开增值税专用发票嫌疑，及时启动税警联合办案机制，税警联合成立专案组对 J 公司开展侦查，迅速掌握了 J 公司涉嫌虚开的大量证据。经周密部署后，税警部门联合对 J 公司突击进场检查，在现场查获大量涉嫌虚开的证据。

最终证实，J 公司无真实交易，为 K 公司开具与实际经营业务情况不符的增值税专用发票，价税合计达 3 000 万元。J 公司最终被法院判处罚金 100 万元，公司法定代表人被判处有期徒刑 11 年。

利用"富余票"虚开增值税专用发票，触犯了《刑法》第二百零五条虚开增值税专用发票、用于骗取出口退税、抵扣税款发票罪，税务机关需将案件移送公安机关追究刑事责任，按法律规定判处罚金，并对其直接负责的主管人员和其他直接责任人员进行刑事处罚。

企业应守法经营，依法开具发票和申报纳税，切莫以身试法。在日常经营中，企业一方面要坚持依法诚信纳税。另一方面，还要加强企业内部风险控制，管住特殊岗位员工。企业经营者可以定期将业务部门的客户名单与财务部门开具发票的客户名单比对，从中发现是否有异常发票，以杜绝特殊岗位上的员工利用工作之便私自以企业名义虚开发票的违法行为。

风险点二："普票虚开"，从小发票入手发现违法案件

什么是"普票虚开"，风险如何？

现实生活中还会出现这样的现象：张三为自己家小孩报了一个课外辅导班，缴费后索要发票，要求以自己所在 A 公司的名称开票，于是培训机构按张三要求开具了发票。在这个事件中，培训机构在和 A 公司无任何实际业务的前提下，为其开具了发票，这就是典型的虚开普通发票的行为。

虚开普通发票的行为和虚开增值税专用发票一样，都违反了《发票管理办法》，情节严重的，还要依法追究刑事责任。

案例：某建筑企业 B 为降低成本，低价从盗采分子手中购买了价值 50 万元的河沙，因无发票无法入账。B 偶然间发现了地铁口违法分子派发的"代开发票"小卡片，于是联系卡片上的袁某。

最终 B 以票面金额的 1.5% 的价款向袁某购买了 50 万元的增值税普通发票，以入账材料成本，逃避缴纳企业所得税。

部分企业抱着普通发票票面金额小，税务机关不会监管等侥幸心理接受虚开普通发票，但是在税务机关日益严密的数据情报监控下，任何虚开发票行为都无所遁形，铤而走险最终得不偿失。

虚开普通发票（包括让他人为自己虚开增值税普通发票）的后果如下。

①信用风险。虚开增值税普通发票 100 份或金额 40 万元以上，达到"重大税收违法失信案件"的标准，纳税信用等级将会被评为 D 级，相关部门将根据

规定实施禁止部分高消费行为、禁止参加政府采购活动等联合惩戒措施。

②行政处罚。无论金额大小，都要接受行政处罚。

③刑事处罚。情节严重的（虚开 100 份以上或累计金额 40 万元以上；虽未达到上述数额标准，但 5 年内因虚开发票行为受过行政处罚两次以上，又虚开发票的），予以立案追诉，依法追究刑事责任。

10.3.9　9 种常见发票的涉税风险点

9 种常见发票的涉税风险点如下。

①取得的财政票据类通行费发票不能抵扣增值税。

取得的通行费票据首先要看看盖章是财政监制章还是税务监制章。也就是说，财政票据类通行费发票不能抵扣，税务监制的发票才可以抵扣，同时公司车辆办理 ETC 卡充值取得的发票也不能抵扣进项税额。

政策：

自 2016 年 8 月 1 日起，增值税一般纳税人支付的道路、桥、闸通行费，暂凭取得的通行费发票（不含财政票据，下同）上注明的收费金额按照下列公式计算可抵扣的进项税额。

高速公路通行费可抵扣进项税额 = 高速公路通行费发票上注明的金额 ÷（1+3%）×3%

一级公路、二级公路、桥、闸通行费可抵扣进项税额 = 一级公路、二级公路、桥、闸通行费发票上注明的金额 ÷（1+5%）×5%

通行费，是指有关单位依法或者依规设立并收取的过路、过桥和过闸费用。

②取得的预付卡发票不得在企业所得税税前扣除。

对于企业购买、充值预付卡，应在业务实际发生时按照规定税前扣除，在购买或充值环节，只能取得"税率"栏为"不征税"的增值税普通发票，预付卡应作为企业的资产进行管理，充值时发生的相关支出不得税前扣除。

政策：

单用途卡发卡企业或者售卡企业（以下统称"售卡方"）销售单用途卡，或者接受单用途卡持卡人充值取得的预收资金，不缴纳增值税。售卡方可向购卡人、充值人开具增值税普通发票，不得开具增值税专用发票。

持卡人使用单用途卡购买货物或服务时，货物或者服务的销售方应按照现行规定缴纳增值税，且不得向持卡人开具增值税发票。

③企业取得的增值税普通发票销售方没有填写纳税人识别号的不得作为税收凭证。

个人消费者索取增值税普通发票时，不需要向销售方提供纳税人识别号、地址电话、开户行及账号信息。

政策：

自 2017 年 7 月 1 日起，购买方为企业的，索取增值税普通发票时，应向销售方提供纳税人识别号（统一社会信用代码）；销售方为其开具增值税普通发票时，应在"纳税人识别号"栏填写购买方的纳税人识别号（统一社会信用代码）。不符合规定的发票，不得作为税收凭证。

④取得的未按照商品税收分类编码开具发票以及未正确选择对应税收分类编码开具的发票将被严查。

税务机关将对纳税人的以下两种情况进行监控和追查：是否按照商品税收分类编码开具发票；是否正确、规范地选择对应的税收分类编码开具发票。

政策：

使用增值税发票开票软件的纳税人必须使用增值税发票管理新系统选择相应的商品和服务税收分类与编码开具增值税发票。

⑤取得的应该在发票"备注"栏注明相关内容但是未按规定注明的属于不合规发票。

对于常见的建筑业发票、销售不动产发票、出租不动产发票以及货物运输服务的发票等应特别关注"备注"栏是否注明了相关内容。

政策：

提供建筑服务，纳税人自行开具或者税务机关代开增值税发票时，应在发票的"备注"栏注明建筑服务发生地县（市、区）名称及项目名称。

销售不动产，纳税人自行开具或者税务机关代开增值税发票时，应在发票"货物或应税劳务、服务名称"栏填写不动产名称及房屋产权证书号码（无房屋产权证书的可不填写），在"单位"栏填写面积单位，在"备注"栏注明不动产的详细地址。

出租不动产，纳税人自行开具或者税务机关代开增值税发票时，应在"备注"栏注明不动产的详细地址。

增值税一般纳税人提供货物运输服务，使用增值税专用发票和增值税普通发票，开具发票时应将起运地、到达地、车种、车号以及运输货物信息等内容填写在发票"备注"栏中，如内容较多可另附清单。

⑥取得的票款不一致的增值税专用发票不得作为增值税抵扣凭证。

取得发票，应注意"三流合一"，切记不得从第三方取得虚开的发票。

政策：

购进货物或应税劳务支付货款、劳务费用的对象，必须与开具抵扣凭证的销货单位、提供劳务的单位一致，才能够申报抵扣进项税额；若不一致，不予抵扣。

⑦对于汇总开具增值税专用发票但是未提供《销售货物或提供应税劳务清单》的增值税专用发票不得抵扣增值税。

取得的若是没有供应商开具销售清单的开具"材料一批"、汇总运输发票、办公用品和劳动保护用品的发票，不可以抵扣进项税金。

政策：

一般纳税人销售货物或者提供应税劳务可汇总开具增值税专用发票。汇总开具增值税专用发票的，同时使用防伪税控系统开具《销售货物或提供应税劳务清单》，并加盖财务专用章或者发票专用章。

⑧取得的适用增值税税率错误的增值税专用发票不得抵扣增值税。

取得税率不正确的增值税专用发票并抵扣进项税额，不属于善意取得发票，即便认证了也不得抵扣，需要补缴税款，并缴纳相应的罚款与滞纳金。

政策：

纳税人购进货物或者应税劳务，取得的增值税扣税凭证不符合法律、行政法规或者国务院税务主管部门有关规定的，其进项税额不得从销项税额中抵扣。

⑨取得不得抵扣但是抵扣了进项税额的增值税专用发票应做进项税额转出。

个人消费、集体福利、业务招待等即便取得了增值税专用发票，也不得抵扣增值税。

政策：

用于非增值税应税项目、免征增值税项目、集体福利或者个人消费的购进货物或者应税劳务，进项税额不得从销项税额中抵扣。福利费不能抵扣进项税额。

　　增值税一般纳税人购进服务、无形资产或者不动产，下列项目的进项税额不得从销项税额中抵扣：用于简易计税方法计税项目、免征增值税项目、集体福利或者个人消费。纳税人的交际应酬消费属于个人消费，不能抵扣进项税额。

在企业的发展运营过程中，企业的财税一直都是头等大事，如果企业在高速发展的时候，并没有注意企业的财税问题，很有可能会导致财务和税务上的漏洞，一旦漏洞形成风险，轻则造成企业经济损失，重则导致企业停业整顿。

11.1　企业接受税务稽查概述

所谓税务审计，就是由审计人员通过合理正确的方法对企业的纳税制度上的税务、财务、营收等数据和资料，按照税法法规、财会准则等进行专业的审计核查，确保企业纳税事项的真实、准确、合规。

在审查过程中，税务审计主要的工作是清楚企业是否按照相关规定足额纳税、有无偷税漏税的情况、税务数据有没有造假的情况等，尤其是在企业需要面临税务稽查的时候，税务审计的作用就更加明显，有利于帮助企业清查税务漏洞，提出补救方案，顺利通过税务稽查。

11.1.1　税务稽查的重点对象

税务稽查的重点对象如下。

（1）"营改增"重点检查行业

①旅游业。

税务部门依法承担组织实施法律法规规定的税费征收管理责任，力争税款应收尽收；依照法定职权和程序对从事旅游市场经营的纳税人偷逃税款、虚开发票等税收违法行为严厉查处，涉嫌犯罪的依法移送司法机关处理等。

②建筑业、房地产业。

建筑业、房地产业是虚开发票的重灾区，税务部门必然会加大稽查力度。

③生活服务业。

具备以下特征的生活服务业企业是税务稽查的重点企业：一是成立时间短，成立时间多在半年以内，但营业规模迅速扩大；二是税务登记信息雷同，企业法定代表人、财务人员、办税人员多为同一人；三是登记地址多为住宅小区某楼层某室，明显不适合对外经营；四是多户企业登记法定代表人为同一人，且税务登记信息中所留的手机号也为同一个手机号；五是每月申领的发票金额恰好在小微企业优惠免税范围内，明显难以满足正常的经营需要。

（2）农产品、废旧物资及大宗商品贸易

涉税风险：虚开发票。

①农产品及废旧物资行业。

由于农产品批发企业、废旧物资回收企业及钢铁、煤炭、合金等大宗商品生产、批发企业的原材料主要从个人、个体工商户处购进、回收，通常无法取得足够的进项发票，所以会产生大量虚票假票，成为虚开风险的高发地带。

其主要会产生两大涉税风险。

第一，收购企业自行开具农产品收购发票用于抵扣。由于收购企业并不直接从农户手中购入农产品，而是由个别"大户"从大量农户手中收购农产品，整合销售至收购企业，而收购企业仅凭"大户"提供的农户信息等材料自行开具农产品收购发票用于抵扣。

第二，收购企业以本省市信息开具发票收购外省市农产品。收购企业收购外省市农产品，但往往通过本省市信息开具用于抵扣的农产品收购发票。

对于上述两类风险，税务机关通常会以票货分离、不符合农产品收购发票开具和抵扣规则为由追究收购企业虚开用于抵扣税款发票的法律责任。

自2008年以后，废旧物资行业优惠政策取消，源头发票问题长期无法解决，直接导致了废旧物资行业通过挂靠、代开发票等方式取得进项发票进行抵扣。而挂靠、代开发票都会产生货物流、发票流、资金流不一致的问题，从而引起税务机关的稽查，被认定为虚开增值税专用发票而受到处罚。

②煤炭及钢铁行业。

由于煤炭资源的特殊性，在购销业务中发生的运输成本往往无法取得足额的发票，所以会通过第三方取得增值税专用发票；而钢铁行业与废旧物资回收类似，都是由无法开具增值税专用发票的小型商户进行汇集，以回收企业名义与钢铁企业进行交易。

而税务机关通常会认为回收企业仅是"开票企业"，不存在真实交易，从而认定钢铁企业取得的发票为虚开的发票。

此外，煤炭和钢铁行业为避免违反禁止资金拆借的规定，会以买卖货物形式掩盖融资交易实质，在此期间开具的发票也会被认定为虚开的发票。

③电解铜及黄金行业。

与农产品、废旧物资行业不同，合金制品生产企业具有存储空间相对小、价值高、易变现的特点，容易出现独特的"洗票""变票"问题。

由于黄金加工店的销售对象是个人消费者，不需要开具增值税专用发票也没有取得进项发票的需求，有些企业便与上游黄金供应商作假，即不实际购进货物，只取得黄金进项发票，再与下游加工店签订购销合同，收取销货款实现资金回笼并将富裕的销项发票虚开给下游电解铜生产企业，再由这些企业"洗票""变票"，将取得的黄金进项发票变更为电解铜合金销项发票，以此弥补下游企业进项不足的问题。

对于这种现象，税务机关通常会从两方面进行稽查。

第一，通过实地检查，调查其电费、水费等成本与开票规模是否相符。

第二，通过异地协查，对其虚构的受托加工企业进行检查。

通过这两种手段很容易查出生产加工是否伪造，从而判断开具的发票是否有对应的真实交易。

（3）教育、中介、医疗美容机构

涉税风险：隐匿收入、虚增成本费用引发偷逃税风险。

教育、中介、医疗美容机构的经营特点有三个：收入以现金、个人微信、支付宝转账为主要方式；客户为个人，基本没有发票需求，机构以收据替代；经营成本不易核算，场地租赁费、授课费、手术费、药品耗材成本等难以查证。

这些经营特点导致上述机构以"隐匿收入、虚增成本费用"的名义来逃避纳税义务，而且通过灵活用工平台向讲师、医生、服务人员发放报酬，再收取灵活用工平台开具的发票来获得虚开的发票。这些行为存在逃税、虚增人员报酬而虚开发票的风险。

（4）直播平台、主播

涉税风险：阴阳合同、隐匿收入、恶意逃税。

《网络直播营销管理办法（试行）》实施之前，网络直播平台监管并不完善，某些"网红""明星"通过在税收洼地注册个人工作室以减轻税负，甚至以"阴阳合同"的方式逃避税款。

而这些都会存在关联交易、核定征收条件不符等风险；而采用"阴阳合同"等方式，则明显属于隐匿收入、恶意偷逃税行为。

而现在，不论是主播个人还是主播背后的运营公司的涉税信息均将报送税务机关，之前的避税方法对税务机关来说不再陌生，税收征管力度进一步加大。

（5）高收入人群股权转让行为

涉税风险：恶意逃税。

股权转让是商事活动中较为常见的行为，而涉税争议主要体现在纳税义务发生时间与计税依据两个方面。

11.1.2　税务稽查的重点内容

想要做个遵纪守法的纳税人，就需要知道哪些是税务稽查的重点。税务稽查的重点内容如下。

（1）增值税零申报问题

零申报固然能解企业一时之忧，但长期零申报有很大风险。一旦零申报持续时间超过 6 个月，税务机关就会对企业展开分析调查，确认企业是否存在隐匿收入等问题。

（2）税负率异常问题

每个行业的平均增值税、所得税税负水平在当地的税务系统中都是有所记录的，企业的税负率一旦超出正常水平太多，税务机关就会调查原因。

（3）进项发票对比问题

增值税进项和销项的对比一直是税务稽查的重点之一，主要审核发票内容的一致性和税率的准确性。在金税四期系统上线之后，这个问题就无所遁形了，企业不能抱有侥幸心理。

（4）税收优惠企业认定问题

享受税收优惠政策的企业一直都是税务机关清查的重点。

（5）初级农产品发票虚开问题

初级农产品收购发票是虚开发票的重灾区，这是由企业本身特点决定的。这类企业的成本中原材料占比较大，相关的进项税比重高，再者加工对象又是初级农产品，这就给虚开发票提供了便利。因此国家对虚开农产品发票的行为查得很严，一旦发现，必将严惩。

（6）重点税源企业问题

重点税源企业都是纳税"大户"，纳税额巨大，它们如果出现偷税漏税行为，将给国家造成很大的税收损失，因此也成了税务机关的稽查重点对象。

11.1.3　税务稽查的重点检查对象

税务稽查的重点检查对象如下。

（1）虚开发票和接受虚开发票重点检查对象

①代开发票规模异常企业，即"营改增"后代开超过一定金额（如已超过一般纳税人标准）的企业，特别是明显超过"营改增"前经营规模的企业。

②自开发票金额异常企业，即原长期零申报或非正常企业，"营改增"后销售额变动异常，在短期内开票金额巨大。

③接受代开发票金额异常企业，即接受代开发票规模超过一定标准的企业。

④代开"劳务派遣费"金额巨大并超过增值税一般纳税人标准的大学、人才服务公司、投资公司、各类技术服务部等。

⑤收入成本配比异常的房地产企业，即成本占收入比重超同业比重较多的房地产企业。

⑥住宿餐饮比率明显超同期或入住率明显异常的酒店（饭店）。

⑦接受发票金额异常的保险企业。

⑧进、销项发票与虚开案源企业相关联的"营改增"企业。

（2）未按规定开具发票重点检查对象

①销售货物、劳务、服务、无形资产或不动产，以各种理由拒绝开票的企业。

②违反规定要求购买方额外提供证件、证明等导致开票难的企业。

③存在随意变更品名等错开票行为的企业。

④开具增值税电子普通发票，购买方当场索取纸质普通发票但未按规定提供的企业。

11.1.4 视同销售、进项税转出稽查案件解析

视同销售的情形，比如将货物用于非增值税项目，用于个人消费或者职工福利等，而会计上没有做销售处理。

比如，某产品含税价为 113 元（假设适用税率为 13%），企业有权将该产品送人，但企业无权将所含的 13 元税送人，这 13 元只能归税务局，也就是需要缴税，这就叫"视同销售"。因此，国家有规定：自己的产品，无论是送人、对外投资，还是留用，都应与卖出产品一样缴税。

而进项税额转出就是企业购进的货物发生非常损失，以及将购进货物改变用途时，税务局不让抵扣已经记入"应交税费——应交增值税（进项税额）"科目的借方数额，而让企业通过借记有关科目，贷记"应交税费——应交增值税（进项税额转出）"科目，加大"应交税费"科目的贷方数额，达到不让抵扣的效果。

案例：某公司将自产成本为 1 000 元的产品用于在建工程，公允价值为 2 000 元。

分析：由于货物的所有权未发生转移，会计上不确认损益；但是税法规定改变用途需要视同销售，按规定公允价计算销项税额。应交税费 = 2 000×13%=260（元）。

借：在建工程 1 260

  贷：库存商品（账面价值） 1 000

    应交税费——应交增值税（销项税额） 260

案例：某公司将自产成本为 1 000 元的产品对外投资，公允价值为 2 000 元。

分析：由于货物的所有权发生转移，会计上应当按照公允价值确认损益，这与税法的规定一致。

确认投资时：

借：长期股权投资 2 260

  贷：主营业务收入 2 000

    应交税费——应交增值税（销项税额） 260

结转成本时：

借：主营业务成本　　　　　　　　　　　　　　　　　　　　1 000

贷：库存商品　　　　　　　　　　　　　　　　　　　　　　1 000

11.1.5　投资税务稽查

税务稽查是税收征收管理工作的重要步骤和环节，是税务机关代表国家依法对纳税人的纳税情况进行检查监督的一种形式。

案例：某商贸公司 2020 年 7 月成立，注册资金 30 万元，其中货币资金出资 8 万元，商品出资 22 万元（会计师事务所评估确认），当年销售该商品取得 11 万元，2021 年税务局稽查人员对 2020 年该公司的所得税检查时，对其已销售出库的 11 万元成本不认可，拟调增应纳税所得额 11 万元，补缴企业所得税。

争议焦点：投资的商品没有"发票"，是否认可销售成本？企业 2021 年补回发票，发票开具日期是 2021 年 9 月，稽查人员认为"发票跨年度，不予认可"。

企业意见：商品不是直接购买的，是股东投资的实物资产，其价值是经评估确认的，应认可其成本。

相关规定：投资者作为资本金或者合作条件投入的无形资产，按照评估确认或者合同、协议约定的金额计价。接受投资的固定资产，按投资协议、合同规定的价格计价。

11.1.6　税务稽查危机公关技巧

危机公关是个系统工程，只有多管齐下，才能见到效果。税务稽查危机公关的技巧如下。

（1）政策解释法

问题产生的原因：税法政策非常繁杂，稽查人员素质不一，政策运用错误的事情时常发生。目前税法中存在大量模糊点，或者前后矛盾之处，企业要尽量争取好的结果。

政策非常明确，只是税务机关运用错误的情形，危机公关成功的概率非常大。即使政策模糊，也要积极争取。

案例：港务局航道作为固定资产，假设航道为 5 米，挖深到 10 米，作为固定资产改良支出来资本化。

但是其淤泥每天都要清理，否则不能通行。每年花费 1 亿多元，税务机关认为该费用在某些年度超过了固定资产价值的 20%，根据相关文件的规定，要求其资本化。

企业应当如何应对呢？

清淤行为产生的费用不属于修理支出，不能照搬修理支出达到 20% 以上必须资本化的规定。清淤行为的收益期为当年，甚至为当天，从事情的本质上来看，也不适宜资本化。

启示：处理政策模糊的事情的时候，要有清晰的理念。

第一，税收法规有明文规定的时候，一定要按照文件规定，而不去追究其合理性，因为有时候文件的出台还照顾到了征管等因素。例如白条不能扣除成本，善意接受虚开的增值税专用发票要转出进项税等。这也是有法必依的要求。

第二，税收法规无特别明确规定的，要根据税法的本意，合理地处理，而不能一味地从字眼上按照某个政策处理。否则就会机械地运用政策。

案例：固定资产残值率一律按照 5% 的规定，当时稽查局要求企业全部追溯调整，这显然有问题。企业应当根据税法的本意，积极地同税务部门沟通，尽量取得最大的利益。

（2）案例解释法

税务机关经常存在同类问题处理不同的情况，企业寻找有利于自身的案例，就可以占据主动地位。

案例：在对甲银行的检查中，甲银行拿出总局对乙银行处理的总局稽便函，要求同一问题，同一处理，使自己占据主动地位，得到有利于自身的结果。

案例：税务机关对某企业白条列支成本，定性为少缴税款，未定性为偷税，对甲单位同类问题却定性为偷税。甲单位危机公关方法：运用避免定性偷税法交涉道理，运用案例解释法交涉。

案例：虚开发票，可能罚款 1 万元，也可能运用《税收征收管理法实施细则》第九十三条规定——造成他人少缴税款，给予 1 倍罚款处理。

（3）法律位阶抗辩法

运用法律位阶抗辩法时，企业需要关注：双边税收协定、税收法律、税收行政法规、税收规章、总局税收规范性文件、省局以下的实施性条款等法律依据。在税收实践中，存在大量同上位法抵触的省局以下实施性条款，如果侵犯企业利益，就可运用上位法进行抗辩。

在听证、复议、诉讼中，本办法经常被运用。

启示：危机公关要有清晰的思路：政策运用错误，对政策本身进行抗辩；政策模糊，对政策进行解释，或者寻找其他单位被从轻处罚的案例；政策本身清楚无误，寻找其与上位法的冲突。

（4）避免定性偷税法

偷税和非偷税的处理，有很大的不同。

偷税：补税、罚款、缴滞纳金，移送公安。

非偷税：只补税、缴滞纳金，没有罚款。

要避免定性为偷税，这要从偷税的构成要件来分析。偷税的认定，要有主观故意性，存在伪造、变造、擅自隐匿销毁账簿、记账凭证的违法行为。

（5）寻找税务机关责任法

因税务机关的责任，致使纳税人、扣缴义务人未缴或者少缴税款的，税务机关在三年内可以要求纳税人、扣缴义务人补缴税款，但是不得加收滞纳金。

因纳税人、扣缴义务人计算错误等失误，未缴或者少缴税款的，税务机关在三年内可以追征税款、滞纳金；有特殊情况的，追征期可以延长到五年。

对偷税、抗税、骗税的，税务机关追征其未缴或者少缴的税款、滞纳金或者所骗取的税款，不受上述规定期限的限制。

因此，如果能够认定为税务机关责任，则具有三大好处：一是不需要承担偷税责任的后果；二是不需要加征滞纳金；三是如果超过三年，也不需要补税。

（6）实质重于形式法

税务机关在执法的时候，有的时候是"实质重于形式"，有的时候是"形式重于实质"，企业要从自身的利益出发进行抗辩。

（7）审时度势法

税务机关的态度转化是有过程的，只要其没有出具税务处理决定书，企业就可合法进行抗辩。

（8）法律救济法

采取听证、复议、行政诉讼的手段。

11.1.7 汇算清缴检查的方式和方法

汇算清缴是指所得税和某些其他实行预缴税款办法的税种，在年度终了后的税款汇总结算清缴工作。

（1）汇算清缴检查的方式

首先，将企业填写的年度企业所得税纳税申报表及附表，与企业的利润表、总账、明细账进行核对，审核账账、账表。

其次，针对企业纳税申报表主表中的纳税调整事项明细表进行重点审核，审核以其所涉及的会计科目逐项进行。

最后，将审核结果与委托方交换意见，根据交换意见的结果决定出具何种报告，是年度企业所得税汇算清缴鉴证报告还是咨询报告。若是鉴证报告，其报告意见类型可分为：无保留意见鉴证报告、保留意见鉴证报告、否定意见鉴证报告、无法表明意见鉴证报告。

（2）汇算清缴检查的方法

①收入：核查企业收入是否全部入账，特别是往来款项是否存在该确认为收入而没有入账的。

②成本：核查企业成本结转与收入是否匹配，是否真实反映企业成本水平。

③费用：核查企业费用支出是否符合相关税法规定，计提费用项目和税前列支项目是否超过税法规定标准。

④税收：核查企业各项税款是否正确提取并缴纳。

⑤补亏：用企业当年实现的利润合法弥补以前年度发生的亏损（5年内）。

⑥调整：对以上项目按税法规定分别进行调增和调减后，依法计算本企业年度应纳税所得额，从而计算并缴纳本年度实际应当缴纳的所得税税额。

所得税汇算清缴所说的纳税调整，是调表不调账的，在会计方面不做任何业务处理，只是在纳税申报表上进行调整，影响的也只是企业应纳所得税，不影响企业的税前利润。

⑦数据比对，综合分析。稽查人员利用金税四期系统、增值税发票管理新系统等进行数据应用，认真分析企业发票流情况。

11.1.8　关联延伸的其他税种税务稽查概述

关联延伸的其他税种税务稽查概述如下。

（1）城市维护建设税

城市维护建设税（以下简称"城建税"）的纳税人，是指负有缴纳"两税"（增值税、消费税）义务的单位和个人。

税率：纳税人所在地为市区的，税率为7%；纳税人所在地为县城、镇的，税率为5%；纳税人所在地不为市区、县城或者镇的，税率为1%。由受托方代征代扣"两税"的单位和个人，其代征代扣的城建税按照受托方所在地适用税率计算。

城建税以增值税、消费税的税额为计税依据并同时征收。注意以下几种情况。

①对纳税人违反"两税"有关税法而加收的滞纳金和罚款，不作为城建税的计税依据。

②对纳税人查补的"两税"和被处以罚款时，应同时对其偷漏城建税进行补税和罚款。

③对于免征或者减征"两税"的，也要同时免征或减征城建税。

④对出口产品退还增值税、消费税的，不退还已缴纳的城建税。

⑤实行免抵退税办法的生产企业出口货物，经税务局正式审核批准的当期免抵的增值税税额应纳入城建税和教育费附加的计征范围，分别按规定的税（费）率征收城建税和教育费附加。

城建税的税收优惠政策具体有：城建税随同"两税"的减免而减免；对因减免税而需进行"两税"退库的，城建税也同时退库；海关对进口产品代征的增值税、消费税，不征收城建税。

（2）土地增值税

土地增值税的纳税人，是转让国有土地使用权、地上建筑物及附着物并取得收入的单位和个人。

征税范围的界定（三个标准，需同时满足）。

①使用权为国家所有。必须是国有土地使用权，集体土地使用权不得转让。将集体土地使用权转让的，应在有关部门处理、补办土地征用或出让手续，其变为国家所有之后，再纳入土地增值税的征税范围。

②产权发生转让。一级市场出让行为是国家转让，不纳税；二级市场转让要纳税。

③取得收入。取得的收入包括货币、实物收入，应纳税。

扣除项目包括以下方面。

①取得土地使用权支付的金额。纳税人为取得土地使用权所支付的地价款：以转让方式取得土地使用权的，是实际支付的地价款；以其他方式取得的，为支付的土地出让金。按国家统一规定缴纳的有关登记、过户手续费。

②房地产开发成本，包括土地的征用及拆迁补偿费、前期工程费、建筑安装费、基础设施费、公共配套设施费、开发间接费用。

③房地产开发费用，包括管理费用、销售费用、财务费用。

④与转让房地产有关的税金。

⑤其他扣除项目。仅适用于房地产开发纳税人，计算公式如下。

其他扣除项目金额 =（① + ②）× 20%

⑥旧房及建筑物的评估价格。仅适用于存量房地产转让，计算公式如下。

评估价格 = 重置成本价 × 成新度折扣率

对于纳税人有下列情形之一的，按房地产评估价计算征收土地增值税：隐瞒、虚报成交价的；提供扣除金额不实的；转让成交价低于评估价又无正当理由的。

税收优惠如下。

①纳税人建造普通住宅出售时，增值额未超过扣除项目金额 20% 的，免征土地增值税；增值额超过扣除项目金额 20% 的，就其全部增值额计税。（20%不是扣除额）

②对个人转让房地产（自用住房），凡居住满 5 年或以上的，免征土地增值税；满 3 年未满 5 年的，减半征收土地增值税；未满 3 年的，不享受税收优惠。该政策适用于北京、上海、广州、深圳之外的地区。

③因国家建设需要依法征用收回的房地产，免征土地增值税。

申报缴纳期限和纳税地点如下。

申报缴纳期限：按次缴纳，每次房地产转让合同签订后 7 日内，到房地产所在地申报缴纳。房地产企业预售收入，应预征土地增值税。

纳税地点：纳税人是法人的，在房产坐落地；纳税人是自然人的，在办理过户手续所在地。

11.1.9　金税四期大数据下容易引起税务局注意的填报项目

随着大数据时代的来临，各行各业都在朝"互联网+"方向转变。我国的税收也不例外，税务环境发生了巨大变化，利用大数据分析来构建信息化平台的金税四期应运而生。

在这种背景下，税务局注意并分析的填报项目如下。

①比对购货发票的开票单位。开票单位在什么地方，与发票上的货物来源地是否相符。比如，发票是在重庆开的，但发票上所列货物是从杭州发出的。

②进项与销项的品名在开具发票的时候是否严重背离。比如，一个批发建材的企业，购进的都是建材，但有几张发票填写的品名是汽油，而且金额很大。《消费税暂时条例》规定，成品油消费税是在炼油厂出厂环节征收的。所以，这应该定性为虚开增值税专用发票行为。

③个人所得税工资、薪金所得，企业所得税薪金支出，社会保险费缴费基数，年金缴费基数和住房公积金数据是否匹配。由于金税四期数据共享，因而正常情况下，这些数据都是相互匹配的。

④企业实际经营范围与对外开具发票项目比对，从而发现是否存在虚开的问题。一般纳税人处理自己使用过的固定资产，虽未在营业执照上体现，也可以开具发票。但如果经常发生这种情况，应变更经营范围。

⑤是否多次应用全年一次性奖金（个人所得税扣除规定）。比对同一家企业，同一个纳税年度，同一个纳税人，一年中是否多次应用了全年一次性奖金。

⑥比对实名办税。分别按照法定代表人、财务负责人、办税人员和主要管理人员的证件号码，对同一个法定代表人、同一个财务负责人、同一个办税人员和主要管理人员交叉任职的情况进行分析。

⑦监控个人股东是否发生股权转让行为。比对分析股权授让方是否按规定履行了个人所得税代扣代缴义务。

⑧比对分析纳税申报系统中的销售和防伪税控系统中的开票金额是否一致，开票系统中的增值税销项税额与纳税人申报的增值税销项税额是否一致。

⑨比对财务报表的利润总额与企业所得税汇算清缴表上的利润总额是否一致。正常情况下企业所得税汇算清缴年报主表上的数据来自财务报表。

⑩比对同行业同类型纳税人耗用电费比例是否正常。纳税人当月用了多少电，同行业同类型纳税人用了多少电，各占营业收入的比例是否差距较大。

11.1.10 国地税合并后税务机关应注意的情况

国地税合并后，企业有可疑迹象都可能会被税务稽查。那么，税务机关具体应注意哪些情况呢？

①企业没有按照规定时间申报税务，或者存在漏报的情况。

②关于发票的问题。无论是自开发票还是代开发票，都要注意的一点就是申报的收入一定不能小于开票的金额，如果小于，就要进行风险自查。

③关于免税的问题。企业需先申请免税，获得税务机关的审批或者备案之后才能享受。

④一般纳税人和小规模纳税人分界线模糊的情况，因为这里面存在税费没有按照规定税率进行缴纳的情况。另外，某些徘徊在分界线上下的企业，在国地税合并之后监管力度加大的情况下可能会无所遁形。

⑤免税小微企业临界点发票作废的风险。很多小微企业为了达到节省资本的目的，享受小微企业免税优惠的政策，会采取季度末免税额临界点附近连续作废发票的行为，将多余的留着下个月重新开，但这样的行为显然是不对的。

⑥某些企业存在出口骗退税的情况。目前已启动税务、公安、海关、人民银行四部门联合预防和打击骗取出口退税犯罪合作机制，因此存在此类行为的企业将会遭到严厉打击。

总而言之，自从国地税合并之后，税务机关在税务稽查方面的力度将会大大增加，企业财务人员应该做到合理规范地申报税务，杜绝出现偷税、漏税或逃税等不法行为。

11.2　企业接受税务稽查应对概述

企业要正确应对税务稽查，首先得对税务稽查有较为全面的了解，以便寻找或者采取措施积极应对。所谓税务稽查，是指税务机关依照国家有关税收法律、行政法规、规章和财务会计制度的规定，对纳税人、扣缴义务人履行纳税义务、代扣代缴义务及其他税法义务的情况进行检查和处理的全部活动。专司偷税、逃避、追缴欠税、骗税、抗税案件的查处是法律赋予各级税务稽查局的职责。

11.2.1　掌握税务机关的稽查流程与方法

纳税人有法律规定的接受税务检查的义务，对税务机关所做出的决定，享有陈述权、申辩权，依法享有申请行政复议、提起行政诉讼、请求国家赔偿等权利。

纳税人应该掌握税务机关的稽查流程与方法。

（1）税务稽查流程

选案：税务机关根据公民举报、部门转办、互有交办、情报交换或通过系统网络分析筛选有嫌疑的，征管分局移交的嫌疑对象进行计算机或人工排列后列出稽查重点户。

检查：根据选案所确定的稽查对象，组织稽查人员实施检查，采取必要的方法、措施和手段，收集案件的证人、证言、原始书证材料，整理制作《税务稽查报告》直接将案件移送审理。

审理：税务稽查审理，是税务稽查机构立案查处的各类税务违法案件在检查完毕基础上，由专门组织或人员核准事实、审查鉴别证据、分析认定案件性质，制作《审理报告》《税务处理决定》《税务稽查结论》的活动过程。

执行：税务稽查执行，是税务稽查流程中的最后一个阶段，它是将根据审理环节得出的各种决定书、结论等文书送达被执行人，并督促或强制其依法履行的活动。税务稽查机构指定专人负责税务处理决定的执行。

（2）税务稽查方法

纳税评估：税务机关运用数据信息比对分析的方法，对纳税人和扣缴义务人纳税申报的真实性、准确性进行分析，通过税务函告、税务约谈和实地调查等方法进行核实，从而做出定性、定量判断，并采取进一步征管措施的管理行为。

税务核查：税务机关依法对纳税人履行缴纳税款义务和扣缴义务人履行代扣、代收税款义务的状况所进行的监督检查。

税务检查的内容主要包括以下几个方面：检查纳税人执行国家税收政策和税收法规的情况；检查纳税人遵守财经纪律和财会制度的情况；检查纳税人的生产

经营管理和经济核算情况；检查纳税人遵守和执行税收征收管理制度的情况，检查其有无不按纳税程序办事和违反征管制度的问题。

税务约谈：税务机关通过对纳税人的纳税申报资料及其他有关情况进行综合评估，就发现的税务问题或疑点，向纳税人提出疑问或约请纳税人到税务机关进行解释，并给予政策性宣传和辅导，责成纳税人自查自纠、依法缴纳税款的一项制度。

税务自查自纠：企业充分利用纳税检查之前的一段时间，从年初开始对企业上一年度的纳税情况进行一次较为全面的自查。

①企业要详细对照各种税收法律和条例，将每一个经营项目涉及的税种逐个进行排列；对照适用税法的税率，尽可能准确计算应纳税额，并按税法规定按时申报，及时清缴入库；同时要特别注意容易疏漏的环节；若遇特殊税务问题，及时与税务机关沟通，确保税法得到认真执行。

②企业要认真整理涉税资料，自觉接受税务机关的检查。

③接受检查中，企业应该充分认识到做好会计凭证、会计账簿、会计报表的编制，申报纳税资料的整理、装订、标识、保管等基础工作的重要性。

11.2.2 应对税务稽查的日常基础工作

企业被税务稽查的原因可能比较多。有可能是税务机关自选的案源，比如根据企业的类型、行业性质、规模、税负率、风险等级等随机选户，也可能是受托协查或者管理部门、风险部门的推送，也可能是依据公安部门提供的线索，或者通过他人举报而发现的线索，还可能来源于上级督办的事项。

总之，不管什么原因，企业有一定的概率被税务稽查。

应对税务稽查的日常基础工作，包括：合法经营，强化会计核算与税务管理；妥善保存会计、税务、经济合同等档案资料；建立健全财务管理制度、税务管理制度和会计政策等。

11.2.3 税务稽查前的准备事项

税务稽查前，企业能够做的事情，就是从容应对。具体说来，需要做好以下事情：

（1）了解情况

在被稽查之前，可以先向相关的税务人员了解一些基本情况，据此判断事情的严重程度。同时对企业的基本财务状况进行检查，必要时也可以向专业人士进行一些咨询。

（2）把握好自查

如果是自选的案源，在正式检查前可能会督促纳税人进行自查。这个时候，企业就要好好把握这个机会，进行彻底的自查。企业需要处理好的问题包括：有明确疑点的，怎么反馈；没有明确疑点的，怎么自查，自查到什么程度；存在涉税问题的，要补税到什么程度；以及报告应该如何阐述。

（3）关注重点

企业对自己的一些行为，不管是在日常工作中，还是在稽查前，都应该有所关注。比如，报出的财务报表是否规范，这里的规范对象人不是"格式"，而是"内容"，具体如下：有没有长期挂账的"预收款项""其他应收款"等项目，或者有没有隐瞒未开票的收入；一些重大的事件，有没有把握好，对于重大的销售事项，有没有把握好增值税的纳税义务发生时间；账务处理是否规范，有没有一些敏感的关键字，如礼品、公关、走访、购物卡、红包、补助、分红、会务费、付利息等；有没有不准确的财务处理，如应收应付的对冲、不合理的红冲、不明原因的账务调整等。对于这些事项，企业要做到心里有数。

（4）稽查接待心理准备

对于税务机关的突然到来，不必惊慌，要摆正位置，不与税务人员起争执；面对举报，要表现从容的态度。总之，要沉着、冷静、自信地面对税务人员。

11.2.4　税务稽查接待技巧

接待税务稽查时要按对等原则，企业负责人可礼节性出面应付，由财务总监与稽查人员接触，稽查人员在企业经营场所走访时，一定要有财务负责人陪同。

约谈人员应有技巧地说话。

稽查资料提供技巧。财务人员应根据权限配合，在权限范围内提供资料。

企业要明白整个稽查过程中自己的权利，如果稽查人员没有提供规定文件或者未按照程序索取资料，可以婉拒提供相关资料。稽查人员对纳税问题有询问的权利，但没有审讯的权利和限制人身自由的权利。同时，企业可以留意文书的签章，如果稽查人员想看企业当年的账，那么签章必须是某某市（下设区）税务局的公章。

所以，对于企业来说，应该要理性地对待税务稽查这件事。不仅要做好平时的风险控制，也要冷静地做好稽查应对。只有做好各个方面的工作，才能有条不紊，有序应对。

11.2.5　税务稽查底稿核实方法

税务稽查底稿核实方法：底稿要复印、核对要认真、应对要及时、措施要得当。

11.2.6　税务稽查意见反馈技巧

税务稽查意见反馈技巧：认真研究，逐条核对；书面报告，口头反映；协调配合，进退有序；有礼有节，有理有据。

案例　某企业财务人员应对税务稽查的方法

S 地的 S 母公司在 B 地设立全资子公司 B 水泥公司（以下简称"B 公司"），B 公司生产的水泥全部以 250 元 / 吨的价格向距离 B 地 500km 的 S 母公司销售，不再向任何第三方销售。S 母公司从 B 公司购进的水泥全部自用，也不再向第三方销售。

在 S 地生产此类工业水泥的企业只此一家，当地没有其他同类产品的市场销售价格可以参考。距 S 母公司 200km 的 C 地，同类水泥的市场销售价格为 410 元 / 吨。

在税务稽查中，税务机关认为 S 母公司和 B 公司的关联交易定价偏低。而 S 母公司认为，B 地距 S 地 500km，C 地离 S 地 200km，由于运费差，S 公司从两地购进水泥的实际成本是一样的。

面对税务机关认为关联交易价格不公允，该如何解释与说明合理理由？

解决争议的思路如下。

（1）看关联方的身份：内关联还是外关联

国内的关联交易如果实质上没有规避国家税收，原则上不做转移定价的调整。因此，我国目前重点关注的是跨境管理交易（外关联）。

（2）双方涉及哪些税种，其实际税负如何

假设 B 公司的企业所得税税率为 25%，S 母公司是高新技术企业，其所得税税率为 25%，如果水泥厂降低价格向 S 母公司销售水泥，则是利用价格节税。

（3）看增值税抵扣链条是否完整

如果 S 母公司不得进行进项抵扣，B 公司压低价格销售，确实可以少缴增值税。但 S 母公司可以进行进项抵扣。

（4）看可比性分析与功能风险分析的结合

虽然税务机关确定了可比价格，但是忽略了分析运输功能和仓储功能。同时，C 地同类水泥向非关联公司销售的价格中，可能还包含营销成本、存货积压风险、向无关联第三方销售的坏账风险等。

而关联方交易，则不存在营销成本，坏账损失风险、积压风险也小于非关联方。

（5）看交易目的和证明材料

B 公司和 S 母公司完全按照独立交易的原则进行决策，有价格的商定、汇款日期、延期付款利息等证明材料，交易具有合理的商业目的，不是以节税为目的的。

案例　某公司利用存货计价的税务筹划

某商品流通企业 2021 年 7 月甲商品的收入、发出情况如表 11-1 所示。

表 11-1　存货收发存汇总

（金额单位：元　数量单位：件）

月	日	摘要	上月库存			本月入库			本月出库		
			数量	单价	金额	数量	单价	金额	数量	单价	金额
		月初结存	1 000	400	400 000						
12	5					2 000	400	800 000			
12	10								2 000		
12	12					4 000	500	2 000 000			
12	20								3 000		
12	25					1 000	600	600 000			
		合计	1 000		400 000	7 000		3 400 000	5 000		

该企业当月共销售甲商品 5 000 件，均价 1 000 元，销售收入 500 万元（不含增值税），本月发生的与经营甲商品有关的销售费用（含税金）为 50 万元。该企业适用的企业所得税税率为 25%。

要求：计算并比较在不同计价方法下企业的所得税税负。

首先，根据不同计价方法计算本月发出存货的成本。

采用先进先出法，存货发出成本 =1 000×400+2 000×400+2 000×500= 2 200 000（元）

采用月末一次加权平均法，存货发出成本 =5 000×[（400 000+3 400 000）÷ （1 000+ 7 000）]=2 375 000（元）

采用移动加权平均法，存货发出成本 =2 000×400+3 000×[（1 000×400+4 000× 500）÷（1 000+4 000）]=2 240 000（元）

不同计价方法的计算情况如表 11-2 所示。

表 11-2　不同计价方法的计算

（单位：万元）

项目	销售收入	销售成本	销售毛利	销售费用	应收收益	应交企业所得税	税后净收益
先进先出法	500	220	280	50	230	57.5	172.5
月末一次加权平均法	500	237.5	262.5	50	212.5	53.1	159.4
移动加权平均法	500	224	276	50	226	56.5	169.5

从表 11-2 可以看出，采用不同的计价方法计算确定的销售成本不同，从而导致应纳所得税额不同，其从小到大依次为 53.1 万元、56.5 万元、57.5 万元。从税务筹划的角度来看，该企业应选择月末一次加权平均法。

存货发出成本，一般通过影响企业的营业成本来影响企业的应税收益，进而影响按收益计税的所得税。为耗用而储存的存货，其成本随着存货的耗用而转入生产成本，并随着所生产的产品的销售转化为销售成本；为销售而储存的存货，则在该存货被销售时直接转化为销售成本。

（1）物价下跌

用先进先出法计算出的发出存货成本最高，期末结存存货成本最低。

用月末一次加权平均法计算出的发出存货成本最低，期末结存存货成本最高。

用移动加权平均法计算出的结果则处于这两种方法中间。

这是由于在先进先出法下，以存货入库的先后顺序作为发出存货单价的计算依据，而在物价下跌的情况下，越早入库的存货价格就越高，期末结存的存货是以物价下跌后的价格来计价的，所以先进先出法下发出存货的成本高而期末存货成本低。

月末一次加权平均法下，采用存货的总金额除以存货的数量来计算存货的单位加权平均成本。这种方法下，物价下跌后的存货成本会和物价较高时的中和，存货的发出成本会降低。

移动加权平均法下，每发出一次存货就要计算一次存货的加权平均成本，后期价格下降对前期发出的存货成本的影响不大，所以移动加权平均法下的发出存货成本会低于先进先出法而高于月末一次加权平均法。

（2）物价上涨

用先进先出法计算出来的发出存货成本最低，期末结存存货成本最高。

用月末一次加权平均法计算出的发出存货成本最高，期末结存存货成本最低。

用移动加权平均法计算出的结果则处于这两种方法中间。

案例　某企业利用购销活动的税务筹划

某企业是增值税一般纳税人，适用 13% 的增值税税率。该企业产品目前的市场销售价格为每件 50 元。

该企业在制定的促销方案中规定，凡一次购买该企业产品 100 件以上的，给予 10% 的折扣。2021 年 9 月，该企业共通过上述折扣销售方式销售产品 6 000 件，销项税额 =6 000×50×13%=39 000（元）。

如果将全部折扣额和有关销售额在同一张发票上分别注明，企业就可以按照扣除折扣后的余额作为销售额计算增值税。这时，销项税额 =6 000×50×（1-10%）×13%=35 100（元）。

即，减少 3 900 元的增值税税款。